The Struggle of Pound Sterling
ポンドの苦闘
金本位制とは何だったのか

Yuichi Kanai
金井雄一 著

名古屋大学出版会

ポンドの苦闘

目　　次

序　章 …………………………………………………………………… I

第 *1* 章　1914年恐慌と金本位制下の金貨流通 …………………… 9

　　はじめに　9
　　I　1914年恐慌の経緯　10
　　II　カレンシー・ノートの発行とその流通増大　17
　　III　金貨の回収と金貨流通の消滅　22
　　小　　括　26

第 *2* 章　金本位復帰と金本位制下の為替操作 …………………… 39

　　はじめに――両大戦間期再検討の意義　39
　　I　金本位復帰に至る経緯　43
　　II　金貨本位制の廃止＝金地金本位制への移行としての
　　　　金本位「復帰」　48
　　III　金本位復帰の効果　52
　　IV　バンク・レート政策から為替操作へ　57
　　小　　括　64

第 *3* 章　「1928年カレンシー・ノートおよび銀行券法」と
　　　　　金本位制下の通貨管理 ………………………………… 71

　　はじめに――「1928年法」検討の意義　71
　　I　通貨発行統合と屈伸制限制移行に潜む問題　73
　　II　低額面銀行券と金貨　81
　　III　保証準備発行額増減規定と金本位制下における通貨管理　89
　　小　　括　95

第 *4* 章　金本位停止と金本位制の本質 ………………………… 101

　　はじめに　101

Ⅰ　金本位停止の経緯　102
　　Ⅱ　ポンド危機への政府・イングランド銀行の対応　107
　　Ⅲ　金本位停止＝放棄下の財政・金融政策　116
　　小括──金本位制とは何だったのか　118

第5章　為替平衡勘定の創設と内外均衡の遮断 ……………131
　　はじめに　131
　　Ⅰ　為替平衡勘定創設の経緯　133
　　Ⅱ　為替平衡勘定の目的と仕組み　136
　　Ⅲ　為替操作の実態　142
　　小　括　147

第6章　金本位放棄後の国際通貨ポンドと為替管理の導入 ……153
　　はじめに　153
　　Ⅰ　スターリング・ブロックの機能と国際通貨ポンド　154
　　Ⅱ　外国為替相場の国際的調整の試みとその破綻　158
　　Ⅲ　「1939年カレンシー・ノートおよび銀行券法」と
　　　　第二次大戦勃発による為替管理の導入　159
　　Ⅳ　国際通貨体制再建構想におけるケインズ案　164
　　小括──国際通貨ポンドの衰退　170

終　章 ……………………………………………………………181

　　あとがき　197
　　参考文献　201
　　図表一覧　217
　　事項索引　221
　　人名索引　223

序　章

1) 貨幣はどこで創られるのか──金本位制再検討の必要性

　経済学の世界では，19世紀前半のイギリスで繰りひろげられた地金論争や通貨論争において議論された問題が，21世紀に入っても依然として解決されていない。

　貨幣量が現実の経済活動を規定するのか，それとも現実の経済活動が貨幣量を規定するのか。理論モデル的に言うなら，貨幣供給量は外生的に決定しうるのか，それとも内生的に決まるものなのか。金融政策の問題として言い換えるなら，中央銀行はハイパワード・マネーを操作することによってマネー・サプライを統制できるのか，それとも中央銀行にはそのようなことはできず，ハイパワード・マネーは実は市中銀行による信用創造の結果に過ぎないのか。要するに，貨幣は中央銀行で創られるのか，それとも市中銀行の信用創造こそが貨幣の創出なのか。

　この問題は，素朴な形においては19世紀どころか18世紀においても事実上論じられていたと言いうるものであるが，周知のとおり今日なお論争の渦中にある。どのような金融政策をとるべきかに関する現代の論争は，結局のところ，「貨幣はどこで創られるのか」を巡る見解の相違が生み出しているのである。貨幣は中央銀行が創ると理解すれば，中央銀行はハイパワード・マネーを操作しうることになり，金融政策についてはその操作によってマネー・サプライを統制すべきであるという主張になる。他方，貨幣は市中銀行の信用創造によって創られると理解すれば，ハイパワード・マネーは原因ではなく結果であって中央銀行には操作しえないものとなり，マネー・サプライを直接統制する金融政策はありえないことになるわけである。

　もっとも，貨幣が現実経済の必要に応じて出ていくものであることは，少な

くとも「ピール銀行法（1844年イングランド銀行法）」施行下では明確に示された筈である。にもかかわらず，地金主義・通貨主義のあとにもマネタリズムなどの貨幣数量説的見解が繰り返し現われ，いっこうに死に絶える気配がない。実態からかけ離れた金本位制像が流布されてきたからである，と言わざるをえないだろう。金本位制下では中央銀行の発券額は金準備によって規定されていた，すなわち貨幣供給は実体経済の外部にある要因で決まっていた，との誤った通念が，外生的貨幣供給論を生んできたのである。つまり，金本位制を外生説的に理解するので――外部要因は金準備から人為的決定に変わるものの――管理通貨制についても外生説的に理解してしまうのである。こうして，信用制度下の貨幣（銀行券および預金）とは信用関係に伴って生れる債務形態なのだということを事実上忘れ，金融現象を信用論次元でなく貨幣論次元で認識してしまう一大勢力が形成されたのである。金本位制を正確に把握し直すことが現代において極めて重要な課題になっているということは，この一点のみからも明白であろう。

2）金本位制の神話

　金本位制には，いくつもの神話がある。それは第一次大戦以前の金本位制についても言えるのであるが，ここでは両大戦間期について指摘してみよう。

　たとえば両大戦間期のイギリスでは，金本位制の下でポンド相場を守るための為替市場介入が行なわれている。つまり，現実の金本位制は外為相場を安定させるものではなかったのである。しかし，「金本位制は外為相場を金現送点の範囲内に安定させる」という話が多くの書物で教えられている。

　また，同じく両大戦間期のイギリスにおいては，兌換通貨であるポンドが信認を喪失してしまう事態が発生する。つまり，金とのリンクは実際には通貨の信認を保証するものではなかったのである。にもかかわらず，多くの人々が「金本位制において紙券が流通しえたのは兌換が約束されていたからである」という話を信じている。

　さらに，イギリスが1931年に金本位制を停止する時，イングランド銀行はなお1億3,000万ポンドを上回る金準備を保有している。つまり，金本位制は，

実は大量の金準備を保有したまま停止されたのである。だが,「金本位制は,金準備が流出して兌換を維持しえなくなり,ついに停止に追い込まれた」という話が疑われることは,あまりなかった。

最後にもう一点のみ挙げるならば,金本位放棄後のイギリスにおいては,銀行券流通額の増加は生じない。つまり,金本位制からの離脱は中央銀行券増発をもたらしはしなかったのである。そもそも,金本位制下においても,銀行券は金準備増減に従って変動していたわけではなかった。それなのに,「金本位制下では中央銀行券の発行は金準備によって制限されていたが,管理通貨制への移行により中央銀行は発券を自由に拡大しうるようになった」という話が,繰り返し語られてきた。

3) 本書の課題とその意義

上に述べたことから分かるように,第一次大戦以前の金貨本位制についてと同様,第一次大戦以降についても,金本位制の実態は教科書的説明とは全く異なるものだった。イギリス金本位制は第一次大戦直前に起きた1914年恐慌において1866年以来48年ぶりにピール銀行法「停止」に見舞われ,「ポンドの苦闘」の歴史が始まるのであるが,両大戦間期へと続いていくその過程には,金本位制に関する通念を疑わざるをえなくなる事実が次々と生じている。にもかかわらず,それを全く無視していると言うしかない金本位制像が生き長らえてきた。我々は,金本位制を把握し直す必要がある。本書の課題は,ポンドの苦闘が否応なく曝け出す事実を拾い上げながら「金本位制とは何だったのか」を改めて検討し,我々を神話の呪縛から解放することである。

ただし,冒頭に指摘したことからも明らかなように,この課題の追究には単に金本位制の理解が正確になるという意義があるだけではない。金本位制把握の歪みは,管理通貨制の理解を不正確にし,第二次大戦後に生じた諸事態の認識にも影響を与えてきた。それゆえ,金本位制を正しく理解するということは,単に金本位制の実態を明らかにするだけでなく,管理通貨制や第二次大戦後の事態の再把握をも可能にするのである。そこで,この点に関連して,あらかじめ以下のことを述べておきたい。

まず取り上げたいのは，管理通貨制下の中央銀行券の性格を巡って第二次大戦後に繰り広げられた「不換銀行券論争」である。周知のように，この論争においては，不換化した中央銀行券を信用貨幣ではなく不換国家紙幣と見做す説が有力であった。しかし，その見解は，銀行券が信認される根拠は金とのリンクにあるとする金本位制把握に強く制約されていたように思われる。つまり，兌換銀行券の流通根拠を兌換保証に求めていたため，不換銀行券の流通根拠については法貨規定あるいは国家の強制通用力なるものに求めざるをえなくなったのである。もし金本位制が正しく把握されていたならば，管理通貨制下の中央銀行券の性格を捉え損ねることもなかったのではないだろうか。

　次に注目したいのは，1971年の金ドル交換停止（ニクソン・ショック）である。この時に巻き起こった議論において一般的に見られたのは，兌換停止それ自体をドルにとっての本質的危機と捉え，それゆえこれによってドルの支配は崩壊する，という見解であった。しかし，この見解も，「金とのリンク」を決定的に重視する金本位制把握から明らかに影響を受けていたように思われる。つまり，ドルの国際通貨としての流通根拠を兌換に求めていたために，不換化したドルは国際通貨としては衰退すると考えざるをえなかったのである。金本位制を正確に把握していたならば，兌換停止自体を本質的問題として捉えることはなく，それゆえ兌換停止から直ちにドルの崩壊を予想することもなかったのではないだろうか。金本位制の神話に囚われていなければ，金リンクが切れて流通根拠を失った筈のドルがその後かえって基軸通貨性を強めていくという事態にも，困惑する必要はなかったと思われる。

　さらに，資本主義の停滞・成長を巡る認識についても，同様のことを提起せねばならない。1930年代には，第二次大戦後のいわゆる高度成長をまだ展望できず，停滞のみに目を奪われていた論者が多かったのは止むをえないだろうが，戦後に至っても資本主義の矛盾激化と体制的危機を論じ続ける論者は少なくなかった。しかし，そのような認識にも，通俗的金本位制把握が結びついていたと思われるのである。つまり，金本位制下の資本主義は兌換によって基礎づけられていたと理解するかぎり，兌換停止は資本主義にとって危機そのものとなる。兌換停止を，資本主義はついに兌換さえ維持しえなくなった，という

文脈で捉えることになるのである。もちろん，両大戦間期に資本主義が危機にあったことは否定されうることではない。しかし，金本位制の神話から解放されていたならば，兌換停止自体を本質的危機と誤認することはなく，それゆえ本来の問題を見失うこともなく，金本位放棄後における外為相場調整の試みがもつ意味を軽視せずにすんだのではないだろうか。言い換えれば，両大戦間期を危機の側面のみにおいて捉えてしまわず，危機に陥った資本主義が同時に胚胎しつつあった新たな可能性――緊縮的政策を回避しつつ国際収支の均衡を図るための枠組みが生成しつつあったこと――も，捉えることができたのではないだろうか。要するに，金本位制把握の歪みは，資本主義の歴史における両大戦間期の意義を偏って認識させ，それによって第二次大戦後の資本主義を見る眼も曇らせたと思われるのである。

　本書の課題が孕んでいる意義に関連して前もって述べておきたいことの最後は，冒頭において触れた，外生的貨幣供給論と内生的貨幣供給論の対立についてである。根本的な点に関する限り，地金主義対反地金主義あるいは通貨学派（通貨原理）対銀行学派（銀行原理）の論争が，その後の幾多の論争を経てマネタリズム対「日銀理論」の論争として再現していると言ってもよいのであるが，通貨論争期に通貨学派の見解がイギリス議会で圧倒的多数の支持を得たのに似て，今日においても，少なくとも教科書の世界に関する限り，マネタリズムが圧倒的な影響力を持っている。しかし，その見解は，実は通俗的な金本位制像から生まれ出たものに過ぎないのではないだろうか。金本位制が正確に理解されていれば，マネタリズムなどの貨幣数量説的見解がいつまでも生き残ることはなかったように思われる。仮に，金本位制の実態は外生説から程遠く，内生説的に理解されるべきものであったとすれば，金準備の額や兌換制の存在は貨幣供給には関係ないことになり，したがって金本位制が廃止されても貨幣供給には何の影響もないということになる。それゆえ，管理通貨制下でも外生説的理解は成り立たないということになる筈である。このように考えてくれば分かるように，今なお世間に蔓延している金本位制の神話は，中央銀行があたかもマネー・サプライを直接統制しうるかのような幻想を生み，管理通貨制の認識にも影を落としてきたのである。

4）本書の構成

　金本位制の再把握がどのような意義を持つのかについての議論は以上に留め，次に，本書の構成をごく簡略に示しておくことにしたい。

　まず第1章においては，1914年恐慌を取り上げ，その際に行なわれたカレンシー・ノート（緊急通貨）の発行に着目する。そして，カレンシー・ノートの流通増大と裏腹に金貨が回収されてゆく事態を検討することによって，金本位制において流通していた金貨は，教科書が教えるような本位貨幣だったのではなく，むしろ小額貨幣の機能を担うものだったのではないか，という問題を提起してみたい。

　次いで第2章においては，第一次大戦後に行なわれた金本位復帰を巡る議論を概観したうえで，1925年の金本位復帰が実は金貨兌換の停止であったこと，復帰しても銀行券流通には変化がなかったこと，金本位制下で為替市場介入が行なわれていること，等々を明らかにする。これもまた，旧来からの金本位制把握が誤りであったことを提起しようとするものである。

　そして第3章では，「1928年カレンシー・ノートおよび銀行券法」を分析し，低額面イングランド銀行券の発行および保証準備発行額増減規定の登場が意味することを解明する。金貨が低額面銀行券にとって代わられうるものであったこと，および金本位制の中には通常言われている金本位制の機能を否定してしまうかに思われる要素さえ入りえたということを，明らかにするためである。本書が言おうとするのは，もちろん，「1928年法」によって金本位制が否定されたということではなく，金本位制とはむしろそういうものであり，そのことが「1928年法」によってあからさまになった，ということである。

　さらに第4章においては，1931年の金本位停止に関する事実経過を辿り，通貨の信認にとっては兌換の有無や金準備額の多寡よりも外為相場安定＝国際収支均衡こそが本質的問題だったこと，ならびにポンド危機に緊縮的政策によって対応することが困難だったこと，をそれぞれ確認したうえで，大量の金準備を保有したまま金本位制が停止されることを確認する。それらの事態は，金本位制の本質を浮き彫りにしてくれるだろう。またこの章では，国内経済政策を制約したのは金本位制自体ではなく，それゆえ金本位放棄だけでは問題は解

決しないことを示して，金本位放棄後の課題を摘出するとともに，資本主義の歴史的変化にとっての金本位制の意義も考察する。

　残る二つの章は，放棄後の事態から金本位制を照射しようとする試みである。まず第5章では，1932年に設置される為替平衡勘定の創設経緯およびその目的と仕組みを整理し，この時期の資本主義が同勘定のような内外均衡遮断を図る機構を必要とするに至った事情を検討する。それは，金本位制の制約と見えたものが実は国際収支の制約であったこと，それゆえ金本位放棄のみでは問題は解決しなかったことを改めて示し，金本位制とは何だったのかを教えるものになる筈である。

　そして第6章では，スターリング・ブロックの機能によってイギリスの国際収支がある程度安定し，ポンドは金とのリンクが切れても国際通貨としての機能を維持し続けたことを確認する。これも，通貨信認が兌換ではなく国際収支に規定されていたという事実を示すことにより，金本位制とは何だったのかを教えるものとなろう。またこの章では，第二次大戦に伴って導入される為替管理とその下での「ポンド残高」累積問題，ならびに戦後の国際通貨制度再建に関する「ケインズ案」を取り上げて，為替管理がポンドに与えた影響や，資本主義の停滞あるいは成長に対して国内・国際通貨制度が果たす役割についても検討する。それらもまた，金本位制の諸側面を照らし出す試みである。

　最後の終章においては，以上の六つの章における考察を要約したうえで，金本位制の再把握によって管理通貨制下あるいは第二次大戦後の事態はどのように捉え直されることになるのかについて，近年の金融政策を巡る問題も含めて，まとめてみたい。また，本書の考察内容と関連する限りで，現代の資本主義における一傾向，特に非実需外為取引の肥大化について触れたいと思う。

第1章　1914年恐慌と金本位制下の金貨流通

はじめに

　イギリスでは，ナポレオン戦争終結（1815年）と金本位法制定（1816年）の後，同国資本主義の発展と世界経済の展開に伴ってイングランド銀行の金融政策が形成されていった。すなわち，イングランド銀行はまず，金本位制の下でしばしば発生する恐慌に対処する過程で，パニック時には徹底的に信用を供与し，それを可能にするため平時には準備維持に努めるという政策原則――後のいわゆる「バジョットの原理」――を実践するようになっていった。そして，同行はさらに，ロンドン金融市場が本格的国際金融センターとなり，短資が金利変化に敏感に反応して流出入しうる基盤が整ったことを背景として，その割引率（以下ではイングランド銀行の割引率を「バンク・レート」と記す）の操作を通して外国為替相場・国際収支をある程度調整するようにもなった。こうしてイギリス金本位制は，国内均衡と国際均衡の対立が鋭く顕在化することを曲がりなりにも回避しうるものになったのである[1]。19世紀第4四半期以降には，少なくともピール銀行法「停止」[2]に至るような金融パニックは見られなくなる。

　従来は，金本位制とは金準備額によって発券額が制限される制度であり，仮に過剰発券が生じたとしても兌換を通じて銀行券流通は自動的に収縮する制度である，と説明されてきた。また，金本位制下では，黒字ならば金が流入し赤字ならば金が流出するという金移動の作用により国際収支は自動的に均衡化され，外為相場も安定する，と言われてきた。しかし，少なくともイギリス金貨本位制に関する限り，金本位制は自動調節機構だったのではなく，上述のように金融政策によって裁量的に調整されるものだったのである[3]。

もっとも，バンク・レート操作を中心とする金融調整の体制は，1914年恐慌と第一次大戦を契機に崩壊してしまう。イギリスはまず，1914年の夏にヨーロッパ大陸で始まった恐慌の波及により，同年8月に1866年以来のピール銀行法「停止」に追い込まれる。そして，大戦中はもちろんのこと大戦後においても，もはや戦前のような体制に戻ることができなくなるのである。つまり，かつてのような方法では外為相場を維持してゆくことが困難になり，対内信用供与を維持しつつ対外均衡を図るために様々な対応を模索・試行してゆかざるをえなくなるのである。そして，その過程には，既に序章において述べたように，金本位制に関する通念を疑わざるをえなくなるような事態が相次いで生じてくる。しかしながら，それらの事態は必ずしも十分に注目されてはこなかった。それゆえ金本位制の神話が生き続けてきたのである。
　金本位制は不正確に理解されてきた。しかも，その誤った金本位制把握は，実態からかけ離れた教科書的金本位制像を普及させただけでなく，金本位制から管理通貨制への移行の理解にも，管理通貨制下で生じる諸々の事態の理解にも，影響を及ぼしている。それゆえ，金本位制の再検討は現代にとって不可欠の課題なのである。単純な制度論的理解から離れ，具体的実態に即して金本位制を捉え直すことがいま求められている。
　この第1章では，両大戦間期のイギリス金融政策を実証的に解明しつつ金本位制の神話を解体してゆく試みの手始めとして，まず1914年恐慌と第一次大戦中に生じた事態を取り上げる。以下では，14年恐慌の経緯を振り返って論点を摘出し（第Ⅰ節），次いでそれを踏まえてカレンシー・ノートの流通拡大（第Ⅱ節）およびその裏側で進行した金貨流通の消滅（第Ⅲ節）を確認し，最後に，検出された事態は何を示唆しているのかについて考察する（小括）。

Ⅰ　1914年恐慌の経緯

　1914年7月下旬のヨーロッパは，前月のオーストリア皇太子暗殺事件以降しだいに高まりつつあった緊張がオーストリアの対セルビア最後通牒によって

第 1 章　1914 年恐慌と金本位制下の金貨流通　11

一気に最高潮に達し，金融市場の大混乱に見舞われることになった。もはや戦争は避けられないとの雰囲気が漂うなかで証券市場には大量の売りが殺到し，まず大陸各地の証券取引所が相次いで閉鎖に追い込まれた。そして，オーストリアとセルビアの間で実際に戦端が開かれた 7 月 28 日を経て，ロンドン証券取引所も 7 月 31 日に取引停止を発表するに至るのである。

しかし，証券取引の停止だけで済むような状況ではなかった。周知のように，ロンドンの引受商会（accepting houses, acceptance houses）いわゆるマーチャント・バンカーは，世界各地から振り出されるロンドン宛手形を引き受けていたが，株式銀行も一部を担うようになっていたその業務は，債務者から期日までに滞りなく支払いが行なわれることに依存していた。したがって，戦争によって送金は困難になるのではないかとの不安が広がるにつれて，引受業者は資金確保に走らざるをえなくなったのである。ところが，このとき同時に，引き受けられた手形が割引に出されるロンドン割引市場から，同市場への資金供給者であった外国銀行を含む諸銀行が資金を回収し始めた。コール貸しの担保とされていた手形の確実性が不安視されるようになり，銀行家達も自衛策をとったのである。諸銀行は上述の証券取引所閉鎖に至る過程でも取引所に対する短期融資を回収していたのであるが，証券市場と同様に，割引市場もまた銀行に資金を引き上げられては一層の困難に陥る。割引商会（bill-brokers, discount houses）は業務継続が難しくなった。そして割引業務の急激な収縮は，新たな引受を事実上不可能にしていった。こうして，ロンドンの国際金融業務の要は麻痺してしまったのである。言うまでもなく，以上のような状況の進展に先行して，ロンドンに支払いをせねばならない債務者達はスターリング為替へ殺到しており，外国為替取引も既に混乱していた。要するに，証券取引所だけでなく，手形引受・割引市場も外国為替市場も，機能不全に陥ったのである[4]。

金融市場が深刻な流動性不足に直面した場合には，割引市場からイングランド銀行に対して再割引が求められ，同行もそれに応じて資金を供給する，というのが従来とられてきた対応策であった。したがって，1914 年 7 月においても同じ対応がとられた。図 1-1 から分かるように，イングランド銀行は，7 月末に銀行部準備を減らしつつ民間証券（同行勘定項目の「その他の証券」）の保

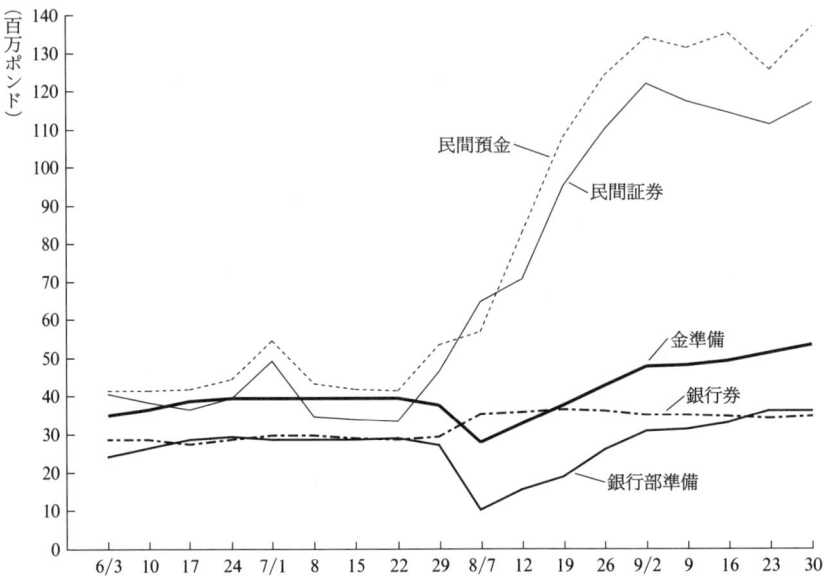

図1-1 1914年恐慌時におけるイングランド銀行の勘定：1914.6.3〜9.30（週次）

出典）*The Economist* 各号より作成。

注1)「銀行券」はイングランド銀行券流通額，「民間預金」は銀行部負債項目の「その他の預金」，「民間証券」は銀行部資産項目の「その他の証券」。
　2)横軸の日付において，7月29日（水）の次が，通常のイングランド銀行「週報」発表日8月5日（水）でなく7日（金）となっているのは，5日が臨時休業だったため。

有を大きく増やしている。しかし，この時は，伝統的対応だけでは困難は解消しなかった。イングランド銀行への資金需要がますます高まるなかで，14年1月29日に4％から引き下げられて以降6カ月間3％に保たれていたバンク・レートは，7月30日（木）に4％へ，31日（金）には8％へと引き上げられた。そして，ついに8月1日（土），1866年以来およそ半世紀ぶりにピール銀行法「停止」という事態が出現したのである。すなわち，イングランド銀行に対して，ピール銀行法の規定以上に発券したとしても責任は問わない旨を示唆する，アスキス（H. H. Asquith）首相ならびにロイド・ジョージ（D. Lloyd George）蔵相によって署名された「大蔵省書簡（The Treasury Letter）」が出されたのである。同日には，この書簡に記されていた条件に従って，バンク・レートの10％への引き上げも実施された。

こうして，イングランド銀行の限外発行が容認され，高利を課されるとはいえともかくも資金確保の道は開かれた筈だったのだが，混乱の収束は期待できなかった。実は，この時，株式銀行が顧客の預金引出しに際して1ポンド金貨での支払いを渋ったため，日常生活ではほとんど使いようのない5ポンド銀行券を持たされた公衆が，その銀行券を1ポンド金貨にするため，休日を控えた7月31日（金）と8月1日（土）にイングランド銀行の前に行列を作る，という事態が起きていたのである[5]。

5ポンドというのはこの時点で発行されていたイングランド銀行券の内で最低の額面であるが，当時の労働者の週給は農業労働者が18シリング，造船工・機関手などが約41シリングであった[6]。つまり，比較的高給の労働者にとっても，5ポンドは月収の半分あるいはそれ以上ということになる。5ポンド券は賃金支払いや日常消費に使えるものではなかったのである。

ともあれ，兌換を求める行列ができた1日（土）は，翌日曜日に続く3日（月）がたまたま銀行休日（Bank Holiday）となっていたので，たとえ混乱が起きていなくとも現金需要が通常より大きくなる事情にあった。それゆえ，3日が銀行休日になっていたことは8月1日を「シティにおける最も困難な日」[7]にした一因でもあったのだが，反面ではそれは幸運でもあった。この混乱を乗り切る方策を決定するためには時間的余裕が必要だったからである。ただし，日曜日と月曜日だけでは十分ではなく，結局，銀行休日は4日（火）から6日（木）までの三日間延長された。

当然ながら，銀行が閉じられていた8月2日から6日までの間に，大蔵省・イングランド銀行・シティの諸金融機関は諸々の対策について話し合った。その結果，まず2日に，小切手または要求払い手形以外の為替手形に対する支払いを1カ月猶予する布告（proclamation）が出され，それは翌3日に正式に立法化された[8]。さらに，その法律のもとで6日に出された第2の布告によって支払い猶予の対象が拡大され，後には猶予期間も3カ月に延長された。しかし，銀行の臨時休業中になされた決定のなかで最も重要なものは，何と言っても緊急通貨の発行である。

銀行家達は，保有資産の流動性喪失に直面して混乱の当初から十分な通貨供

給を要求していたが，パニックに対する不安が広がるとともに，政府も，彼らの求めに応えるしかないと判断するに至り，緊急通貨を発行することにした。そして，その方法についてはいくつかの構想が検討されたが，最終的には，大蔵省が紙幣を発行し，イングランド銀行を通じて諸銀行に貸し出すという形をとることになった[9]。また，新たに発行される紙幣の額面は1ポンドと10シリングに定められたのであるが，その理由はロイド・ジョージ蔵相の議会での発言から窺い知ることができる。対ドイツ宣戦布告の翌日である8月5日，彼は庶民院（House of Commons）において以下のように述べている。

「我々は，……正貨支払いを停止する必要はない，……との結論に達しました。しかし同時に，我々は，金の供給を節約するために手筈を整えることは望ましいと考えました」[10]。「どなたも御存じのように，ここ数日間生じている支障は5ポンド銀行券が兌換できないというものであります。……人は小銭を入手できず，そしてその結果，公衆にとって非常に大きな不便がもたらされているのは疑いありません。公衆に対して少しも不便を引き起こすことなく金の節約を達成し，他方同時に金本位をその完全な状態で維持するために，……我々は，イングランド銀行で金に兌換できる1ポンド券と10シリング用の券の発行を提案します」[11]。

「1914年カレンシー・ノートおよび銀行券法（the Currency and Bank Notes Act, 1914）」[12]が成立するのは，このロイド・ジョージ発言の翌日，8月6日である。同法は，冒頭の条項において，大蔵省が1ポンドならびに10シリングの「カレンシー・ノート」[13]を発行するという規定に続けて，それらのノートはソヴリン（1ポンド金貨）ならびに半ソヴリン（10シリング金貨）とまったく同様に流通するものとする，とうたっている。緊急通貨の額面が金貨と同一にされたのは，緊急通貨すなわちカレンシー・ノートには金貨を節約する機能も期待されていたからなのである。

なお，同法には，第3条にイングランド銀行（スコットランドとアイルランドの各発券銀行に関しても同様）の発券に関する限外発行条項も盛り込まれた。従来行なわれてきた大蔵省書簡による限外発行容認はいわば「超法規的」措置であったのだが，同法によって，大蔵省の承認等々の条件が必要とはいえ，限外

発行が法律上も認められたのである。また，同法に基づいてなされるカレンシー・ノートの貸付には当然ながら利子が課されることになったが，利率としてはバンク・レートが適用されることになったため，銀行家達からバンク・レートの引下げ要求が出てきた。そこで，8月1日に10％に引き上げられていたバンク・レートは，「1914年カレンシー・ノートおよび銀行券法」が成立した6日に，銀行が再開される7日から6％に引き下げることが決められ，さらに8日には5％に下げられた。これ以後，バンク・レートは1916年7月まで変更されない。

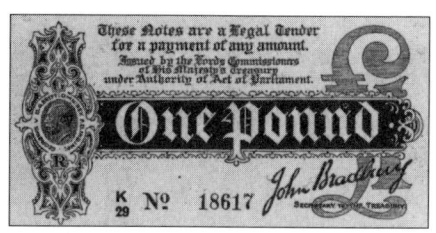
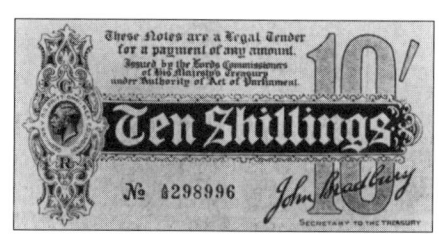

図1-2　カレンシー・ノート，1ポンド（上）・10シリング（下）

出典）（上）Nicholas Mayhew, *Sterling*, John Wiley & Sons, Inc., 1999. （下）C. R. Josset, *Money in Britain*, Frederick Warne and Co. Ltd., 1962.

注）右下にブラドベリーのサインがある（本章注13参照）。

1914年恐慌において見られた諸事態のうち，上述以外になお確認しておくべきこととしては，イングランド銀行券の兌換が維持されたという点がある。銀行家達からはイングランド銀行の兌換停止が提案されたのであるが，既に見たロイド・ジョージの発言からも分かるように，最終的には兌換は維持されることになった[14]。したがって，金輸出も禁止されなかったわけである。「戦争の間中，金の輸出を妨げる法律的障害は何もなかった」[15]。もっとも，それは，「その輸出が敵の利益にならないならば」[15]という条件の下でのことであり，保険ならびに海運の便宜が欠乏していたこともあって，金の輸出は「事実上不可能」[15]だった。

さて，銀行休日が延長されていた間には以上のように様々な決定が慌しくなされたのであるが，5日間の休業が終わって銀行が再び開かれた8月7日（金）は，心配された取付騒ぎも見られず，平穏に過ぎていった。微妙に絡み

合う金融市場の各業務を復旧させるためには更に若干の措置が講じられる必要はあったが[16]、手形取引・外為取引は9月から10月にかけて徐々に立ち直り、8月初旬に布告されたモラトリアムも3カ月後には終了した。証券取引所の正常化だけが多少遅れたものの、こうして混乱は収束していったのである。

要するに、ロンドンにとっては、皮肉なことであるが、1914年恐慌は「システムにおける何らかの弱さゆえではなく、巨大な国際的債権者としてのイギリスの強さゆえに生じた」[17]と言えるのかもしれない。確かに、イギリスは膨大な対外債権を保有していたし、それが混乱の直接的原因になったのである。そして、図1-3から分かるように、イギリスは、14年恐慌においては金流出に苦しんだわけではない。7月も8月も金は流入の方が多く、イングランド銀行金準備も8月7日の銀行業務再開後に回復し始めて、8月末にはパニック前の水準を超える（前出の図1-1参照）。証券取引所は閉鎖され、割引市場や外為市場も麻痺し、ピール銀行法も「停止」[18]されたが、イングランド銀行券の兌換は維持されており、戦時ゆえに金輸出が困難になったとはいえ、金本位制は存続したのである。

では、本書の問題意識からは、すなわち金本位制再把握を試みようとする立場からは、この恐慌の何が注目されるべきなのであろうか。それは、言うまでもなくカレンシー・ノート発行である。それこそが、金本位制とは何だったのかを考える際に検討を省くことができない問題なのである。14年恐慌のさなかに、金貨に兌換可能な、金貨と同一額面の紙幣が発行された。しかも——論点を先取りすることになるが——、それはイングランド銀行券流通額を上回り、短期間に流通通貨のかなりの部分を占めるに至る。金貨に兌換可能であり金貨と同一額面であるにもかかわらず、兌換されることなく流通に留まっていくのである。他方、金貨は流通から消えていく。我々は、この事態が何を意味するのかを考えねばならない。

一般に金貨流通とは、金本位制が完全に機能するための条件（金貨鋳造と溶解の自由、中央銀行による制限のない金購入と売渡し、金輸出入の自由）を保つための、金本位制にとって不可欠の存在であると言われてきた。理論上は、本位貨幣としての金貨が流通していないならば完全な金本位制足りえないとされて

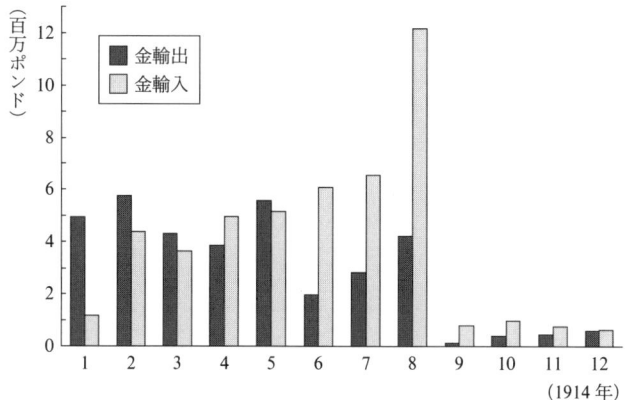

図1-3　イギリスの金輸出入：1914. 1〜12（月次）
出典）The Economist 各号より作成。

きたのである[19]。しかし，実際の金貨流通は，本位貨幣の流通という意味を本当に持っていたのだろうか。金本位制下でカレンシー・ノートが流通し始め，金貨が流通しなくなっていくという事実は，完全な金本位制と言われる金貨本位制において金貨流通とは実際にはどのような存在だったのか，どのような意義をもつものだったのか，という疑問を生じさせるのである。そこで，この疑問をさらに明確にするために，次節において，まずカレンシー・ノートの発行・流通を巡る実態を確認することにしたい。

II　カレンシー・ノートの発行とその流通増大

カレンシー・ノートは1914年8月に発行され始めるが，その額は第一次大戦中に急激に膨張していった。表1-1は14〜18年の各年末における「カレンシー・ノート勘定」を示しているが，この表から分かるように，カレンシー・ノート発行額は14年末において既に3,800万ポンド以上になっており，11月に大戦が休戦した18年の末には3億2,300万ポンドに達している。これは，カレンシー・ノートが，14年恐慌における諸銀行の流動性不足に対処するた

表1-1　カレンシー・ノート勘定：1914～1918（年末）

(千ポンド)

日付	カレンシー・ノート	投資準備勘定	貸付		償却勘定		
			銀行	貯蓄銀行	金貨および金地金	政府証券	イングランド銀行残高
1914. 12. 30.	38,478	―	169	600	18,500	9,924	9,286
1915. 12. 29.	103,125	729	159	249	28,500	54,621	20,536
1916. 12. 27.	150,144	2,430	64	40	28,500	118,102	6,868
1917. 12. 26.	212,782	8,554	39	675	28,500	186,637	5,486
1918. 12. 31.	323,241	15,529	―	570	28,500	305,133	4,566

出典) *The Economist* 各号より作成。
注)「償却勘定」には，1919年以降「イングランド銀行券」が計上されるようになるが，1918年まではその項目はない。

めの緊急通貨という意味をはるかに超えて発行され続け，流通に定着してしまったということを示すものであろう。

　このような事態に至ったのは，実は，以下のような事情からである。カレンシー・ノートは，本来は銀行の預金債務の20％を限度として，バンク・レートと同率の利率で貸し出されるものであった。しかし，銀行に当初貸し出されたのは1,300万ポンドに過ぎず[20]，それらもすぐに返済されて，表1-1に示されているように14年末には16万9,000ポンドに減少している。そして他方で，「1914年カレンシー・ノートおよび銀行券法」の規定は同年8月20日の大蔵省覚書（Treasury Minute）[21]ならびに28日に成立した修正法（the Currency and Bank Notes (Amendment) Act, 1914）[22]によって変更され，諸銀行によるイングランド銀行からのカレンシー・ノート引出しが当初より容易にされた。すなわち，諸銀行は，同額を支払いさえすれば，イングランド銀行からいくらでもカレンシー・ノートを引き出すことが出来るようになったのである。

　やや単純化して言うと，以下のようになる。たとえば，ある銀行がイングランド銀行からカレンシー・ノートを引き出すと，イングランド銀行は引き出されたカレンシー・ノートと同額をその銀行がイングランド銀行にもつ預金勘定

からカレンシー・ノート償却勘定（Currency Notes Redemption Account）に移転する。銀行にしてみれば，引き出したカレンシー・ノートと同額を自行がイングランド銀行に持つ預金から支払ったということになるが，実質的には，自行のイングランド銀行預金からカレンシー・ノートで引出しを行なったとも言えよう。いずれにしても，カレンシー・ノート勘定の側では，カレンシー・ノートの発行（負債）が増加するとともに，同額の預金が償却勘定（資産）に入ってくることになる。償却勘定に「金貨および金地金」があることから分かるように，移転が金で行なわれれば金が償却勘定に入るし，また，当初に預金（イングランド銀行残高）で移転されたものが後に金に替えられることもあるだろう。ところが，これも表 1-1 から分かるように，償却勘定には，金とイングランド銀行残高に加えて政府証券が存在している（1919 年からは「イングランド銀行券」も「償却勘定」を構成するようになる）。つまり，カレンシー・ノート発行によって同勘定が獲得した資金は，政府に貸し出されているのである。したがって，当初に銀行によって引き出されたカレンシー・ノートはたとえばその銀行の顧客の預金引出しに応じて流通に出て行くであろうが，他方ではそのようなカレンシー・ノート発行によって獲得された資金のかなりの部分が，政府証券と引き換えに政府に渡り，政府によって支出されていくことになる。となると，手形・小切手であれイングランド銀行券であれ政府からの支払いを受け取った公衆が銀行へ預金すれば，諸銀行のイングランド銀行預金は回復することになり，それゆえ諸銀行は再び新たなカレンシー・ノートの引出しが可能になる。要するに，「公衆は，彼らが好むだけのノートを商業銀行から引き出すことができ，そして諸銀行は，彼らが好むだけをイングランド銀行から引き出すことができた。すなわち，法貨の供給は実際には無制限だったのである」[23]。

さて，このような事情を踏まえると，当初は文字通りの緊急通貨として発行された筈のカレンシー・ノートがその役割を超えて増加していったことには政府への貸出も関連していた，ということになるだろう。上に述べたことから分かるように，カレンシー・ノートは，それが発行されればされるほど同勘定の対政府貸出余力を生み出していくものであった。現に，カレンシー・ノート発行額が膨張していくとともに償却勘定の中に政府証券が累積していったことは，

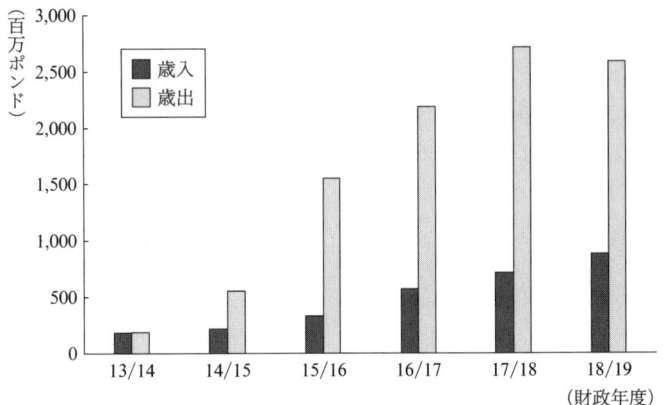

図1-4　イギリスの歳入・歳出：1913/14〜1918/19
出典）*Statistical Abstract for the United Kingdom* 各年版より作成。

表1-1が示すとおりである。

　そこで，第一次大戦中における政府の国債発行に目を向けてみる必要があるが，国債発行それ自体を取り上げる前に，まず大戦中のイギリス財政状況を一瞥しておこう。第一次大戦は，周知のように従来の戦争とは決定的に異なり，政府が国内の財貨・サービスや輸入食料・原材料の内の膨大な部分を購入せねばならない戦争だった。したがって，イギリス政府は開戦後たちまち大幅な財政赤字に陥ったのである。図1-4に示されているように，大戦中の歳入不足は驚くべき状況である。

　この財政赤字は，当然ながら，各種の借入れによって埋められねばならなかった。図1-5は，第一次大戦中の国債発行状況を総括的に示したものであるが，ここから分かるように，大戦中のイギリス政府は国債発行残高を60億ポンド以上増加させている。カレンシー・ノート償却勘定の政府証券が増大していったのは，政府によってそのような巨額の資金が調達されていく時期だったのである。誤解のないように述べておくと，国債発行とカレンシー・ノート発行とを直接結びつけることはできないし，両者の額はそもそも桁が違う。つまり，国債の発行・消化がカレンシー・ノート増加によって可能となったというわけではない。カレンシー・ノート増加の背景として，巨額の歳入不足を埋めるた

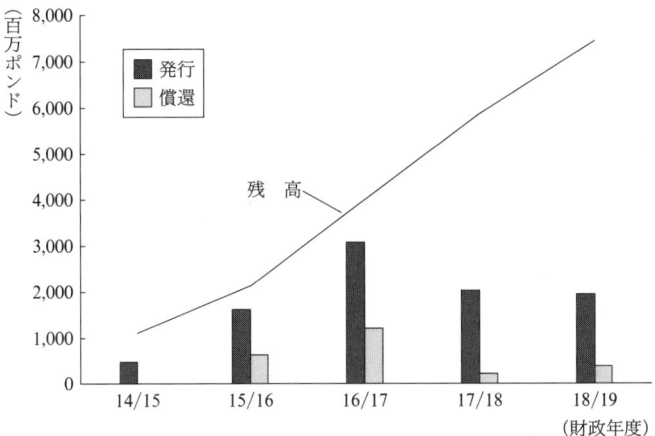

図1-5　イギリスの国債発行状況：1914/15～1918/19
出典）代田純［1999］41頁より作成。

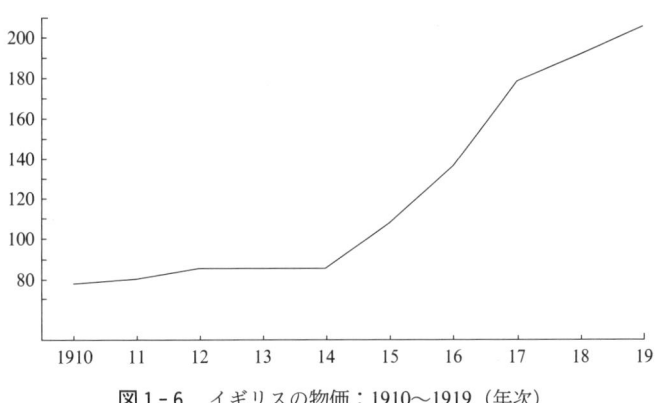

図1-6　イギリスの物価：1910～1919（年次）
出典）Mitchell［1962］p. 475 より作成。
注）1867～77年の平均値を100とする総合物価指数。

めの国債発行増大という事情があったということである。

　ともかく，大戦中にカレンシー・ノートの発行・流通は拡大していった。カレンシー・ノート流通額は，1915年10月にイングランド銀行券流通額を上回り，16年末には2倍以上になり，17年末には3倍弱（イングランド銀行券＝7,558万ポンド，カレンシー・ノート＝2億1,278万ポンド）になる。このような状

況は，言うまでもなく，膨大な政府支出増による物価上昇を予想させるものであろう。そこで，後に論じる点とも関わるので，本節の最後にイギリスの物価動向を確認しておくと，図1-6が示すようにイギリスの総合物価指数は大戦中に約2倍になるのである。

さて，イギリスでは大量のカレンシー・ノートが流通するようになり，それは同国の通貨構成において大きな部分を占める存在になってしまったのであるが，実は，この事態の裏側でもう一つの現象が進行していた。金貨流通の消滅である。節を改め，その点を検討しよう。

III 金貨の回収と金貨流通の消滅

金貨の流通額を正確に把握することは極めて困難であり，イギリスについても各種の推計が存在するだけであるが，比較的よく整備されていると思われる推計によれば，第一次大戦前のイギリスにおいては金貨流通額（公衆の手にあるものに諸銀行の保有分を加えた額）は表1-2のとおりであり，1914年には約1億3,600万ポンドである。また，1915年夏のマッケンナ（Reginald McKenna）蔵相[24]の説明によれば，1914年6月30日時点の金貨流通額は約1億2,100万ポンドである[25]。したがって，第一次大戦直前期のイギリスにおいては1億2,000万～3,000万ポンドの金貨が流通していたと考えて，大きな誤りはないだろう。

しかしながら，この金貨流通は，第一次大戦中に消滅したと言われている。「金貨は，戦争の初期の間は流通し続けたが，1915年以降次第に流通から回収され，イングランド銀行へ払い込まれたり，あるいは商業銀行によって保有されたりした。1914年における金の流通見積り額1億2,300万ポンドのうち，5,000万ポンドをいくぶん超える額が戦争中にイングランド銀行へ払い込まれ，さらにもう5,000万ポンドが他の諸銀行によって蓄積された後にイングランド銀行へ払い込まれた」[26]。こうして，「金は事実上流通から姿を消した」[27]というのである。

もっとも，事態はそれほど単純ではない。表1-3は，1923年1月22日付の大蔵省のある文書[28]に掲載されている表から，第一次大戦勃発前・大戦中・大戦休戦直後・休戦2年後の四つの時点を抜粋したものである。イングランド銀行・その他の銀行・公衆の別に各々の金保有額が記載されているが，イングランド銀行以外の金はほとんど金貨であろうから，この表からは金貨流通額が分かると見てよいだろう。ところが，そうだとすると，金貨流通は必ずしも第一次大戦中に消滅していないのではないか，との疑問が生じる。確かに，1918年12月時点でも諸銀行は4,000万ポンド，公衆は3,500万ポンドをそれぞれ保有しているのである。そこで，金貨が流通から消えたと指摘されてきたにもかかわらずこのような数字が出てくることについて，ここで以下の3点を確認しておきたい。

表1-2　イギリスの金貨流通額
：1905～1914（年末）
（千ポンド）

西暦	金貨流通額
1905	101,226
1906	101,573
1907	109,985
1908	112,546
1909	110,062
1910	113,485
1911	123,453
1912	130,272
1913	145,576
1914	136,126

出典）Capie and Webber [1985] p. 199 より作成。

第一は，推計に関わる問題についてである。既に述べたように金貨流通額の把握は難しく，表1-3の「公衆保有」の数字も全て推計値であるが——煩瑣を避けるため本書の表には示さなかったが，原資料の表では，造幣局（Royal Mint）の見積り（estimate）に基づくものと単なる推測（guess）とは区別されており，後者の値には（　）が付されている。ただし，造幣局の見積りが特に正確という確たる根拠があるわけではない——，金貨流通額の推計は一般に過大になりがちだったようである。すなわち，より低い値が実状に近いという指摘がしばしばなされているのである。たとえば，1917年2月9日付の，造幣局から大蔵省事務次官補ブラドベリー（John Bradbury）に宛てられた報告は，前年6月末における公衆の金貨保有額5,345万ポンドという計算結果について，信じられない数値であると述べている。宝石製造や歯科医における利用などのような，工業ならびにその他の目的のために溶解された額および旅行者によって海外に持ち出された額が，長年にわたって過小に見積もられてきたこと，さらに戦争勃発以降は金貨の流出入が報告に正確に反映していないこと，等々に

表1-3 イギリスにおける金保有額：1914～1920（月末）
(百万ポンド)

年　月	イングランド銀行	その他の銀行	公　衆
1914. 6	38.5	44.5	78
1916. 12	55.0	35	50
1918. 12	80.0	40	35
1920. 12	128.4	15	25

出典）PRO：T 176/5, Monetary Policy 1920-9, Gold held in the United Kingdom 1914-1922 より作成。

よって，過大な数値になるというのである。また，1918年10月7日の日付がスタンプされている大蔵省の別の文書も，17年6月30日時点で公衆の手に依然として4,800万ポンドの金貨が保有されているという見積りについて，溶解された金貨と，兵士や船員のポケットに入って，あるいは公式に記録されない方法での輸出によって国外に運び出された金貨とを計算に入れるならば，この数値は実際には減少するだろう，と述べている[29]。したがって，表1-3の数値は実際に比べて大き過ぎると思われるのである。

　第二は，金貨の退蔵についてである。金貨が流通から消えたにもかかわらずいまだかなりの額が公衆に保有されているという計算になるのは，退蔵が行なわれたことを容易に推測させるだろう。実際，「大量の金貨が依然として公衆の手にあるということは，知られていた」[30]ようである。退蔵額は流通額以上に把握が困難であるが，ともかくこの点からも，表1-3の数値と金貨が流通から消えたという現実との間にある溝はある程度埋められるだろう。

　第三は，地域的な差異についてである。表1-3の原資料の表には説明文が続いているが，そこには次のことが指摘されている。「北部およびアイルランドにおいては，ロンドンおよび南部において紙幣がそれに取って代わってしまった後も，金が長く流通し続けた」[31]。要するに，公衆の手には金貨が相当保有されていることになるという計算結果と，一般に言われてきた現実との齟齬の一部は，少なくともロンドンやイングランド南部ではカレンシー・ノートが金貨に取って代わっていたが，イングランド北部やアイルランドでは状況が多少異なっていたということで説明されるのである。

　以上から，金貨流通が大戦中に全く姿を消してしまったとまでは言えなくと

も，少なくともロンドンを含めてイングランド南部では，金貨は基本的にカレンシー・ノートによって置き換えられたと考えてよいであろう。1925年に時の蔵相 W. チャーチル（Winston Churchill）が紙幣の使用について「この10年間慣れ続けてきた習慣」[32]と述べたことからも確認できるように，イギリスでは第一次大戦を契機に金貨流通は基本的に消滅していったのである。

では，何故そのようなことが生じたのかと言えば，もはや改めて言うまでもなく，カレンシー・ノートが発行されたからである。金貨と同一額面の，すなわち1ポンドと10シリングの紙幣が大量に流通に入ってくるとともに，金貨は回収されていったのである。ただし，金貨の回収は，上に述べた退蔵の問題はひとまず別としても，また地域差の問題も同様に別としても，必ずしも簡単に進んだわけではない。政府は，戦争の長期化とともに，国内にある金の集中（したがって金貨の回収）に努力を重ねている。

たとえば，1917年7月25日，B. ロウ（Bonar Law）蔵相は，ブラドベリーらの大蔵省幹部を伴って，イングランド銀行副総裁も立ち会うなかで，F. シャスター（Felix Schuster）など銀行家の代表と会う。株式銀行に対して，その保有する金を提供してくれるよう頼まねばならなくなったと，政府の立場を説明するためである。政府からの依頼について検討する銀行家達の会合に間に合うように，蔵相がロンドン手形交換所加盟銀行委員会（the Committee of Clearing Banks）の会長（Chairman）宛に出した同日付の書簡は，「政府は連合王国内の金貨および金地金の全てのストックを求めることが必要になった」と協力を要請している。

同様の依頼は，スコットランドおよびアイルランドの諸銀行に対しても行なわれた。ロウ蔵相が17年8月14日付でスコットランド銀行（Bank of Scotland）にあてた書簡は，「私は，スコットランドの銀行家の皆さんが，国家の諸目的のために連合王国内の金貨および金地金のストックを政府がその自由な処分権のもとに保有する必要がある，という最近の政府決定を既に知っておられると存じます」と述べたうえで，この問題を議論してくれるなら喜んで会いたいという言葉で結ばれている。

政府は各銀行に保有額の90％の提供を要請したのであるが，最終的には，

どの地域の銀行も政府案に同意していく。たとえば，アイルランド銀行（Bank of Ireland）総裁が蔵相に宛てた17年8月25日付の書簡は，「アイルランドの全ての銀行による会合において，以下の決議が満場一致で採択されました」として，「アイルランド諸銀行の金保有額の90％は，大蔵省の自由処分権のもとにアイルランド銀行の中に置かれる」と記している。ただし，アイルランドの諸銀行からは，カレンシー・ノートが拒否される可能性もあるので，そのような事態に対処するため各行の銀行券を金で支払うことができるようにしておきたいとの条件も出された。したがって，蔵相は8月31日付で以下のような趣旨の返信を出している。現時点で金を実際にアイルランドから移すことは計画されていないので，金はアイルランド銀行に集中されればよく，また，大蔵省がその金の実際の使用を必要とするまでは提供した銀行の所有権は維持される[33]。

さて，いろいろな経緯はあったにせよ，カレンシー・ノートの流通拡大とともに金貨流通はそれに置き換えられていったのである。では，この事態は何を意味するのだろうか。以下，小括において，ここまでに確認してきた事態が示唆することをまとめつつ，金本位制に関する旧来からの理解に対して問題を提起してみたい。

小　括

金貨本位制下で，すなわちイングランド銀行券の金貨兌換が認められている下で，大蔵省発行の紙幣が使用され始め，しかもその紙幣も兌換可能だったのに兌換されることもなく，大量に流通するようになっていった。その一方で金貨は回収されていき，流通から姿を消していった。これが，1914年恐慌以降，第一次大戦中に進展した現実である。イングランド銀行券の最低額面は5ポンドだったので，1ポンドや半ポンドの金貨には日常生活用の小額貨幣としての需要があったのだが，ここでまずもって指摘できるのは，その需要は額面が金貨と同じにされたカレンシー・ノートによって満たされた，ということである。

金貨は，それと同額面の紙幣が発行されることによって，流通不要になったのである。しかし，それならば，金本位制下の金貨流通とは，額面さえ同じならば紙幣によって置き換えられうるというようなものだったのだろうか。

金本位制とは，金貨を流通させることによって，つまり金貨と銀行券の自由な転換を保証することによって銀行券の信認を確保し，またその価値を安定させるものである，と考えるならば，紙幣が金貨に取って代わることはありえないということになろう。たとえ額面が同一であっても，紙幣には金貨の機能は果たせない筈である。しかし，実際には，カレンシー・ノートすなわち1ポンド券および10シリング券という低額面紙幣が流通し始めるとともに，それまで国内で流通していた金貨は次第に回収され，金貨流通は紙幣流通に取って代わられたのである。あえて付け加えておくならば，物価上昇があっても（前出の図1-6参照），ほとんど誰も兌換に行かなかったのである。

これは，伝統的な金本位制観に立つ限り，極めて不思議な事態だということになりそうだが，しかし，現に生じた事実の側に立ち，事実に即して素朴に事態を捉えるならば，金本位制下の金貨流通は本位貨幣としての金貨の流通などではなく小額貨幣への需要を満たすものだった，ということになろう。そして，そのように理解するならば，大戦中のこの事態は，何ら不思議に思う必要はないものである。金属形態の小額貨幣が，それと同じ低額面を表示する紙券に代替されていっただけである，と言えばよい。さらに，教科書的金本位制理解の立場からこの事態はおかしいとする主張に対しては，逆に，以下のように言えるだろう。このような現実が起きても，それでも，金本位制下の銀行券の信認は金貨兌換によって支えられていたと依然として主張しうるのだろうか。このような現実を前にして，なお，金本位制は本位貨幣たる金貨の流通によって銀行券の価値を安定させるシステムだったと主張しうるのだろうか。

ここで，無用の誤解を避けるために以下のことを述べておく。本書が主張しようとしているのは，カレンシー・ノートは金貨を駆逐した，ということでは決してない。本書が言おうとしているのは，カレンシー・ノートが金貨に代替したということではなく，流通していた金貨が——本位貨幣としての金貨ではなく——低額面通貨によって代替されうるような存在だったので，カレン

シー・ノートによって代替されえた，ということである。

　もっとも，金本位制の神話を否定し，そもそもこういう事態が起こるのが実際の金本位制なのだという主張に対しては，以下のような疑問が提起されるかもしれない。まず第一に，本章でも確認されているように1914年の7月31日・8月1日にはイングランド銀行の前に兌換請求の行列が現われており，そのことは，金貨はやはり紙券とは異なる本位貨幣だったことを示すのではないか，と。あるいは第二に，第一次大戦中においては金本位制は実質的に停止されていたのであり，大戦中の事態は停止下ゆえに生じたことであって本来の金本位制下では起こりえないことだ，と。また第三に，大戦中も金本位制は形式上維持されていたとしても，戦時ゆえに，金本位制の機能を作用させるような行動を人々がとらなかっただけであって，大戦中の事態は戦時だからこそ起こりえたものであり平時の金本位制下では起こりえない，と。

　まず，第一の点から検討してみよう。結論を先取りすれば，この点に関する本書の理解は，あの行列は本位貨幣としての金貨を求めたものではなく小額貨幣としての金貨を求めたものだった，というものである。イングランド銀行からの金流出を金貨と地金に分けてみれば確認できるように（図1-7参照），7月末からの金流出の大部分は金貨だったのである。イングランド銀行の前に並んだ人々は小額貨幣を求めていたのであり，諸銀行が，休日を控えた顧客の預金引出しに対して5ポンド券を押し付けたりしなければ，行列は出現しなかったと思われる。また，銀行からの引出しについても，同時代人がその様子を次のように描いている。7月31日と8月1日には銀行から通常より多額を引き出した人もいたが，公衆一般の態度は極めて冷静なものであり，全般的な取付が始まる兆候など全然なかったし，郵便貯蓄銀行（Post Office Savings Bank）は株式銀行が閉じられていた期間中もずっと開店したままだったが，引出しに悩まされることもなかった[34]。

　やはり，あの行列はパニックではなかったのであり，金貨への需要は本位貨幣への需要ではなく小額貨幣への需要だった，と解するべきだと思われる。少なくともイギリス金本位制においては，金貨は，金本位制に関する通念的理解がどのような説明をつけようとも，実際上は低額面通貨として流通していたと

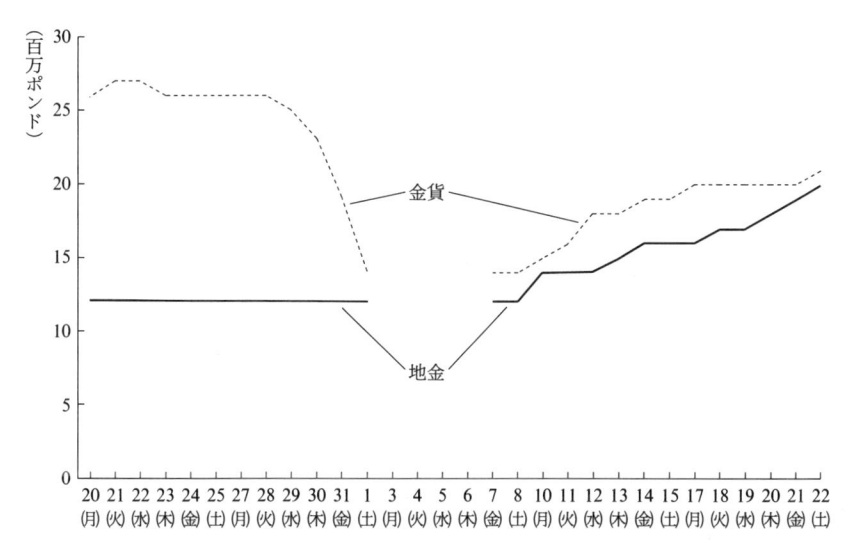

図1-7　1914年恐慌における金貨・地金別のイングランド銀行金準備増減：1914.7.20〜8.22（日次）
出典）BoE Archive: C 1/62, 1914 Account Book, Daily Accounts より作成。
注）3日は定例の銀行休日，4〜6日は臨時休業。

解するしかないのではなかろうか。いずれにしても，1914年恐慌時に出現した金貨需要は，「誰もが同意するように，パニック需要であるよりは休日需要であった。その最も重要な原因は，イングランド銀行券への不信ではなかった」[35]のである。

なお，第一の点に関連して，大戦中に行なわれた「金貨の退蔵」が，金貨はやはり紙券では代替されえないものだったということを示しているのではないか，との主張もあるかもしれない。それゆえ，ここで，その点にも触れておきたい。金本位制下の金貨流通は実際上は小額貨幣流通だったのであり，だからこそ低額面紙券の流通によって消滅しえたのではないか，という本書の問題提起は，更に踏み込んで言うなら，金貨は（金地金本位制においては言うに及ばず）金貨本位制においてさえ事実上不要だったという把握に繋がるものであるから，誤解を避けるために以下のことを強調しておかねばならない。

まず，本書が提起しようとしていることは，金あるいは金貨には意味がなか

ったということではない。金は，資本主義経済において，とりわけ銀を駆逐した19世紀末以降は独占的に，普遍的な購買能力・決済能力を持つ流通手段・支払手段であり，したがって最も有効な価値保蔵手段である。それゆえ，いろいろな状況において金が退蔵されるのは当然なのである。本書は，金がそのような地位にあることを決して否定するものではない。本書が提起しようとしているのは，金本位制の下での金貨流通には金本位制の神話が想定するような機能はなかった，ということなのである。つまり，銀行券の価値が下がると兌換請求があり，銀行券は回収されて金貨が出て行き，そういうメカニズムを通じて金本位制下では通貨価値が安定し，銀行券流通額も調節される（そのメカニズムをなくした管理通貨制下では銀行券流通額は自由に拡大できる），などということはなかった。また，銀行券は金貨への兌換保証によってその信認を維持していた，ということもなかった。金貨は，小額貨幣としての役割を果たしてはいても，銀行券流通額を調節したり，銀行券の信認を維持していたわけではない。それゆえ，カレンシー・ノートによって簡単に置き換えられえた。これが本書の主張である。要するに，金本位制下での金貨流通の意義と，金の意義とを混同してはならない。その意味で，金貨退蔵の存在は本書の主張に影響を与えるものではないのである。

　念のため，ここで更に，金属貨幣と銀行券の関係についても一言触れておこう。カレンシー・ノートに関する本書の主張は，通貨流通において銀行券が次第に金貨に取って代わってきたという把握につながるものではない。市場ではもともと金属貨幣が流通していたが経済の発展とともにそれらは銀行券に変わっていったという認識は，本書の立場とは根本的に違うものである。通貨はかつての金貨から姿態を変えて現代の銀行券（紙幣）になってきたという把握は，銀行券を貨幣論次元でしか理解しないものである。銀行券は金属貨幣とはその出自を全く異にするものであり，債権債務関係から生まれ，債権債務関係を化体する債務証書なのである。銀行券は信用論次元で捉えられるべきものである。金貨と銀行券は，額面や素材によって異なるのでなく，それぞれ貨幣と信用貨幣（貨幣化した債務証書）として全く別物なのであり，銀行券には金貨を代替することはできない。ただし，金貨が本位貨幣としてではなく低額面通貨とし

ての機能を果たしているとき，その機能を低額面の信用貨幣が代替することはありうるのである。

　次いで，第二の点の検討に進もう。第一次大戦中には金本位制は実質的には停止されていたという把握は，必ずしも誤りではない。本章でも述べたように，大戦中の金輸出は困難だった。少なくとも平時におけるような金移動はありえなかったという点では，金本位制は事実上の停止状態にあった。もっとも，大戦中に金移動が全くなかったわけではない。図1-8に示されているように，1年で数千万ポンドという規模の金輸出入は行なわれていた。ここで詳しく分析することはできないが，もしこれらの金移動が行なわれなかったとしたら外為相場にそれなりの影響が生じた筈であることを想起すると，金本位停止をあまり安易に想定することには問題があるかもしれないのである。

　しかし，ここで指摘すべきことは，何と言っても国内の問題である。幾度も指摘してきたように，イングランド銀行券の兌換は停止されていなかったし，カレンシー・ノートも兌換可能だった。敢えて言えば，過剰発券を行なっても兌換によって還流してきてしまうという，教科書的な理解において言われるような金本位制の機能を作動させようと思うならば，できたのである。にもかかわらず，カレンシー・ノートの発行は着実に増加していった。第一次大戦中に生じた事態を，金本位制が停止状態にあったためであり，金本位制が十全に機能していれば起こらなかったことであると捉えるのは，困難ではないだろうか。

　最後に，第三の点を検討したい。なるほど，カレンシー・ノートが金貨に代替しえたと言えるような事態が現実に起きたのは，戦時ゆえに，たとえ金本位制が維持されていようとも人々が本来の行動を抑制したからであったのかもしれない。戦時でなければ，物価上昇に伴って兌換が行なわれ，金本位制は通常言われているような機能を果たしたのかもしれない。

　確かに，第一次大戦期に見られた事態は戦時だった故のことであるという見解には，全く根拠がないわけではない。後の時代においても，1914年にカレンシー・ノートのような紙券が受け入れられていったのはその兌換可能性によるのではなく，むしろ「人びとの愛国心」[36]によってだったという指摘が現わ

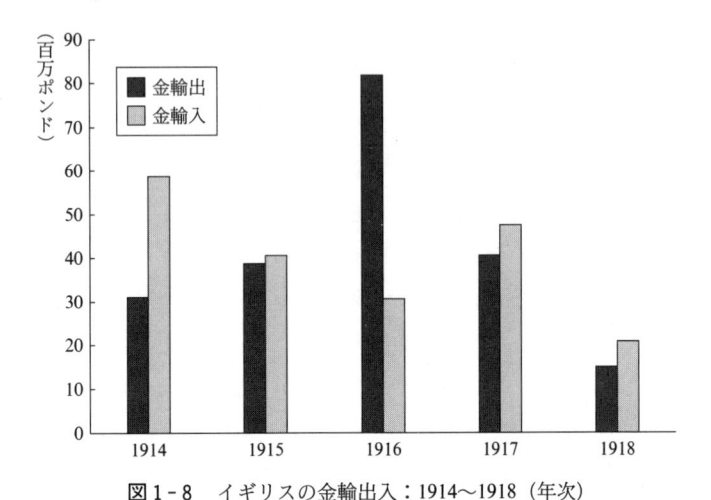

図1-8　イギリスの金輸出入：1914〜1918（年次）

出典）BoE Archive : C 43/157, Gold Imports and Exports 1914-1919, Summary of Gold Movements 1914-1919 より作成。

れるが，実は，同時代人にもそういう意識があったのである。それは，すでに触れた，「1914年カレンシー・ノートおよび銀行券法」成立の前日における，ロイド・ジョージ蔵相の庶民院での発言にも現われている。「このすさまじい戦いにおいては，金融が大きな役割を演ずるでありましょう。それは，この消耗戦において最も恐ろしい兵器の一つになるでありましょう。だから，貪欲という利己的動機から，あるいは度を越した用心または臆病から，無理をして金を引き出し，それを自分自身の用途に供しようとする人は誰でも，自分は祖国の敵を助けることになるということを，……はっきりと理解すべきであります」[37]。このように述べたロイド・ジョージは，更に，銀行の臨時休業が終わって8月7日の金曜日に銀行が開けられたときのことを思うとそういう点は非常に重要であり，「我々はこの国のあらゆる市民の愛国心に訴えねばなりません」[38]と断ったうえで，1ポンドと10シリングの紙券の発行を提案しているのである。金貨需要を抑制するには「愛国心」への訴えが必要であるとの意識が，濃厚に感じられるであろう。

　では，金本位制下の金貨流通にはやはり本位貨幣流通としての意義があったと考えるべきなのであろうか。カレンシー・ノート流通が拡大していったのは，

戦時という特殊な状況のゆえだったのだろうか。平時ならばそのようなことは実現しなかったであろうという見解に対して，たとえ戦時においてではあれ，カレンシー・ノートによって金貨流通が消滅したという事実は，金貨とは実は小額貨幣需要を満たすものだった，銀行券の信認も実際には金貨兌換とは関係なかった，現実に存在した金本位制には教科書が描くような金本位制の機能はなかった，ということを示唆すると考えるのが本書の立場である。戦時ゆえに本来起こりえない事態が起きるということではなく，むしろ，戦時という特殊な時期には通常は認識しにくい金本位制の本質が垣間見えてしまう，ということではないだろうか。

いずれにせよ，では平時に戻った時に，カレンシー・ノートはどうなるのか，金貨流通はどうなるのか，金本位制はどのように機能するのか，を検討せねばならない。本章が提起した見解の妥当性は，次章へと考察を進めるなかで明らかになっていくだろう。

注

1) 以上の点については，金井雄一 [1989] 参照。
2) 停止に「　」を付しているのは，一般に「停止」と言われてはいるものの，厳密に言えば法律の停止ではないからである。本書の課題にも関わるのでここで一言補足しておくと，1914年恐慌についてはこの第1章において示されるように事態は若干異なるのであるが，19世紀の諸恐慌においては，パニックが鎮静化するのは「停止」による発券制限解除＝銀行券増発によってではない。銀行券は「停止」が公表されると同時にむしろ還流してきたのである。金井雄一 [1989] 89-91頁；金井 [1992] 97頁，参照。
3) 第一次大戦前の金本位制において各国中央銀行が必ずしも「ゲームのルール」を遵守するような行動をとっていなかったことについては，Bloomfield [1959] chap. 5 (小野・小林訳，第1部，第5章)，参照。
　　ちなみに，ブルームフィールドが「ゲームのルール」という用語自体はケインズによって初めて使われたと言っているのに対し，ダムは，その根拠を見出せないと述べている。Cf. Dam [1982] p. 1, n. 1.
4) 1914年恐慌の経緯については，主に次の資料に依っている。Public Record Office (以下 PRO): T 170/14, Correspondence etc.: The Government and the Bank, August-September 1914. また，以下の文献も参考にした。Keynes [1914]; Feavearyear [1931] pp. 337-340 (一ノ瀬・川合・中島訳，355-358頁); Hawtrey [1938] pp. 123-130 (英国金融史研究会訳，121-127頁); Brown [1940] Vol. I, chap. 1; Clapham [1946]; Sayers

[1976] Vol. 1, chap. 5-A（西川監訳，上　第5章-1）; Seabourne [1986].

　念のために付言しておくと，ケインズは上記の文献で示した見解を後に若干修正するが，その点については，岩本武和 [1999] 第2章，参照。

　なお，上記の英国金融史研究会訳の 122 頁には，二カ所ほど理解しにくい部分がある。また，西川監訳の 100 頁では，「銀行部準備（the Reserve）」が「金準備」と訳されている。「1,000 万ポンド以下となった」のは，金準備ではなく銀行部準備である。

5）ケインズは，株式銀行が，5 ポンドないし 10 ポンド程度を求めているだけの古くからの顧客に対してさえイングランド銀行券や銀貨をもたせようと努め，金貨での支払いを渋ったことを「自殺的政策」(Keynes [1914] p. 473) と言い，そして，スレッドニードル街に出現した，銀行家から押し付けられた銀行券を兌換しようとする人々の行列を「恥ずべき光景」(Keynes [1914] p. 473) と称して，株式銀行の行動を非難した。

　なお，セイヤーズは，手形交換所加盟銀行（clearing banks）が緊急時におけるイングランド銀行への協力方法を数年来議論してきていたことを想起しつつ，またケインズの株式銀行批判が後に若干弱められたということにも関連させつつ，この時に銀行家達が 1 ポンド金貨を出し渋ったのは，あくまで自行内に金を確保しようとしたためではなく，金準備の相当部分をイングランド銀行に渡すことを考えており，その際の金プールへの貢献を大きくしたくて金保有増加を図っていたのではないか，と推測している。Cf. Sayers [1976] Vol. 1, pp. 72-73（西川監訳，96-97 頁）。

6）Cf. *Statistical Abstract for the United Kingdom*, No. 71 (1912-1926), London, 1928, pp. 94-95.

7）Clapham [1946] p. 33.

8）支払延期法（the Postponement of Payments Act）。これはいわゆるモラトリアムであるが，「その言葉は使われなかった」(Clapham [1946] p. 34)。

9）緊急通貨の発行はイングランド銀行券で行なうべきであるとの考え方もあったが，連合王国内にありながら独自の発券銀行を持つスコットランドおよびアイルランドは，大蔵省紙幣のほうが受け入れ易かったのである。

10）*The Parliamentary Debates*, 5th Series, Vol. 65, 1992.

11）*Ibid.*, 1993.

12）この法律は以下に収録されている。PRO：T 176/22（このファイルにはタイトルが書かれていないが，イギリス公文書館（PRO）の「Class List」では Internal Gold Circulation, 1925-7 と記されている）; Gregory (ed.) [1929] Vol. 2, pp. 320-322.

13）カレンシー・ノートについては，政府紙幣（government note）・大蔵省紙幣（treasury note）・緊急通貨（emergency currency, emergency note）など種々の呼称がみられるが，兌換可能であることや発行方法から考えて，いわゆる不換国家紙幣と同一視すべきではないので，本書ではカレンシー・ノートと表記する。

　ちなみに，大急ぎで準備されたこのカレンシー・ノートは，その表面に記されていた

当時の大蔵省事務次官補（Joint Permanent Secretary to the Treasury）J. ブラドベリー（John Bradbury）のサインにちなんで，すぐに「ブラドベリーズ（Bradburys）」と呼ばれるようになった。その愛称は，事務次官補がブラドベリーから W. フィッシャー（Warren Fisher）に替わった 1919 年以降にさえ存続したとのことである。Cf. Mackenzie [1953] p. 140; Hennessy [1992] p. 127.

　ブラドベリーは，1872 年に生まれ，1896 年に官庁に入り，植民省に短期間勤務したのち大蔵省へ移った。大蔵省では 1905 年に当時のアスキス蔵相の秘書官（Private Secretary）に任命されるなど幹部職を歴任し，13～19 年に事務次官補を務め，19 年に退職している。第一次大戦中は政府の金融顧問（Chief Financial Adviser）も務め，またカンリフ委員会，チェンバレン―ブラドベリー委員会，マクミラン委員会に参加した（カンリフ，チェンバレン―ブラドベリー両委員会については本書第 2 章，マクミラン委員会については本書第 4 章，参照）。29～30 年および 35～36 年にはロンドン手形交換所加盟銀行委員会の会長（Chairman）にもなったが，1950 年に没した。以上は，イギリス公文書館（PRO）に備えられている「Class List」の『T 165-185』の中にある「T 170」すなわち「Bradbury Papers」に関する説明文，および Sayers [1976] Vol. 1, pp. 64-65, n. 4（西川監訳，上，85 頁，注 19）; Peden [1988] p. 56（西沢訳，79 頁）に基づく。

14) ケインズは，ピール銀行法の「停止」と兌換停止とは同時に行なう必要はないとの見解を示している。ピール法「停止」の目的は緊急通貨の発行を可能とすることであり，もし国内からの通貨需要が緊急通貨で満たされ，外国勘定からイングランド銀行が対応できないほどの引出しが直ちに生じないならば，兌換停止は必要ないというわけである。Cf. Keynes〔Elizabeth (ed.)〕[1971] pp. 7-8, 11-12.

　なお，ロイド・ジョージの兌換維持の決断にはケインズの見解が影響力をもったと言われている。この点については，Seabourne [1986] p. 104; 岩本武和 [1999] 66-67 頁，参照。

15) Sayers [1976] Appendixes, appendix 6, p. 55.

16) たとえば 8 月 13 日には，8 月 4 日以前に引き受けられていた為替手形についてはイングランド銀行が（損失に関する政府の保証を得て）バンク・レートで割り引く，との発表が行なわれた。さらに 9 月 5 日には，手形の期日に支払いが不可能な引受人にはイングランド銀行がバンク・レートに 2％上乗せした金利で貸し出す，また引受人が回収できなかった残高については戦後 1 年間は請求されない，という措置が発表された。

17) Seabourne [1986] p. 109.

18) ケインズは，ピール銀行法の「停止」について，イングランド銀行が固定保証準備発行額を超えて発券できる権限を得た場合に停止というのか，それともその権限が行使されて固定保証準備発行額を超える発券が実際に行なわれた場合に停止というのか，と問い，後者だとするなら 14 年恐慌においてはピール銀行法は停止されなかったと述べている。Cf. Keynes [1914] p. 480.

19) 金本位制が完全に機能するためには自由鋳造・自由溶解・自由兌換・自由輸出入が必要であるとする見解は、ごく一般的に示されてきたものである。とりあえず、三宅義夫 [1968] 6-7 頁；岡本磐男 [1983] 130 頁、参照。また、上記の諸条件が満たされなくなるので金貨流通を欠く金本位制は不完全なものになるという指摘も、一般的に行なわれてきたことである。たとえば、川合一郎 [1968] 40-42 頁；吉沢法生 [1990] 50 頁、参照。
20) Cf. Sayers [1976] Vol. 1, p. 76（西川監訳、102 頁）．
21) この覚書は、PRO：T 176/22 に収録されている。
22) この法律は、PRO：T 176/22；Gregory (ed.) [1929] Vol. 2, p. 322 に収録されている。
23) Feavearyear [1931] p. 344（一ノ瀬・川合・中島訳、361-362 頁）．Cf. Clapham [1946]．なお、上記邦訳 361 頁には意味の理解しにくい箇所がある。
24) 1915 年に内閣改造があり、大蔵大臣にはロイド・ジョージに替わってマッケンナが就任した。
25) Cf. Bank of England Archive（以下 BoE Archive）：C 45/16, 1858-1970 Bank's Reserve and Gold Reserve, Gold Coin in Circulation. この文書において、マッケンナは、1914 年 6 月 30 日時点でイングランド銀行を含む諸銀行の保有する金貨は 8,280 万ポンド、公衆の手にある金貨は 7,800 万ポンド、と説明しているが、彼が「金貨」と表現している 8,280 万ポンドという数字には、実際には地金も含むイングランド銀行の金準備全体が含まれている。したがって、8,280 万ポンドから、14 年 7 月 1 日の週報に示されているイングランド銀行金準備約 4,000 万ポンドを控除すると、4,280 万ポンドになる。これに公衆保有分 7,800 万ポンドを加えると、1 億 2,080 万ポンドになるわけである。

なお、この頃のイングランド銀行金準備の中にある金貨は、約 2,600 万ポンドである。Cf. BoE Archive：C 1/62, 1914 Account Book (Daily Accounts 1914 Deputy Governor), Daily Accounts.
26) Feavearyear [1931] p. 344（一ノ瀬・川合・中島訳、362 頁）．Cf. Sheppard [1971] p. 180.
27) Josset [1962] p. 143.
28) PRO：T 176/5, Monetary Policy 1920-9, Gold held in the United Kingdom 1914-1922.
29) 造幣局からブラドベリーへの報告および 18 年 10 月 7 日付の文書は、次に収められている。PRO：T 160/409/F1622/1, Collection of Bankers' Gold Coin from all Banks throughout the U. K. Expenses incurred by Bank of England.
30) Josset [1962] p. 143.
31) PRO：T 176/5, op. cit., p. 3.
32) *The Parliamentary Debates*, 5th Series, Vol. 183, 55.
33) 以上に示した書簡類は、PRO：T 160/409/F1622/1, op. cit. に収められている。
34) Cf. Keynes [1914] p. 473.

35) Clapham [1946] p. 33.
36) Josset [1962] p. 143
37) *The Parliamentary Debates*, 5th Series, Vol. 65, 1992.
38) *Ibid*., 1993.

第2章　金本位復帰と金本位制下の為替操作

はじめに――両大戦間期再検討の意義

　両大戦間期は，かつて「全般的危機」の「第一段階」と呼ばれていた。すなわち，一時的には「相対的安定期」があったものの，帝国主義の諸矛盾が一層激化してゆき，社会主義国家も出現するに至って，資本主義がまさに体制的危機の段階に突入した時代として把握されていたのである[1]。また，そのような図式を共有していなかった論者においても，両大戦間期の世界経済を第一次大戦後の復興とその崩壊の過程として捉える傾向は，幅広くみられた[2]。したがって，このような両大戦間期把握の当然の帰結として，第二次大戦後の資本主義も「危機」を深化させていくものとして展望されがちだったのである。

　しかし，国内的にも国際的にも多くの影を伴いつつであったとはいえ，第二次大戦後に主要資本主義諸国はともかくも一定の「成長」を達成した。この事態は我々に多くの論点を提起するものであるが，少なくともそれが両大戦間期の捉え方に反省を迫っていることは確かであろう。つまり，上述のような両大戦間期把握が第二次大戦後の資本主義を捉える眼を曇らせていたということは否めない。両大戦間期に生じたことを改めて検討し，そこに潜む筈の従来軽視されてきた側面を発掘する作業が必要であると思われる。両大戦間期が資本主義の歴史のなかに位置づけ直されることによって，第二次大戦後の資本主義が担った歴史的意義もまた，明らかになってくるであろう。

　議論を金融の問題に限定しても，同様のことが言える。かつて両大戦間期は，一旦は国際金本位制が再建されたものの，1929年大恐慌以降各国において次々と兌換停止がおこり，有効需要創出的財政政策がとられる管理通貨制度（国家独占資本主義）へ移行し始めた時代とされていた。より具体的な次元の問

題に関しては論者間に見解の相違がなかったわけではないが[3]、いずれにせよ兌換停止はもっぱら資本主義にとって危機を示す事態として理解されていた。つまり、各国における管理通貨制への移行は、資本主義がもはや兌換さえ維持できなくなったという否定的な意味においてのみ捉えられがちだったのである。そして、そのような理解が広く存在していたゆえに、序章においても触れたように、1971年の金ドル交換停止をもって「IMF体制は崩壊した」[4]とみなす見解が数多く生じたのである。

しかし、ドルは71年以降も基軸通貨であり続けた。つまり、「金ドル交換停止」あるいは「IMF体制崩壊」とは何であったのかという問題に直面せざるをえない現実が現われたのである。したがって、やはりここからも、両大戦間期再検討の必要性が浮かび上がってくる。両大戦間期を、資本主義が兌換停止に追い込まれて銀行券が不換化した時期であると理解していたことが、第二次大戦後の貨幣・信用問題の検討において真の問題の所在を逸するという事態を招いたと思われるのである[5]。

危機の時代として、また危機への対応が制度上・政策上の変化をもたらした時代として、両大戦間期が資本主義にとって転換=移行期であったということは、従来から指摘されてきたとおりであろう。しかし、改めて問わねばならないのは、どのような転換が生じつつあったのか、何から何への移行だったのか、である。本書は直接には金本位制とは何であったのかを提示しようとするものであるが、そのために行なう両大戦間期のイギリス金融政策の検討は、両大戦間期における変化とは何だったのかを具体的に解明することを通じて、両大戦間期が資本主義の歴史において占める位置の一側面を示すことにもなるだろう。

さて、イギリスにおける金輸出は、第1章で述べたように第一次大戦勃発のあと事実上困難になっていたのであるが、大戦後の1919年になると命令によって禁止され、20年には法律によって正式に禁止される。しかし、それも25年には解禁されて、イギリスはいわゆる再建金本位制の時代に入るのである。ただし、早くも31年には兌換が全面的に停止され、それ以降ついに金本位制に復帰することはなかった。つまり、両大戦間期のイギリスは、僅か20年ほどの間に、金本位復帰までの金輸出禁止期・復帰から停止までの金本位制期・

停止以降の不換制期という三者を経験することになったのである。この時期のイギリスが，金本位制とは何だったのか，また金本位制から管理通貨制への移行とは何だったのか，の再検討にとって格好の素材を提供していることがよくわかるだろう。

当然ながら，この時期に関しては既にしばしば論じられ，従来から様々な把握が示されてきた。それらの内でもっとも一般的なのは，やや単純化して言えば次のようなものである。すなわち，イギリスでは第一次大戦勃発によって金本位制は実質的に停止されていたが，大戦終結後には戦前の体制への復帰が追求され，種々の議論を経て金本位制が再建される。しかし，両大戦間期の金本位制は様々な不安定要因をもっており，1929年大恐慌以降にはついに維持困難となって結局管理通貨制へと移行していった，という把握である[6]。

ここでまず指摘せねばならないのは，このような把握においては，上記の三期間が制度の異なる時期としていわば機械的に区切られがちであったという点である。あるいはむしろ，そのような単純な制度論的視点が無意識のうちに前提されていたために上述のような把握に帰着する傾向があった，と言った方がよいかもしれない。いずれにせよ，このような把握に留まる限りは，金本位制・管理通貨制の認識にとって重要な問題は見失われたままになり，両大戦間期が孕んでいた意義も捉えられないだろう。

そもそもこの時期には，そのような把握に留まっていては理解し難い事態が登場している。序章においても指摘したように，たとえば再建金本位制下においては，イングランド銀行は外国為替を保有し，いわゆる為替操作（exchange operations）を行なっているのである。しかし，金本位制とは外為相場を自動的に安定させるものであるとする旧来の金本位制理解に立つ限り，「為替操作を必要とする金本位制」なるものはありえないだろう。また，ポンドの信認は金とのリンクによって維持されていたと理解する立場は，この事態をどのように説明するのだろうか[7]。さらに，1931年の金本位停止に至る過程は，金準備・銀行部準備が減少を続け，このままでは兌換も預金支払いも不能になる，というような様相を示してはいない。準備額を見る限りではおよそ危機と言いうるような状況ではない時に，金本位制は停止されるのである。そのうえ，金

本位制を放棄したイギリスは，管理通貨制下で赤字財政＝景気刺激政策を実施しているわけではなく，むしろ財政均衡を図っている。管理通貨制を金準備による発券制限を除去した制度であると捉えていると，何のための兌換停止だったのか分からなくなってしまう，ということになるだろう。

　要するに，両大戦間期には，単純な制度論的視点のみからでは理解が困難な事態が出現しているのである。それゆえ，この時期における金融上の問題を正しく捉えるためには，通念的な制度区分を前提にして各時期を把握しようとするのではなく，実態そのものに基づいて各時期を把握することが必要なのである。そして，実態に基づこうとすれば，おのずと各制度に関する従来の理解が不正確であることに気付かされていくことになるだろう。

　もっとも，両大戦間期のイギリスに関しては，とくにその再建金本位制をめぐっては，安易な制度論的把握に留まらない検討が既になされ始めてはいる。たとえば，金本位制と管理通貨制の関連を問う視点から，再建金本位制期には金本位制と管理通貨制とが相互に浸透しており，そこで兌換と信用操作という二つの要素のウエイトが入れ替わる，とする見解がある[8]。また，金融政策の実態を検討して，再建金本位制を第一次大戦前と1930年代との両者に対して独自性をもつ時期として捉えようとする見解もある[9]。あるいは，同じく金融政策の実態を検討しつつ，再建金本位制下で行なわれた為替操作に注目して，再建金本位制期を為替平衡勘定（Exchange Equalisation Account）が登場する管理通貨制期との共通性において捉えようとする見解がある[10]。さらにまた，1930年代の実態を解明することによって，期せずして，31年の金本位制停止の意味を問い直させるものになっている研究もある[11]。

　ただし，以上の研究においても，各制度に関する伝統的理解の再検討はいまだ十分には行なわれておらず，両大戦間期が資本主義史においてもつ意義もまた完全には明らかにされていない。本書が，上述の諸研究を踏まえつつも，両大戦間期のイギリス金融政策をさらに検討することによって金本位制に関する通念的理解に対して根本的疑問を提起し，金本位制・管理通貨制に関する安易な固定観念の打破を試みる意味は，十分に残っていると思われる。本書は，「再建金本位制は，第一次大戦前の金本位制と30年代の管理通貨制のどちらに

近い制度か，あるいは独自のものか」といった問題を超えて，そもそもそこで展開した事態は何を示唆しているのかを問う。その点にこそ，金本位制とは何だったのか，したがってまた両大戦間期とはどのような歴史的意義をもつ時代だったのか，が秘められていると考えるからである。

金本位制下においては，資本主義経済が生み出す問題は金本位制的装いをまとって出現する。したがって，人は問題を金本位制的に捉えがちになる。すなわち，たとえば国際収支の悪化（外為相場下落）は，貿易・資本取引等々における調整必要性の問題として認識される前に，金準備減少（兌換危機）の問題として意識されることになる。金準備擁護や兌換維持が最重要問題であるかのように見えてしまうのである。だが，それらが実は本質的問題ではなかったということを，両大戦間期に展開した事態は示唆しているのではないか。本書が探究を試みるのはその点である。

この第2章では，第一次大戦中の事態を検討した前章をうけて，まず大戦終了から金本位復帰に至る経緯を確認する（第Ⅰ節）。次いで，復帰それ自体を検討し（第Ⅱ節），そのうえで金本位復帰の前後を比較しつつ，復帰が通貨流通にどのような影響をもたらしたのか（第Ⅲ節），また復帰によって金融政策はどのように変化したのか（第Ⅳ節），をそれぞれ明らかにする。そして最後に，以上の事態は金本位制の把握に対して何を示唆しているかについて考察する（小括）。

Ⅰ 金本位復帰に至る経緯

第1章で述べたように，イギリスでは1914年恐慌を機にカレンシー・ノートが発行され，それが第一次大戦中に膨大な額に達するとともに，金貨は流通から姿を消していった。独自の発券銀行をもつスコットランドとアイルランドは別とし，また補助貨ならびにこの時点でいまだイングランドにも一部残存していたイングランド銀行以外の発券銀行の銀行券を除けば，イギリスの現金通貨は，金貨とイングランド銀行券よりなるものから，カレンシー・ノートとイ

ングランド銀行券よりなるものへと変わっていったのである。

したがって，第一次大戦終了時に最初に課題となったのは，カレンシー・ノートの発行に制限を設けるということであった。つまり，イングランド銀行券は，「1914年カレンシー・ノートおよび銀行券法」によって限外発行が可能になったとはいえ，決して無制限に発行できたわけではなかった。それに対してカレンシー・ノートの方は，「名目的には兌換可能な」[12]ものとはいえ事実上「無制限の発行」[12]が可能だったため，その制限の必要がカンリフ委員会（同委員会については後で触れる）などから提起されたのである。そして，この問題にとりあえずの決着をつけたのが，1919年12月15日の大蔵省覚書[13]である。これは，基本的にはカンリフ委員会の勧告に従ったものであるが，これによって，カレンシー・ノートの保証準備発行額は前年における実際の保証準備発行の最高額を超えてはならないとされ，20年の上限は19年の実績に基づいて3億2,060万ポンドに定められた。この規定を超える発行については，金あるいはイングランド銀行券による準備が必要になったのである（カレンシー・ノート流通額の推移については，第3章においてカレンシー・ノートとイングランド銀行券の統合を論じる際に示す）。

第一次大戦終了時に浮上した第二の課題は，金輸出を巡るものである。イギリスが大戦中に金輸出を禁止していなかったのは，要するにそれが戦争中には極めて困難であり，事実上禁止できていたからである。それゆえ，戦争が終結し，かつポンド相場が強くない状況においては，この問題への新たな対処が必要になってくる。そこでこれに関しても種々の議論がなされたのであるが，結局，イングランド銀行券とカレンシー・ノートは兌換可能のままにしておき金輸出を禁止する，という方向が選ばれた。すなわち，まず，1919年4月1日に金貨・金地金の輸出禁止命令が出される。本章「はじめに」で述べた19年の命令とはこれである。そして——この命令については同年9月に，イングランド銀行との協定に基づいて輸入された帝国内新産金の輸出は認められる，といった修正が行なわれたりするのであるが——，それは最終的には20年に法律に整えられる。同じく本章「はじめに」で述べた20年の法律のことである。なお，金貨・銀貨の溶解禁止などの規定も含むこの「1920年金銀（輸出統

制）法（the Gold and Silver (Export Control) Act, 1920)」は期限が5年間とされ，1925年12月31日に失効することになっていた[14]。後論との関連で，この点には注意を喚起しておきたい。

　ともかく，こうして，第一次大戦後のイギリスはとりあえず金輸出禁止政策をとったのであるが，早期に正常な金本位制に復帰したいとの考えは政府にもイングランド銀行にも当然存在していた。そして，その方向を打ち出すのが，周知のようにいわゆるカンリフ委員会（Cunliffe Committee = the Committee on Currency and Foreign Exchanges After the War）である。カンリフ委員会は，大戦後の通貨制度をどのようにすべきかに関して既に大戦末期から議論を行なっていたので，論述が時間的に若干前後することになるが，ここで同委員会について必要最小限のことを確認しておこう。

　カンリフ委員会は，当時のイングランド銀行総裁 W. カンリフ（Walter Cunliffe）を委員長として，1918年1月に設置されたものである。カンリフは18年4月には総裁でなくなるが，20年1月に亡くなるまで同行理事であった。委員会には，イングランド銀行理事の C. アディス（Charles Addis），ケンブリッジ大学教授の経済学者 A. C. ピグー（A. C. Pigou）などが参加している。その報告書，いわゆる『カンリフ・レポート』[15]は，『第一次中間報告』が18年8月15日に，『最終報告』が19年12月3日に，それぞれ提出されているが，ここでは以下のことのみ確認しておきたい。カンリフ委員会はまず，第一次大戦前の金本位制を，「貿易収支の逆調および信用の過度の拡張に対する唯一の効果的な矯正法であることを長い間の経験が示してきた機構」[16]とみている。つまり，図2-1に示したような調整過程を想定して，金本位制の機能を捉えていたのである[17]。それゆえ同委員会は，このような機能をもつ金本位制が敷かれないままだと，「信用膨張の極めて重大な危険」[18]および銀行券の兌換性や貿易を危険にさらすかもしれない「金の国外流出」[18]が起こりうるとして，金本位復帰が必要であり，そのための諸条件を早急に回復すべきであると勧告したのである。具体的勧告としては，カレンシー・ノートの保証準備発行額の削減，政府借入の停止，政府証券の償還などであった。

　勧告内容を考慮に入れると，カンリフ委員会が大戦中に上昇した物価水準の

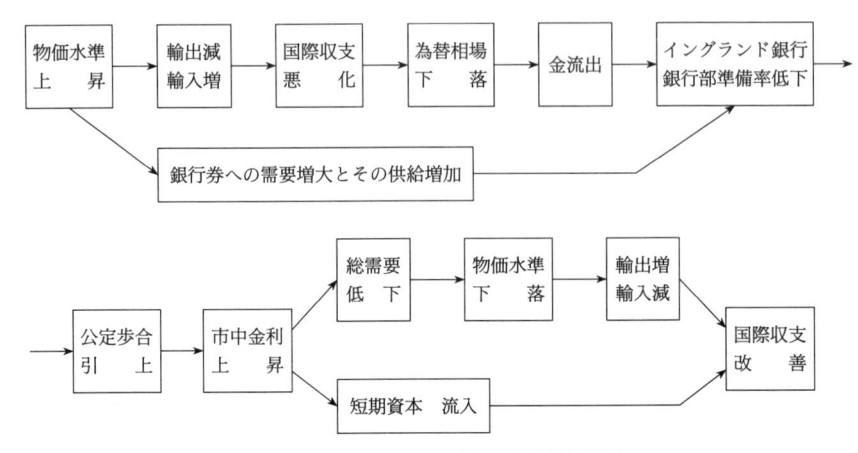

図 2-1　カンリフ委員会の金本位制認識

出典）田中金司・内橋吉朗・山崎誉雄 [1981] 39 頁。

引下げを目指していたことは明らかであるが，『カンリフ・レポート』自体には金本位復帰時点における相場水準は明示されていない。おそらく，カンリフ委員会にとっては，そもそも復帰とは旧平価での復帰だったのであろう。したがって，カンリフ委員会の金本位復帰勧告に対しては，一般的にはかなりの支持があったと言われているものの，反対がなかったわけではない。ケインズが反対論を展開したことはよく知られているとおりである。ただし，本書はその点に立ち入ることは控える[19]。

ともあれ，イギリスは金本位復帰のための諸条件を整えていくことになるのであるが，復帰を最終的に決したのは，いわゆるチェンバレン―ブラドベリー委員会 (the Chamberlain-Bradbury Committe=Committe on the Currency and Bank of England Note Issues) である。1924 年 6 月 10 日の大蔵省覚書[20]によって任命されたこの委員会は，表面的には「大蔵省ノート (treasury note) 発行をイングランド銀行券発行と統合する時期が今や来ているかどうか，そして，もしそうなら，どのような条件と状況に基づいて統合は遂行されるべきか」[21]についての検討を任務とするとされていたが，実際には金本位復帰問題を検討するためのものだった。金本位復帰については，できるだけ秘密裏に検討しようとしたのだろう。委員長は，1919〜21 年に大蔵大臣を務めた A. チェンバレン (Austen Chamberlain) であったが,彼が 24 年 11 月の政権交替によって外務大臣になったため,その後はブラドベリーが継いでいる。委員は,カンリフ委員会にも入っていた G. ファーラー (Gaspard Farrer),大蔵省理財局長 (Controller of Finance) の O. ニーメイヤー (Otto Niemeyer)[22] およびピグーによって構成されていた[23]。

チェンバレン—ブラドベリー委員会は,「9 回の会合をもち,イングランド銀行総裁,マッケンナ氏,ロバート・ホーン (Robert Horne) 卿,キャナン (Cannan) 教授,ジョージ・ペイシュ (George Paish) 卿,ケインズ氏,および手形交換所加盟銀行 (Clearing Banks),イギリス商業会議所連合 (the Association of British Chambers of Commerce),イギリス産業連盟 (the Federation of British Industries) の各代表者達を含む,13 名の証人から」[24]証言を徴している。委員会での証言にあたって陳述書 (statement) を準備してくるよう要請された証人(たとえばケインズ)や,証言に関するメモを後から送付したりしている証人(たとえばキャナン)もいた[25]。証言は主に 24 年の 6～9 月に行なわれたのであるが,イングランド銀行総裁は 25 年 1 月 28 日に 2 回目の聴取を受けている。ここではそれらの中身には立ち入らないことにするが,同委員会はこのような活動を経て『報告書』を作成してゆくのである。最終案に至るまでに第 1～第 4 の四つの草稿 (draft) が作られ[25],おおむね第 4 草稿に基づくものが 25 年 2 月 5 日に提出された。それは,金本位復帰を実施する場合に関連してくる国内外の諸情勢について多くの論点を検討しているが,基調は金本位復帰勧告である。ただし,『報告書』はこの時点では公表されない。この時点の『報告書』の表紙には「機密 (secret)」と印字されている[26]。

報告を受けて最終的に金本位復帰が決定されるのは,25 年 3 月 20 日である。その日,ボールドウィン (Stanley Baldwin) 首相は,チャーチル蔵相・チェンバレン外相・イングランド銀行のノーマン (Montague Norman) 総裁・大蔵省のニーメイヤー理財局長・ブラドベリー委員長と討議を行ない,4 月 28 日に行なわれる蔵相のいわゆる予算演説 (Budget Speech)[27]の一部として金本位復帰を発表することを決定したのである[28]。チェンバレン—ブラドベリー委員会の『報告書』は,その予算演説の後に公表されることになる[29]。

II　金貨本位制の廃止＝金地金本位制への移行としての金本位「復帰」

　1925年4月28日，チャーチル蔵相は伝統どおり，19世紀のグラッドストーン（W. E. Gladstone）以来イギリスの歴代大蔵大臣が予算演説を運ぶのに使ってきた赤いケース（Budget Box）を下げて，ダウニング街11番地からウエストミンスターの議会へ向かった。そして，庶民院の財源委員会で彼としては最初の予算演説を行ない，前節で触れた25年3月20日の決定に従って，金本位制への復帰を発表したのである。それは，チェンバレン―ブラドベリー委員会の『報告書』が勧めており，3月20日の会議でも決められていたように，金輸出禁止は継続されない旨の宣言という形で，また即座に効力を発するものとして，行なわれた。すなわち，4月28日のチャーチルの発表は，通常便宜的に金本位復帰宣言と言われてはいるが，厳密に言えば，25年12月末に期限切れとなる「金銀（輸出統制）法」は更新もしくは延長されない，かつ同日よりただちに金輸出は事実上解禁される，という主旨の声明だったのである[30]。チェンバレン―ブラドベリー委員会においても平価切下げが全く話題にならなかったわけではないが[31]，復帰相場はもちろん旧平価すなわち1ポンド＝4.86ドルであった。

　さて，この声明が，金輸出禁止という点において金本位制が（カンリフ委員会の言うような）機能を果たしえないでいる現状を変え，「有効な金本位への復帰」[32]を図ろうとするものであったことは言うまでもない。ただし，その点を十分に押さえたうえで，この「復帰」については以下のことに留意する必要がある。

　実は，「金銀（輸出統制）法」の失効が迫ってくるにつれて，このまま金輸出解禁に至れば金流出の恐れがあり，仮に対外金流出が生じた時に対内流出も同時に起これば対応が極めて困難になるのでそれに対する何らかの対処が必要である，という懸念が出されるようになっていたのである。そして実際，復帰前に以下のような動きがあった。まず，大蔵大臣が，金貨の国内流通を防止す

る約束を手形交換所加盟銀行にとりつけようとして，彼らに対し，銀行自身あるいは彼らの顧客のためにイングランド銀行券やカレンシー・ノートと引換えに金貨を要求するということをしないように，また準備の目的で金を保有することをしないように，説得を試みている。つまり，大蔵省は当初，立法によらないでそれらのことを実現しようと図っていたのである。しかし，当然にも，銀行家達は法律上の規定なしに顧客の金に対する要求を止めることは困難であると主張した。したがって——それでも一旦はある程度の協力が約束されはしたのであるが——，結局，法制化によって対応するしかないという方向に帰着していったのである[33]。

要するに，金本位制に復帰すれば金の対外流出が生じうるようになるので，対内流出防止の必要性が意識された。そもそも復帰以前にも兌換は停止されていないのであるから金の対内流出は金輸出解禁前でも起こりえたことであるが，「金銀（輸出統制）法」の失効によって大きな対外流出が生じた場合に対内流出も同時に起きることが心配された。その心配を当初は銀行に協力を求めることで解消しようとしたのであるが，最終的には立法によって対処することにした，という次第なのである。したがって，金本位復帰の立法は，金の対内流出防止策という側面をもつことになる。それを示唆するように，チャーチルは，上述の予算演説の中で「かくして，この宣言の瞬間から，我々は金本位国としての国際的地位を取り戻す」[34]と述べたのに続けて，しかし「国際金本位への復帰は我々が金貨を発行しようとしていることを意味するものではない」，「それは，この金本位の目的にとってはまったく不必要である」[35]と言っているのである。

金本位復帰が金流出防止策でもあったことは，チャーチル蔵相が金輸出解禁の発表と同時に予告した，兌換の一定額以上への制限・金貨自由鋳造の制限などの条項を含む法案をみれば更にはっきりするだろう。チャーチル演説で言及されていた法案は，2週間後の5月13日に「1925年金本位法（the Gold Standard Act, 1925）」[36]として成立するのであるが，同法は，まずその第1条（1）の(a)項で，「イングランド銀行は同行の銀行券を金貨（legal coin）で支払う義務はない」と定めている。そして，カレンシー・ノートの金貨兌換も停止され

ること，イングランド銀行を除いて造幣局（the Mint）での金貨鋳造は不可能になること，イングランド銀行は標準金1オンスにつき3ポンド17シリング10 1/2ペンスで金地金を売る義務を有するがそれは約400オンスの純金を含む延棒の形態によってのみであること，などを規定している。

　実は，これが，俗に「再建」金本位法とか金本位「復帰」法などと呼ばれているものの中身なのである。既に述べたように，1925年の金本位復帰以前においては，金輸出は禁じられているもののイングランド銀行券の兌換は停止されておらず，当然ながら金貨への兌換も停止されてはいない。したがって，1819年の「イングランド銀行兌換再開法」[37]（「1819年のピール法」）に基づく兌換再開によって1821年以来続けられてきたイングランド銀行券の金貨への兌換が正式に停止（廃止）されるのは，皮肉にも，金本位制への「復帰」を定めた法律によってだったのである。金本位制を「再建」しようとしたときに，伝統的な金本位制理解にとっては最も基本的な要素である金貨兌換が廃止されたのである。「1925年金本位法」以前には兌換は停止されておらず，同法によって金貨兌換がはじめて停止されたのだということを銘記すれば，金本位復帰が対内流出防止策という一面ももっていたということが改めて明確になるだろう[38]。

　ちなみに，大蔵省においては「1925年金本位法」の立法準備過程でいくつもの草案（draft）が作成されているが，法案のタイトルは，最終的に「金本位法案（Gold Standard Bill）」に落ち着くまでに変遷を重ねている。25年4月9日付のものには，「イングランド銀行券等法案（Bank Notes, &c., Bill）」とあり，4月16日付のものは「金為替本位（Gold Exchange Standard）」と書かれている。そして，誰の手によるのかは確認できないが，文案中の「為替」という語すべてに青鉛筆で抹線が引かれている[39]。「1925年法」の本質と，それをあからさまにはしたくない配慮が働いていたこととを，暗示しているのではないだろうか。

　なお，ここで，新たな兌換の単位である「約400オンスの純金を含む延棒の形態」について簡単に説明しておこう。まず，純金400オンスがどの程度の額なのかを確認してみる。従来の1オンス＝3ポンド17シリング10 1/2ペンス

という兌換価格は標準金（standard gold, 純金の 11/12）に対するものであるので，それを純金（fine gold）に対する比率に換算すると約 4.24 ポンドになり，したがって 400 オンスは約 1,699 ポンドになる。当時の労働者の週給は，イングランド・ウェールズの男子農業労働者で約 32 シリング，造船工で約 56 シリング，レンガ工で約 74 シリング，鉄道機関手で 72〜90 シリングなので[40]，労働者の上層の週給を 70 シリング，それゆえ年収を 170〜180 ポンドとみると，1,699 ポンドは大雑把に言って労働者の年収の 9〜10 倍ということになる。要するに，「1925 年法」によって規定されている兌換制度は一般国民には存在しないも同然であり，イングランド銀行券もカレンシー・ノートも事実上兌換保証はなくなったのである。

次に，たとえ金貨兌換を廃止するとしても，なぜ最低が 400 オンスになるのか，なぜ純金の延棒になるのか，についても確認しておく。実は純金 400 オンスを含む延棒という形態は，南アフリカで作られる金の延棒の標準サイズだった。当時は通常，地金というのは純金になっており，商業用とりわけ輸出用としては標準金でなく純金が好まれたのである。また，400 オンスよりも少量を輸出することは誰も求めなかったと言われている[41]。

最後に，以上の検討を，イングランド銀行券の兌換と金輸出の二点のみに絞って整理しておけば表 2-1 のとおりである。この時期のイギリス通貨制度が被った様々な改変は必ずしも十分に理解されていなかったと思われるが，これで安易な制度論的理解が成立しないということは明らかになったであろう。

さて，金本位制「復帰」とは，実は金貨本位制の廃止＝金地金本位制への移

表 2-1　金本位復帰前後における兌換・金輸出に関する法令上の規定

画期となる命令・法律		1919 年金輸出禁止命令 1920 年金銀（輸出統制）法 ↓	1925 年金本位法 ↓
イングランド 銀行券の兌換	金貨	○	○	×
	地金	○	○	○
金輸出		△	×	○

注）○は可能，△は事実上不可能，×は不可能。

行であったのだが，にもかかわらず，それは「人を欺くような静穏さのうちに」[42]終わった。ただし，依然として大きな課題が残されてはいる。カレンシー・ノートの処理，すなわちカレンシー・ノートとイングランド銀行券との統合という課題である。それを果たすのは「1928年カレンシー・ノートおよび銀行券法」であるが，同法およびそれに伴う事態については次の第3章において検討することとし，本章では，同法制定の前までを対象として以下の考察を行なっていく。

III 金本位復帰の効果

　前節までの検討によって，金本位復帰以前と以後とがそれぞれ「金本位制停止期」と「金本位制期」として単純に分割されうるものではないことが確認されたが，本節では，具体的実態に目を向けて，金本位復帰以前と以後の比較検討を進めていきたい。

　図2-2と図2-3は，それぞれ，金本位復帰以前と以後におけるイングランド銀行金準備・銀行部準備および同行券流通額の推移を示している。金準備は，復帰以前にはあまり変動していないが（図ではまったく変化していないように見えるが，これは四捨五入のためであり，もちろん毎週多少の変動はしている），復帰以後にはかなりの変動をみせている。たとえ兌換が可能としても，金輸出禁止下では金準備はどのような動きを示すものか，また金輸出解禁が金準備変動にどのような影響をもたらしたのか，が表われていると言えよう。銀行部準備[43]が復帰以前にも相当の規模で変動しているのは，銀行券流通額の変動を反映しているからである。また，銀行部準備が復帰以後は一層大きな幅で変動しているのは，金準備の変動を反映しているからであるが，金準備増減に完全に階調していないのは，言うまでもなく銀行券流通額も変動しているからである。

　さて，ここでまず確認すべきは，復帰以前においても以後においても，金準備の増減は銀行券流通額の対応的増減をもたらしてはいない，ということである。金準備と銀行券流通額は逆方向に動いている場合も多い。紙幅の都合上，

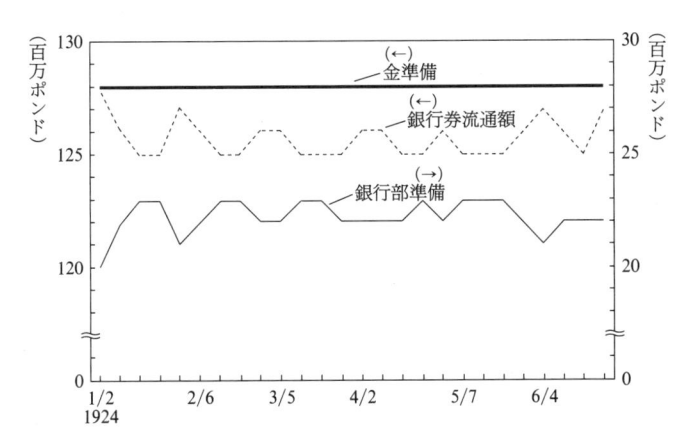

図2-2 金本位復帰以前におけるイングランド銀行金準備・銀行部準備・銀行券流通額の変動：1924.1〜6（週次）
出典）"Position of the Bank of England", *The Economist*, Banking Supplement, 1924〜1925 より作成。
注）横軸はイングランド銀行週報の日付。

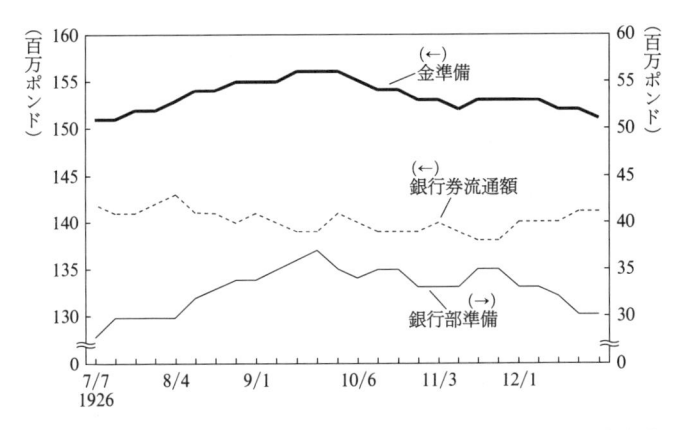

図2-3 金本位復帰以後におけるイングランド銀行金準備・銀行部準備・銀行券流通額の変動：1926.7〜12（週次）
出典）"Position of the Bank of England", *The Economist*, Banking Supplement, 1927 より作成。
注）横軸はイングランド銀行週報の日付。

両図とも各々の期間中の半年間を表示するのみであるが，以上のことは図には示されていない時期も含めて言いうることである。これは第一次大戦前の金貨本位制においても同様にみられる事態なのであるが，ここではそのことは措く[44]。ともかく，この点に関しては，復帰は復帰以前と特に異なる事態を生んではいないのである。金本位制下では金準備増減によって兌換銀行券流通額が調整されると考える素朴な通念は，葬り去られるしかない。

既にしばしば同様のことを指摘してきたが，ここで確認したことは，兌換制を維持できなくなるということが，あるいは管理通貨制に移行するということが，資本主義にとって何を意味するのかを考える場合に，最低限の前提として銘記せねばならない。銀行券流通額が金準備によって調整されていたならば，兌換停止は金準備による制限から銀行券発行を解放するものであったと言えようが，そうではないとすると兌換停止は発券を何から解放したというのだろうか。この点を予め提起しておきたいと思う。

もっとも，この時期にはカレンシー・ノートも流通している。したがって，念のために，イングランド銀行券とカレンシー・ノートの合計額と金準備の変動を対比しておこう。なお，この場合，流通イングランド銀行券とカレンシー・ノートを単純に合計すればよいわけではなない。表2-2はこの時点におけるカレンシー・ノート勘定であるが（一例として1924年1月2日の数値を付してある），この表が示すように，カレンシー・ノート償却勘定のなかには，金・政府証券などとともにイングランド銀行券が組み入れられているからである。その点を考慮して求めた（図2-4の注1を参照）合計額の変動を，金本位制復

表2-2　カレンシー・ノート勘定：1924

（千ポンド）

日付	カレンシー・ノート	投資準備勘定	銀貨	償却勘定			
				金貨および金地金	イングランド銀行券	政府証券	イングランド銀行残高
1924 1.2.	292,692	12,605	7,000	27,000	22,450	248,688	159

出典）"Government Returns &c.- Currency Notes Account", *The Economist*, January 5, 1924, p. 27. 必要部分のみ抜粋。

注）二重線の左側の合計額が右側の合計額に一致する。

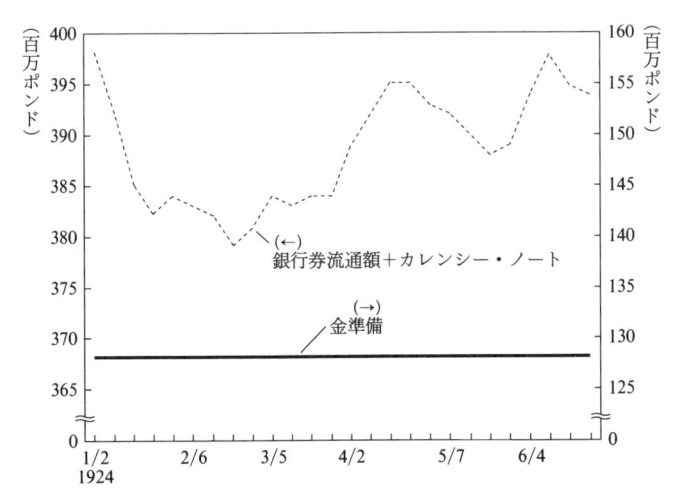

図2-4　金本位復帰以前におけるイングランド銀行金準備・「銀行券流通額＋カレンシー・ノート」の変動：1924.1〜6（週次）

出典）「銀行券流通額＋カレンシー・ノート」は，"Government Returns &c.- Currency Notes Account", and "The Banker's Gazette.- Bank of England", *The Economist*, January 5, 1924〜June 28, 1924より算出。「金準備」は，"Position of the Bank of England", *The Economist*, Banking Supplement, 1924〜1925.

注1）「銀行券流通額＋カレンシー・ノート」には，カレンシー・ノート償却勘定に保有されているイングランド銀行券は含まれていない。すなわち以下の式によって算出されている。イングランド銀行発券額－銀行部保有同行券額－償却勘定保有同行券額－未払いカレンシー・ノート額。

2）横軸はイングランド銀行週報の日付。「カレンシー・ノート勘定」の日付も週報の日付と同一である。

帰以前と以後について金準備変動と対比したものが，それぞれ図2-4と図2-5である。図2-4は前出の図2-2と，図2-5は前出の図2-3と，それぞれ同一期間を示している。両図から，図2-2・図2-3に基づいて指摘されたことは合計額の場合にも妥当することが分かるだろう。言うまでもなく，図に示されていない時期についても事態は同様である。なお，図2-4の金準備はまったく変化していないように見えるが，これは図2-2について述べたと同じく四捨五入のためである。

　通貨流通の実態からは，金本位復帰前には金準備によって調整されていなかった通貨流通額が復帰後には金準備によって調整されるようになった，などとは言えないことが確認できたのであるが，ここには，もう一点検討すべきこと

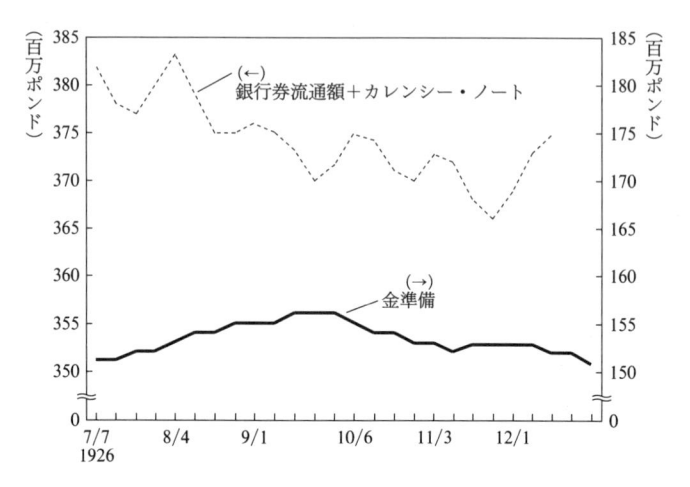

図2-5　金本位復帰以後におけるイングランド銀行金準備・「銀行券流通額＋カレンシー・ノート」の変動：1926.7～12（週次）

出典）「銀行券流通額＋カレンシー・ノート」は，"Government Returns &c.- Currency Notes Account", and "The Banker's Gazette.- Bank of England", *The Economist,* July 3, 1926～December 25, 1926 より算出。「金準備」は，"Position of the Bank of England", *The Economist,* Banking Supplement, 1927.

注1）図2-4の注1・2に同じ。
　2）筆者が使用した資料の事情により，「銀行券流通額＋カレンシー・ノート」の1926年12月22日および29日の2週分は図に示されていない。

がある。通貨流通額が金準備増減に従って増減しないということは，既に触れたように，第一次大戦前の金貨本位制下でも同様であった。つまり，それは再建金本位制下に固有の事態ではない。再建金本位制下においても，金本位制下において生じることが生じているだけである。では，金準備は通貨流通額を調整しておらず，それゆえ通貨流通額の増減を通しての外国為替相場調整もありえないとすると，金本位制下では外為相場は何によって調整されていたのだろうか。

　第一次大戦前において調整機能を果たしていたのは，それが外為相場の維持または回復をどの程度意図どおりに達成しえたかは別として，バンク・レート（イングランド銀行の割引率）であった。すなわち，金準備増減それ自身ではなく，金準備増減に伴って行なわれる裁量的なバンク・レート操作が調整していたのである。若干単純化して言えば，バンク・レートは金準備（より直接的に

は銀行部準備）が減少すると引き上げられる。それによって市場利率が上昇し，その上昇によって短期的には海外から短資が吸引され，また長期的には自国の需要・物価・輸出入等々が影響を受けて，外為相場あるいは国際収支が調整されていったのである。

では，再建金本位制下においてはどうだったのだろうか。検討すべきもう一点とはこれである。19世紀末頃からいろいろな意味で問題に直面しつつあり動揺が始まっていた[45]とはいえ，第一次大戦前には金融政策の中心は何といってもバンク・レート操作であったが，金本位復帰前後の時期には金融政策はどうなっていたのであろうか。

IV　バンク・レート政策から為替操作へ

金融政策そのものに目を向ける前に，まず一つの事態を確認しておきたい。図2-6は，金本位復帰前後におけるポンドの対ドル相場を示すものであるが，一見して分かるように，ポンド相場は，復帰前にはかなり不安定であったのに対し，復帰後は平価（1ポンド＝4.86ドル）近辺で安定している。ここで安易に旧来の教科書的金本位制理解に立ってしまえば，やはり金本位制に戻ると外国為替相場は安定するという見解が生じることになろうが，そのような見解は成立しない筈である。

まず，繰り返し述べてきたように，金準備の増減が通貨流通額の対応的増減をもたらし，それによる物価水準騰落を通じて外為相場が調整される，という機構は金本位制下にはない。それゆえ，金輸出が解禁され金現送が可能になったら外為相場が安定したという事態は，金本位制が外為相場を自動的に安定させたということを意味しないのである。つまり，金本位制下における金現送点の範囲内への外為相場安定＝固定相場制維持は，金本位制がそれ自身のみで自動的に達成することではない。外為相場が金輸出点まで低下し，金現送が行なわれたとしても，そのことだけによって外為相場が上昇に転じることはないからである。

図 2-6 金本位復帰前後におけるポンド相場：1923.1〜1927.12（月次）
出典）*The Economist*, Commercial History & Review of 1923〜of 1927 より作成。
注）ニューヨーク市場におけるロンドン宛ポンド相場。

　では，金本位制下ではなぜ外為相場の安定がもたらされたのであろうか。これも既に述べたように，直接的には，金流出阻止・金準備回復をめざす政策がとられたからである。固定相場制維持の達成は，金本位制の維持（端的に言えば兌換の維持）が通貨制度安定にとっての至上命令であるとの固定観念に囚われて行なわれた裁量的政策によるのである。第一次大戦前のイギリスにおいては，金が流出してイングランド銀行の準備率が低下すれば，兌換維持を図る限り基本的にはバンク・レートを引き上げるしかなかった。こうして，金本位制を維持しようとする裁量的政策が外為相場を安定させていたのである。金本位制下における外為相場安定＝固定相場制維持を言う場合には，このことを忘れてはならない。

　したがって，ここでも，我々は政策を問わねばならないのである。そこで次に，当時の金融政策の状況を確認してみよう。図 2-7 は，金本位復帰前後における金準備とバンク・レートの変動を示したものである。当然ながら，上に述べたことからは，復帰前にはあまり行なわれなかったレート操作が復帰後には精力的に実施された，といった事態が予想される。しかし，図 2-7 からはその

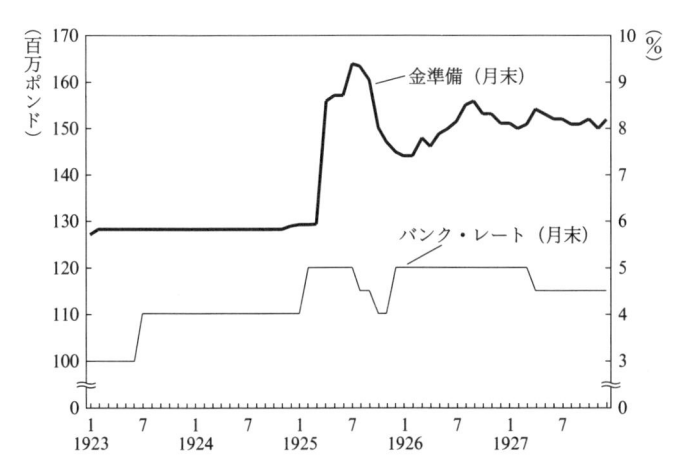

図2-7　金本位復帰前後におけるイングランド銀行金準備とバンク・
　　　　レート：1923.1〜1927.12（月末）
出典）"Position of the Bank of England", *The Economist,* Banking Number, 1923 and Banking Supplement, 1924〜1928 より作成。

ような事態を読みとることは困難である。復帰時点に金準備が急増しているのは，カレンシー・ノート償却勘定に保有されていた2,700万ポンドの金がイングランド銀行券と引換えに同行へ移転されたからであり[46]，レート操作とは関係がない。もちろん，本章の対象期間においてはレート変更回数が少なく（回数が少ないということ自体にも意味があるという点には後に触れる）検討しうる事例が十分でないため，いまだ断定的に述べることはできないが，復帰前後のレート操作には大きな違いはないように思われる。1921年から復帰前までの4年4カ月間にはレート変更は10回あり，そのうち引上げは2回であるが，復帰後から28年までの3年8カ月間にはレート変更は4回だけであり，引上げは1回のみである（引上げの場合はすべて図2-7に示されている）。少なくとも，それまで不安定だったポンド相場を平価近くに安定させ続けるようなバンク・レート操作が復帰とともに強力に展開された，とみることは無理であろう。

では，ポンド相場の安定度が金本位復帰の前後で異なるという事態をバンク・レート政策からは説明できないとしたら，その事態はどのように理解されるべきなのであろうか。ここで想起されるのが既に触れた為替操作である。イ

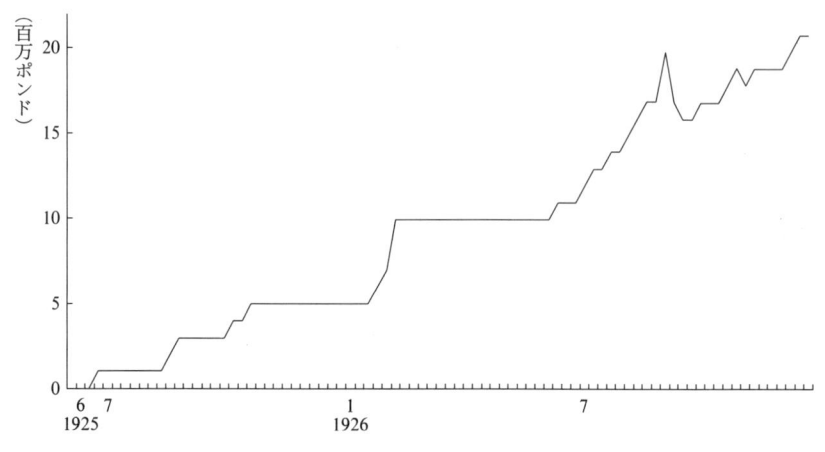

図2-8 (1) イングランド銀行の外為保有額：1925.6.3〜1926.12.29（週次）
出典）Sayers [1976] Appendixes, pp. 349-350.

ングランド銀行は1925年6月最終週から外国為替保有を開始している。その額は，図2-8(1)が示すように着実に増加していき，総準備（金準備＋外為保有額）中に占める比率という点でも増加していく。もはや外為保有は，例外的な，無視しうるような存在ではない。1931年2月からのフラン為替の保有開始まではイングランド銀行はドル為替しか保有していないものの，この外為蓄積は，言うまでもなく外国為替市場へ介入するために行なわれたことである。図2-8(1)では外為保有額が減少する場合はまだあまり見られないが，図2-8(2)が示すように1928年後半以降には相当な規模で減少する場合が出現する。イングランド銀行は外為市場介入＝為替操作を行ない始めているのである[47]。為替操作が行なわれていた再建金本位制期すなわち「1925年の第2四半期と1931年の第3四半期の間に，当局が準備〔金および外国為替——引用者〕を増加したのは18四半期であり，減少させたのは8四半期だった」[48]。

当然ながら，そのことは他ならぬイングランド銀行自身の文書からも窺える。1928年12月10日付のある文書は，通貨管理の成功とは国内貨幣市場のみでなく外国為替市場に対する介入も含意しているのである，という趣旨のことを述べた後，「そのような手段によって管理されている通貨という概念は，金本

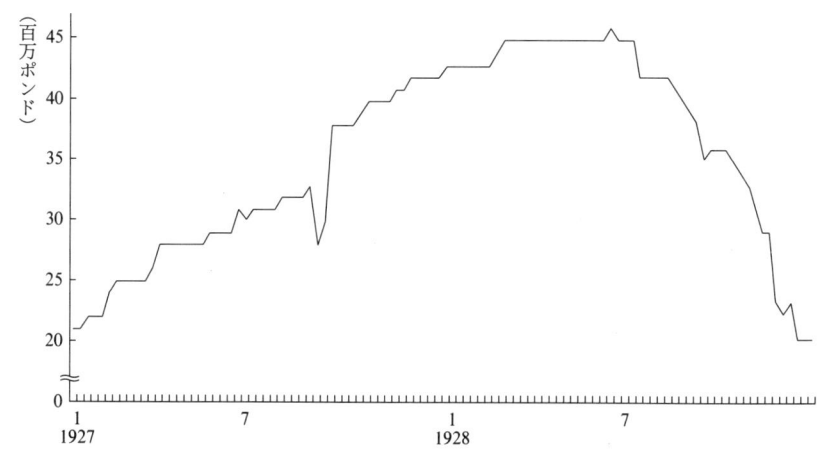

図 2-8 (2) イングランド銀行の外為保有額：1927. 1. 5〜1928. 12. 24（週次）
出典）Sayers [1976] Appendixes, pp. 350-352.

位の『自動的（automatic）』機能の作動という地点から遥かに遠くへ我々を連れて行く」[49]と記している。また，ここで考察している時期より若干あとになるが，30年12月3日付のイングランド銀行の文書には，「最近6カ月間にブローカーを通じて実施された為替操作に関連してイングランド銀行によって受け入れられてきた取引業者」として38社の名義が並ぶリストが付されている[50]。再建金本位制下においてイングランド銀行が無視できない規模の為替操作を行なっていたことは，間違いないと言ってよいだろう。

さて，金本位復帰の前と後の間には，為替操作の有無という違いがあった。もちろん，復帰後のポンド相場安定をすべて為替操作によるものと断定することは簡単にはできない。本格化するのは1929年以降になるものの，この時期にはイングランド銀行による金市場介入あるいは金価格操作（gold devices）も行なわれていた。しかし，為替操作がまったく無意味なものでなかったことは既に多くの指摘から明らかであろう。そして，為替操作の効果を厳密に実証することはここでの課題ではない。為替操作の実効性評価においては，本章の対象時期を超えて，少なくとも再建金本位制期全体を考慮に入れるべきであろう。今は，さしあたり再建金本位制期に為替操作が行なわれていたことが確認でき

ればよい。本章が問題にしたいのは，為替操作の登場は何を示唆するのかという点だからである。以下に二つの点を指摘したい。

周知のように，イングランド銀行総裁は，合衆国全国通貨委員会（United States National Monetary Commission）によって行なわれた1909年の面接調査に対して，イギリスは1907年恐慌の際にはバンク・レート引上げによって「植民地を含む24カ国」から金を流入させえたと語っている[51]。指摘したい第一の点は，もしレート政策がそのように強大な威力を再建金本位制期においても持ち続けていたならば，イングランド銀行が為替操作に乗り出すことは必要だったのだろうか，ということである。為替操作の実施は，レート操作によっては金準備維持したがってポンド相場維持が十分にできなくなってきたことを示しているのではないだろうか。バンク・レート政策の威力が衰え始め，それとともに為替操作が登場してきた，ということであるように思われる。

なお，バンク・レート政策が両大戦間期には以前のような効果を発揮できなくなったということ自体は既にしばしば指摘されてきているが，その原因について一言のみ触れておきたい。レート操作の威力低下原因については，本章は，ロンドンとニューヨークへの国際金融センター二極化という事態を重視する，従来主張されてきた見解[52]に基本的に依拠している。第一次大戦前のバンク・レート政策が金準備維持に大きな効果を発揮したのはロンドンが単一の国際金融センターであったからであり，そのような条件があったからこそ順調に機能していた政策をそれがなくなりつつある時に再びとろうとして挫折したのが両大戦間期のイギリスだった，と思われる。ロンドンの地位低下＝国際金融センターの分極化は，第一次大戦前にはイギリスにとって無用であった「外国為替取引におけるイニシアティヴ」[53]をロンドンにも引き受けさせる事態だったのである。

指摘したい第二の点は，為替操作の登場はもう一面では，バンク・レート政策の発動に対する制約が従来よりも増してきたことを示すのではないか，ということである。つまり，バンク・レートは完全に無力になったわけではなく，レート操作にはいまだある程度の効果は期待できたのだが，もはや以前ほど自由にその力を行使できなくなったという状況も，為替操作実施の背景にあるよ

うに思われるのである。もちろん,第一次大戦前にもバンク・レート政策への制約はなかったわけではないが[54],大戦後にはそれが一層強まっていると思われる。たとえば,図2-7に示されていた1923年7月5日のレート引上げについては,イングランド銀行はずっと早い段階で引上げを検討していたのであるが,大量の失業者の存在,高金利に対する企業の不平などを理由とする大蔵省の反対にあっている[55]。また,同じく図2-7に示されていた1925年12月3日のバンク・レート引上げの場合に関しても,大量失業を抱える国内経済の事情から「バンク・レートは政治的関心をもたれるものになって」[56]いて,イングランド銀行は金準備や外為相場のみへの配慮でレートを操作することができなくなっている状況が指摘されている。「伝統的に弾力的なバンク・レートという概念を終息させる」[56]動きが拡がっているのである。

つまり,為替操作とは,言い方をかえれば,外為相場維持を国内問題と切り離して処理しようとするものでもあった,ということになるだろう。為替操作の登場は,対外的均衡の問題が国内経済運営に及ぶのを遮断しようとする試みを表わしている。たとえば国際均衡達成上は市場金利上昇が必要であるが国内経済上は低金利が求められるというような場合に必要となる,バンク・レート引上げを回避しつつ外為相場維持を図る道が,模索されているのである。両大戦間期にはレート変更の頻度が第一次大戦前に比べてかなり低下しているが,そこには,第一の点として述べたレート政策の威力低下とともに,レート政策に対する制約の増加という事情も反映しているように思われる。

ともあれ,この時期のイギリスにおける金融政策については,バンク・レート操作の面では金本位復帰前後の間に大きな違いはみられないが,復帰後には為替操作開始という新たな事態が生じている,ということが確認された。我々はここから何を汲み取るべきであろうか。本章の最後に,為替操作の登場という事態に焦点を合わせて,そのことが旧来からの金本位制理解に対してどのような問題を提起することになっているのかを,明らかにしていきたい。

小　　括

　資本主義経済においては，金本位制を敷きさえすれば外国為替相場は自動的に安定するというわけではない。金本位制には外為相場を安定させる自動機構は内在していないからである。もちろん，イギリスにおいては，第一次大戦前の金貨本位制においても，再建金本位制期の金地金本位制においても，基本的には外為相場は安定していた。しかし，それは金本位制自体の機能によるのではなく，金本位制下での政策によるものだったのである。

　では，なぜそのような政策がとられたのだろうか。直接には，金本位制を守るためである。外為相場下落を放置すれば，金準備減少が続き，金本位制維持（端的に言えば兌換維持）が不可能になる。それゆえ外為相場を回復させる政策がとられねばならないのである。第一次大戦前においては通常はバンク・レート引上げが行なわれたが，再建金本位制下では為替操作も行なわれている。他方，金本位復帰以前には，外為相場がかなり低下する場合にも為替操作は行なわれなかった[57]。外為相場下落は，金輸出禁止下においては，金準備維持という点に関する限り放置しうることだったのである。しかし，復帰後には放置できることではなくなった。つまり，金本位制を維持していくために為替操作が必要になったのである。

　では，なぜ金本位制は維持されねばならないのだろうか。金貨本位制についてなら，国内兌換銀行券の信認維持のためであると言えたかもしれない（実際にはそれも言いうることではないのだが[58]，ここではその問題は措く）。しかし，国内流通金貨は回収され，金貨兌換も廃止され，兌換が約1,699ポンドからしか認められなくなってしまった再建金本位制に関しては，ポンドの対外的信認維持のため，要するに外為相場維持のため，と言うしかないだろう。とすると，ここには一種の転倒した事態が生じていることになる。金本位復帰後においては金地金本位制とはいえ兌換が維持されている。その兌換を維持するような，つまり金準備の擁護を図るような政策が行なわれれば，外為相場は維持されていくわけである。しかし，この時期には，金準備を擁護する政策は外為市場へ

の介入を必要とした。ポンド相場維持のためには為替操作が必要だったということである。要するに，金本位制維持のためには為替操作が必要だったのである。ということは，ポンド相場維持のために金本位制が敷かれているが，その金本位制を維持するためにはポンド相場維持が図られねばならない，という事態が生じていることになる。目的（外為相場維持）のために手段（金本位制）が再建されたが，その手段を維持するために目的そのものを達成しようとしている，という転倒が起こっているのである。

　実は，この転倒の中にこそ我々が注目すべきことが潜んでいる。金輸出禁止下における不安定なポンド相場を安定させるべく金輸出解禁＝金本位復帰を果たしたら，今度は逆にその金本位制を守るために為替操作が必要になったということが起きたのであるが，もし，ポンド相場維持が金本位制とは別の手段で，たとえば為替操作によって実現するとしたら，その場合に維持されるべき金本位制とはいったい何なのだろうか。ここには期せずして，金本位制にはそもそも何の意味があるのか，という問題が提起されているのである。こうして，イギリス金本位制は，従来はみずからを維持するためにとられる政策によって外為相場安定に貢献してきたものであったのだが，その政策の主柱であったバンク・レート政策における，威力低下と発動への制約増大という二面からの行詰まりが両大戦間期において次第に露呈してくるにつれて，改めてその存在意義を問われることになるのである。実際に，再建金本位制は外為相場を維持するものになっておらず，逆に再建金本位制のほうが外為市場介入によるポンド相場維持によって守られている。この転倒した事態は，通貨の信認にとっては兌換維持が本質的問題なのではなく，むしろ外為相場維持の方こそが基本的条件なのだ，ということを示唆するものであろう。

　両大戦間期は，我々に以下のことを教える。資本主義経済における外為相場調整（さらに言えば国際収支調整）の問題は，制度上の違いに単純に結び付けられるものではなく，少なくとも，金本位制下では兌換を通じて自動的に達成されるが管理通貨制下では裁量的管理が必要である，などと整理しうることではない。しばしば，金本位制は国際均衡優先の体制と言われるが，金本位制がそういう体制でありうるのは，その下でそのようにする政策（そのような国内均

衡と国際均衡の折合いのつけ方）がとられる限りにおいてなのである。金本位制を敷けば，国際均衡は自動的に達成され，国内均衡はそれに一方的に従属する，というわけではない。また，管理通貨制になれば，兌換維持の制約から解放されて，国際均衡からまったく自由に国内均衡をめざす政策をとりうるというわけではない。外為相場調整という問題は異なる諸制度を貫いて存在するものであり，金本位制下であろうと管理通貨制下であろうと，国内均衡と国際均衡とをどのように調和させていくかという問題は消えないのである。もちろん，その調和のさせ方は各制度によって異なるだろう。金本位制下では，基本的には兌換維持が最優先事項であり（そこには金本位制が通貨の信認維持にとって不可欠であるとの固定観念が作用している），まず第一に金準備を維持しようとする政策がとられ，それを通じて内外均衡は調整された。他方，管理通貨制下では，国内均衡達成の追求を許すような国際均衡のあり方が模索されよう。たとえば，国際均衡と国内均衡の遮断，あるいは需要拡大政策による継続的物価上昇が国際収支上の困難をできるだけ引き起こさないようにする国家間の調整（国際的外為相場調整），といったことが課題となるだろう。いずれにせよ，そのような問題が両大戦間期において現われ始めているのである。

　両大戦間期のイギリスは，本章がとりあげた金本位復帰前後の時期のみにおいても，経済活動の順調な進行にとって通貨と金のリンクは本質的な問題ではなく，むしろ外国為替相場の調整こそが本質的問題なのだということを示唆したが，それは，両大戦間期において初めてそうなったということではない。金貨本位制下では，本来の問題が金準備擁護・兌換維持等々の金本位制的装いに覆われて隠されていたが，それが今，金本位制の覆いがとれ始めた両大戦間期においてそのままの形であらわになってきた，ということなのである。

　ただし，以上に述べたことは，本章までの考察のみからではまだ十分に論証できることではない。さらに，「1928年カレンシー・ノートおよび銀行券法」制定，金本位停止＝放棄，為替平衡勘定創設，等々について考察を展開していくことによって，より説得的な主張が可能になると思われる。

注

1）このような把握を示していたものは枚挙にいとまがないが，たとえば，杉本俊朗編［1965］第2部Ⅱ，参照。
2）このような視点に立つ古典的なものとしては，Arndt［1944］（小沢他訳）；Lewis［1949］（石崎他訳）；楊井克巳編［1961］などがある。
3）たとえば，島恭彦他編［1972］第8章；大内力［1970］参照。
4）島恭彦他編［1972］300頁。なお，林直道［1972］；今宮謙二［1976］；真藤素一［1977］も参照。
5）金ドル交換停止が発表された時には，ドルもついに兌換停止に追い込まれたという視点から，兌換停止それ自体を重大問題と見なす状況把握が数多く示された。しかし，真の問題はドルと金のリンクの有無にあったのだろうか。むしろ問題は，兌換停止にではなく，ドル相場が（合衆国の金保有量の多寡にかかわりなく）維持されえなくなったという点にこそ見出されるべきだったのではないか。1971年以降の現実が示しているのは，本質的な問題は，兌換を維持するか否かにではなく，外為相場の維持あるいは調整にあるということであろう。
6）たとえば入江節次郎・高橋哲雄編［1980］51-59頁；長岡新吉他編［1992］129-130頁，参照。
7）このことは再建金本位制のみに関わる問題ではない。既に第1章においても指摘したが，ここでも若干補足しておこう。第一次大戦前の金本位制＝金貨本位制の下においても，金本位制の教科書的機能は働いていなかった。つまり，イングランド銀行券流通額や外為相場が金の対外流出入のみによって自動的に調整される，などということはなかったのである。たとえば，金準備減少時にも銀行券流通額は増大しえた。それゆえ，外為相場下落→金国外流出→国内通貨量減少→物価下落→輸出増加・輸入減少→外為相場回復，といった調整過程は生じようがなかったのである。そして，だからこそ金本位制下においても金融政策が形成されねばならなかったのである。「金とリンクしているがゆえにポンドは信認を得ている」という認識は同時代人のなかに確かに存在し，したがって兌換維持こそ至上命令との考えに基づいて金準備減少の防止に努めるという行動がとられていたが，だからといってイングランド銀行券の流通やポンド相場が兌換保証のみによって支えられていたわけではない。金井雄一［1989］参照。
8）川合一郎［1974］203-204頁，参照。
9）吉沢法生［1986］第7-8章，参照。
10）Cf. Clay［1957］p. 255；Moggridge［1972］p. 198. なお，田中生夫［1976］；米倉茂［1982］も参照。
11）たとえば，Clarke［1977］；米倉茂［1985］参照。
12）Anon.［1928］p. 6.
13）この覚書は，Gregory (ed.)［1929］Vol. 2, p. 371 に収録されている。Cf. Anon.［1939］

pp. 4-6.
14) 以上の点については，Sayers [1976] Vol. 1, chap. 6（西川監訳，上，第6章）; "The Gold Export Embargo, 1919-1925", in Sayers [1976] Appendixes, Appendix 6 参照。
15) 『第一次中間報告』(*First Interim Report*) ならびに『最終報告』(*Final Report*) は，Gregory (ed.) [1929] Vol. 2, pp. 334-370 に収録されている。両『報告』の末尾には委員名（署名者）が記されている。
16) Committee on Currency and Foreign Exchanges After the War [1918] p. 343.
17) Cf. *ibid.*, pp. 335-337. 田中金司・内橋吉朗・山崎誉雄 [1981] 34-37 頁も参照。

　なお，カンリフ委員会の認識は，D. ヒューム (D. Hume) の「物価―正貨流出入機構 (price-specie flow mechanism)」や「通貨原理」の系譜をひくものとは言えるが，同じではない。また，国際収支調整に関する理論は，このカンリフ委員会への批判を軸として展開し，たとえばA. G. フォード (A. G. Ford) の研究などが現われるが，その点についてはさしあたり，藤瀬浩司 [1987] 参照。
18) Committee on Currency and Foreign Exchanges After the War [1918] p. 343.
19) さしあたり，Keynes [1923] pp. 194-195; Sayers [1960]; 田中金司・内橋吉朗・山崎誉雄 [1981] 48-56 頁; 岩本武和 [1999] 153-155 頁，参照。
20) Cf. PRO: T 160/197/F7528, Committee on Currency and Bank of England Note Issues, No. 36.
21) Ibid. なお，これが金本位復帰問題の検討を覆い隠すためのものであったことについては，Sayers [1976] Vol. 1, p. 137（西川監訳，上，190頁），参照。また，チェンバレン―ブラドベリー委員会に関する文書・資料などが紐で綴られている T 160/197/F7258 のタイトルは，「Class List」では Committee on Currency and Bank of England Note Issues となっているが，ファイル自体のカバーには，後から書き加えたと思われる様子で Committee on　1) Currency and ... Note Issues　2) The Gold Standard と記されている。これがどの時点で誰の判断によって記されたものかは確認できないが，同委員会が金本位復帰に関する議論を行なうものであったことは明らかである。
22) ニーメイヤーの略歴については，第4章の注48，参照。
23) ちなみに，イングランド銀行総裁ノーマン (Montague Norman) は，ニーメイヤーに宛てた書簡においてこの委員会の委員として，ニーメイヤーに加えてチェンバレン，ブラドベリー，ピグーと，銀行家の H. ベル (Henry Bell) を推薦している。Cf. PRO: T 160/197/F7528, op. cit., No. 10.
24) PRO: T 160/197/F7528, op. cit., No. 36. これはチェンバレン―ブラドベリー委員会の『報告書』からの引用であるが，『報告書』は Gregory (ed.) [1929] Vol. 2, pp. 372-382 にも収録されている。
25) Cf. PRO: T160/197/F7528/01/1-3, Chamberlain-Bradbury Committee on Gold Standard and Amalgamation of Treasury Note Issues with Bank of England Note Issue:

Proceedings.
26) Cf. PRO : T 160/197/F7528, op. cit., No. 35.
27)「予算演説」とは，イギリス議会議事録（Parliamentary Debates）では「財政演説（Financial Statement）」と表記されているものであるが，財源委員会（Committee of Ways and Means）において行なわれることになっている。ただし委員会とはいっても，それは全院委員会であって，庶民院の議員全員によって構成されている。イギリス議会における「予算演説」の性格ならびに財政に関する議事手続きについては，中村英勝［1959］230-233頁；吉岡昭彦［1987］7-20頁，参照。
28) Cf. Moggridge [1972b] pp. 78-79 ; Sayers [1976] Vol. 1, pp. 146-147（西川監訳，上，203-204頁）。なお，金本位復帰直前期における大蔵省内での議論や準備状況に関連する文書が，PRO : T 160/463/F8362/1, Return to the Gold Standard ; T 163/130/G1942, Gold Standard Bill, 1925 ; T 172/1499B, Gold Standard 1925 : Treasury Memoranda ; T 175/9（ファイルにはタイトルは書かれていないが「Class List」では Proposed Return to the Gold Standard とある）; T 176/16（同じくタイトルはなく，「Class List」には Gold Standard, 1925 とある）に収められている。
29) ニーメイヤーがピグー宛に出した1925年4月23日付の手紙には，以下のような記述がある。「最終形態（となることを私は希望しています）の『報告書』一部を同封します。それは火曜日の予算演説の後に公刊されるでしょう」。PRO : T 160/197/F7528, op. cit., No. 45. なお，公表された方の表紙には，「1925 Cmd. 2393.」として印刷・公刊されたものであることが記されている。Cf. PRO : T 160/197/F7528, op. cit., No. 48.
30) Cf. *The Parliamentary Debates*, 5th Series Vol. 183, 52-58. なお，Sayers [1976] Appendixes, Appendix 12 ("Announcement Concerning the Gold Standard made by Mr. Churchill in the House of Commons, 28 April 1925") にも収録されている。
31) チェンバレン―ブラドベリー委員会の『報告書』には，「切下げての復帰という案もありうるが，現在の為替相場を考慮するならその案を真剣に検討する必要はないだろう」という趣旨のことが記されている。Cf. PRO : T 160/197/F7528, op. cit., No. 36-37.
32) *The Parliamentary Debates*, 5th Series, Vol. 183, 53.
33) Cf. PRO : T 176/16, op. cit.; Moggridge [1972b] p. 83 ; Sayers [1976] Vol. 1, pp. 147-148（西川監訳，上，204-205頁）。
34) *The Parliamentary Debates*, 5th Series, Vol. 183, 54.
35) *Ibid*., 55.
36) この法律は，Gregory (ed.) [1929] pp. 383-384 に収録されている。
37)「イングランド銀行兌換再開法」については，金井雄一［1989］5頁，18頁，23頁注1，72頁注4，参照。
38)「金本位法案（Gold Standard Bill）」の各条項を解説した大蔵省の文書（Notes on Clauses）によれば，第1条の目的は，金貨に対する国内からの需要を防止することで

ある。Cf. PRO : T 172/1499B, op. cit., 388.
39) Cf. PRO : T 163/130/G1942, op. cit.
40) Cf. *Statistical Abstract for the United Kingdom*, No. 74 (1913/16-1929), London, 1931, pp. 108-109.
41) 以上に関しては，PRO : T 163/130/G1942, op. cit.; T 176/16, op. cit., Notes on rough Draft of a new Bank bill, No. 40-46 参照。
42) Feavearyear [1931] p. 359 (一ノ瀬・川合・中島訳，376 頁)。
43) 銀行部準備 (Banking Reserve) については，金井雄一 [1989] 89 頁，参照。
44) 同上，第 2 章第 3 節 [II]，参照。
45) 同上，第 5-6 章，参照。
46) Cf. PRO : T 160/10/F301.
47) 外為準備の蓄積方法や使用方法，また為替操作実施の具体例などについては，Moggridge [1972b] chap. 8；吉沢法生 [1986] 第 7-8 章，参照。
   なお，イングランド銀行の常務理事会 (Committee of Treasury) は，為替専門家を雇用することが必要であるとの議論を 1926 年 5 月 19 日に始めて，種々検討の結果，1928 年 12 月 5 日に，オーストリア国立銀行へ国際連盟から顧問 (Adviser) として派遣されていた R. ケイ (Robert Kay) の採用を決めている。ケイは翌 29 年に入行した。Cf. BoE : G 14/307, Exchange Committee and Exchange Account, Extracts from the Minutes of Committee of Treasury.
48) Moggridge [1972b] p. 147.
49) BoE : C 43/75, Foreign Exchange〜General From 7. 8. 1928 to 16. 12. 1932, 9.
50) Cf. ibid., 43.
51) Cf. Gregory (ed.) [1929] p. 317.
52) 平岡賢司 [1976]；西村閑也 [1982]；山本栄治 [1988] 第 2-3 章，参照。
53) Brown [1940] p. 641.
54) 第一次大戦前におけるレート政策への不満については，金井雄一 [1989] 第 5-6 章，参照。
55) Cf. Sayers [1976] Vol. 1, pp. 129-130 (西川監訳，上，179-180 頁)。
56) *Ibid*., p. 216 [同上，300 頁]。
57) 第一次大戦中のドル・ペッグ政策など，為替操作に類することがそれまで全く行なわれなかったわけではないが，その点には立ち入らない。
58) さしあたり，金井雄一 [1989] 40-41 頁および 219-226 頁，参照。

第3章 「1928年カレンシー・ノートおよび銀行券法」と金本位制下の通貨管理

はじめに——「1928年法」検討の意義

　第一次大戦中に発行されたカレンシー・ノートは，前章で述べたように，大戦終了とともにその発行額が制限されたものの，金本位復帰以降にも依然として残存している。しかし，イングランド銀行は早くからこの不規則な状態を解消しようとしており，すでに1918年には同行理事会に設けた特別委員会において，保証準備発行を拡大することによってカレンシー・ノートを同行券に吸収・統合する方針を決めていた[1]。そして，イングランド銀行のこの方針は，金準備が1億5,000万ポンドに達し，それが「少なくとも1年間，満足すべき外国為替ポジションと同時に維持されるまで」[2]は実施できないとの条件付ながら，カンリフ委員会にも認められていた。また，チェンバレン—ブラドベリー委員会も，新しい保証準備発行額を決定するのに必要な事態が1927年の終わりまでに来ると期待できるので，通貨統合は1928年の早期に可能になるだろうと勧告していたのである[3]。

　したがって，イングランド銀行は1926年に通貨発行を統合する準備に入っていた[4]。大蔵省もまた，同様に立法準備を進めていた[5]。こうして生まれたのが，「1928年カレンシー・ノートおよび銀行券法（The Currency and Bank Notes Act, 1928）」[6]である。これは，1928年5月20日に上程され，7月2日に成立し，11月22日に施行された。

　ただし，この法律（以下では略記する場合は「1928年法」とする）は，カレンシー・ノートをイングランド銀行券に統合するための技術的手続きを定めただけの立法ではなかった。この通貨統合には，戦時における緊急的措置の残存物

図3-1 「1928年法」によって発行された1ポンドイングランド銀行券

出典）Nicholas Mayhew, *Sterling*, John Wiley & Sons, Inc., 1999.

を処理して通貨発行を平時の体制に戻すというような形式的課題には収まりきらない諸問題も，絡まっていたのである。そして，そこには，通貨・信用制度が目まぐるしく変化していく両大戦間期イギリスにおいて，再建金本位制とはどのようなものだったのか，あるいは金本位復帰・放棄とは何を意味したのか，を改めて考えさせる事態が展開する。それゆえ，「1928年法」に関して検討することに大きな意義が生じるのである。

ところが，「1928年法」に関する従来の研究は，上述のような意義を十分には摘出していないように思われる。これまでの「1928年法」評価は，たとえば以下のようなものである。「1928年法」による通貨発行統合の「直接的結果のうちで疑いなく最も重要な変化は，保証準備発行における硬直性が実際に緩和されたことであった」[7]。「……十九世紀後半から二十世紀初頭にかけての英国の通貨供給は一応充たされて来たとはいえ，銀行券発行制度そのものにおける非弾力性の欠陥は蔽い難いところであったのであって，……一九二五年に金本位制度に復帰した後に，この欠陥を除くためと，戦時中に発行せられたカレンシー・ノートを銀行券に吸収，合併する必要上，一九二八年の『通貨及び銀行券条例』によって，保証準備による限外発行を認める屈伸制限制度に移行したのであった」[8]。

要するに，「1928年法」は，通貨発行の統合を図るとともに発券制度を保証準備発行直接制限制度から同屈伸制限制度へ移行させた立法として，把握されてきたのである。銀行券発行における弾力性回復という点は特に注目されてきたと言ってもよいだろう[9]。しかし，そのような把握のみでは，「1928年法」を巡る事態の意義は明らかになっていないと言わねばならない。「1928年法」が通貨発行統合を果たすことは従来の研究も指摘するとおりであるが，実は，そこには，二種類の通貨の単なる統合には留まらない事態が展開している。さ

らにまた,「1928年法」が屈伸制限制度への移行を意味する規定を含むことも研究史の強調するとおりであるが,この点についても,問題は単に発券の弾力性回復ということに留まってはいない。当時それが明確に自覚されていたか否かは別として,「1928年法」においては金本位制のあり方が問われるような問題が生じているのである。そしてそこにこそ,金本位制とは何だったのかを改めて問い,両大戦間期を再把握しようとする課題のなかで「1928年法」を検討する大きな意義が潜んでいるのである。

そこでこの第3章では「1928年法」を取り上げ,まず次の第Ⅰ節において,同法の諸条項を整理しつつ上に述べたことを具体的に摘出し,論点を明確にする。そして,第Ⅱ節で低額面銀行券の発行に関わる問題を,第Ⅲ節で保証準備発行の増減規定に関わる問題を,それぞれ検討する。最後に小括において,本章で確認されたことが孕む意義を抉り出してみたい。

Ⅰ 通貨発行統合と屈伸制限制移行に潜む問題

1) 通貨発行の統合

「1928年カレンシー・ノートおよび銀行券法」は全13条から成り,各条項は大小様々なことがらを規定しているが,本節では,まず中心的内容をなす二つの点について述べ,その後でその他の若干の点に触れておくことにしたい。

中心的内容の第一は,言うまでもなく,通貨発行統合に関わる諸規定である。この点について法文は以下のように規定している。イングランド銀行は,1ポンドおよび10シリングの銀行券を発行し（第1条—(1)-(a)）,発券部が保有する金準備と同額の発券に加え,保証準備によって2億6,000万ポンドの発券を行なう（第2条—(1)）。カレンシー・ノートはイングランド銀行券とみなされ,それゆえイングランド銀行はそれに対する支払い義務を負い（第4条—(1)）,また同行はそのカレンシー・ノートを同額の同行券との交換によって回収する権利をもつ（同—(3)）。イングランド銀行がカレンシー・ノートを債務として引き受けることに対応して,カレンシー・ノート償却勘定にある資産から,移

表3-1　カレンシー・ノート勘定：1914～1928

(千ポンド)

日付	カレンシー・ノート	投資準備勘定	貸付		償却勘定			
			銀行	貯蓄銀行	金貨および金地金	イングランド銀行券	政府証券	イングランド銀行残高
1914 8. 26.	21,535	—	6,302	3,810	—	—	—	11,423
1919 12. 31.	356,152	17,182	250	245	28,500	4,000	337,537	2,802
			銀貨					
1921 6. 1.	330,998	15,662	3,000		28,500	19,450	295,553	157
1925 4. 29.	289,848	12,250	7,000		—	53,950	240,973	176
1928 11. 21.	286,750	12,151	5,250		—	56,250	237,402	—

出典）"Government Returns &c.- Currency Notes Account", *The Economist*, July 2, 1921, December 30, 1922, May 2, 1925, November 24, 1928 より作成。

注）「銀貨」の項目は1923年からは「償却勘定」欄の一項目として表示されるようになる。

管されたカレンシー・ノート総額と同額だけを同行発券部に譲渡する（第5条—(1)）。

さて，2億6,000万ポンドの保証準備発行を行なうという規定は，当然ながら保証準備発行額の引上げを意味するのであるが，従来の保証準備発行額は1,975万ポンドであった[10]ので，「1928年法」による引上げは2億4,025万ポンドという巨額なものだったことになる。それが，カレンシー・ノートをイングランド銀行券に吸収するために必要な規模だったのである。

表3-1はカレンシー・ノート勘定を示したものである。数値が掲げられているのは，最初の勘定[11]（1914年8月26日），「貸付」が残っている時期の一例（19年12月31日），「貸付」が「銀貨」に変わった後の時期の一例（21年6月1日），イングランド銀行への金準備集中がなされたことにより「金貨および金地金」が保有されなくなった，金本位復帰宣言直後の勘定（25年4月29日），最後の勘定（28年11月21日），である。また，図3-2は，カレンシー・ノート勘定の主要項目についてその額の推移を示したものである。この表と図から分かるように，カレンシー・ノートは第一次大戦中に急増し1920年以降漸減しているが，2億4,025万ポンドという保証準備発行増加額は，カレンシー・

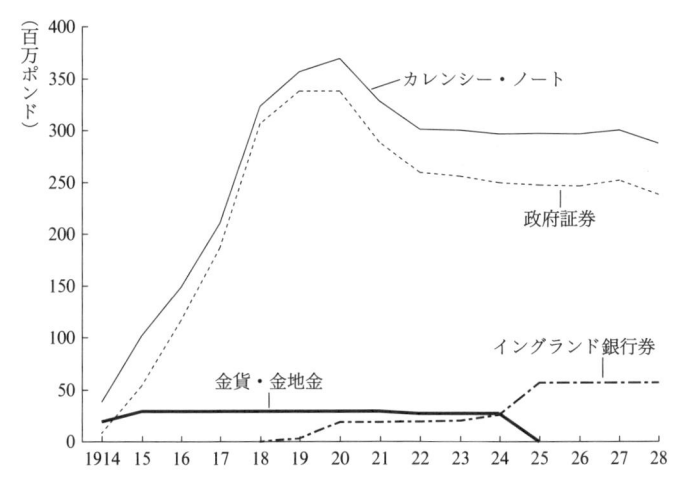

第3章 「1928年カレンシー・ノートおよび銀行券法」と金本位制下の通貨管理　75

図3-2　カレンシー・ノート勘定の主要項目：1914〜1928（年末）

出典）"Government Returns &c.- Currency Notes Account", *The Economist*, December 30, 1922 ; December 25, 1926 ; December 8, 1928 より作成。

注1）1928年のみは年末でなく11月21日付（最後のカレンシー・ノート勘定）の値。
2）1919年12月15日の大蔵省覚書（Treasury Minute）によって，カレンシー・ノートの保証準備発行額は前年のその実際の最高額を超えてはならないとされた。この規定により設定された1920年以降の保証準備発行の最大限度は，以下のとおり（単位はすべてポンド）。

```
1920年—320,600,000    1921年—317,555,200    1922年—309,988,400
1923年—270,183,800    1924年—248,190,900    1925年—248,145,400
1926年—247,902,500    1927年—246,011,000    1928年—244,935,100
```

ノート償却勘定の最終時点における「政府証券」と「銀貨」[12]との合計額（2億4,265万ポンド）にほぼ匹敵するものだったのである。

　要するに，「1928年法」は，カレンシー・ノート債務とその債務に対応する資産をイングランド銀行に移し，それに伴って同行の保証準備発行額を増加させ，同行券との交換でカレンシー・ノートを回収することによって，両通貨を統合しようとするものだったのである。カレンシー・ノートの発行から，それがイングランド銀行券に統合されていくまでの経緯を，両通貨の流通額の推移によって示せば図3-3のようになる。

　なお，従来のイングランド銀行券の最低額面は5ポンドであり，同行券に関わる各種の規定はそれを前提にしていたから，「1928年法」による1ポンド券と10シリング券の発行は，既存の各法律等との間に諸々の齟齬を生じさせる

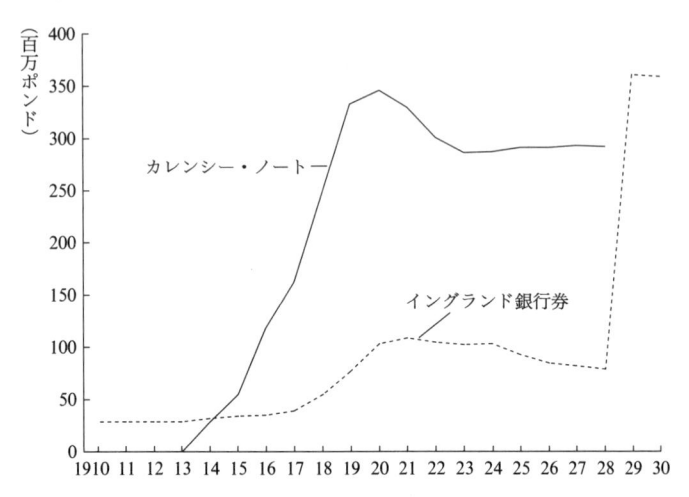

図3-3 カレンシー・ノートおよびイングランド銀行券の流通額：
　　　　1910～1930（年平均）
出典）Mitchell [1962] pp. 451-452 より作成。
注）「イングランド銀行券」にはカレンシー・ノート償却勘定保有分は含まれていない。
　　すなわち，「イングランド銀行券」＝同行発券額－銀行部保有同行券額－償却勘定保
　　有同行券額。

ことになる。それゆえ，「1928年法」はそのことにも対応する必要が生じ，「1833年イングランド銀行法」における法貨規定を変更する条項を設け（第1条―(2)），1ポンド券も10シリング券も法貨であるとの規定を行なっている（第1条―(3)-(a)）。

　以上，通貨発行統合に関わる諸規定をみてきたが，ここで注目すべきは，通貨発行の統合に伴って1ポンドと10シリングという低額面のイングランド銀行券が発行されることになったという事態である。もちろん，「1928年法」によって低額面券が発行され始めたこと自体は，改めて指摘するまでもないことだろう。問題は，この低額面券の発行には，回収対象のカレンシー・ノートがたまたま1ポンド券と10シリング券であったから，ということ以上の意味が潜んでいるという点にある。そのことについては，第Ⅱ節において検討することにしたい。

2) 屈伸制限制度への移行

「1928年法」の中心的内容の第二は、保証準備発行額の変更に関わる諸規定である。この時までの発券制度は、保証準備発行直接制限制度だった。つまり、「1844年イングランド銀行法」すなわち「ピール銀行法」によって定められたイングランド銀行の保証準備発行額は、他の銀行が発券を放棄した場合には増額されえたが、ある時点では常に一定の固定額であり、その増額は認められていなかった[13]。「1928年法」はそれを改め、イングランド銀行が保証準備発行増額を大蔵省に申請した場合には同省は6ヵ月を超えない期間でそれを許可しうる、またそれは更新可能であるが議会の承認を得ない限り2年以上にわたることはできない、と規定したのである（第8条—(1)・(2)）。

ところで、緊急時における保証準備発行の一時的増額に関しては、緩和条項（緊急条項）の挿入あるいは緩和権の公認を巡る問題として、既に「ピール銀行法」制定当時に議論されていた。その議論が恐慌などを契機として同法施行後もしばしば蒸し返されていたのは、周知のとおりである。したがって、「1928年法」の第8条に関して、これによってイングランド銀行はピール銀行法による「拘束衣 (Zwangsjacke)」[14]あるいは「窮屈なチョッキ (strait waistcoat)」[15]から解放され、発券の弾力性を回復することになった、との評価が生じるのも、理解できないことではない。実際、イギリスが「1928年法」によって屈伸制限制度に移行したとの指摘は、しばしばなされてきたのである[16]。しかし、発券の弾力性が回復されたということ自体はそのとおりであるとしても、問題はそれほど単純ではない。

第一に、「ピール銀行法」による直接制限制度では発券額は確かに厳格に制限されていたが、同法が創出した、イングランド銀行を二部局に分割する機構の下では、同行券流通額は発券額と異なるものになるのであり、そしてその流通額は必ずしも立法に制限されていたとは言えない、という点がある[17]。つまり、流通額に着目するならば、ピール銀行法が弾力性を欠如していたということは必ずしも簡単に言えることではないのである。もっとも、流通額は発券額を超えることはできないのであるから、恐慌の場合などを想起するならば、ピール銀行法による発券制度はやはり弾力性を欠くものと捉えるべきだ、との指

摘がありうるかもしれない。しかし，恐慌時にピール銀行法が「停止」されて限外発行が容認された場合でも，流通額は実際にはあまり増加しなかった。金融逼迫期に必要だったのは銀行券それ自体ではなかったからである。「問題だったのは，……銀行融資の額であって流通にある銀行券の額ではない」[18]。それゆえ，限外発行が容認されたことが知れると，銀行券は逆に急速に還流してきたのである。しかも，そもそも「停止」に至るような事態も，1866年を最後として，もはや第一次大戦勃発時まで起こらなかった。弾力性欠如は，実際には問題にならなくなっていたのである。したがって，たとえ同時代人には非弾力的と意識されていたとしても，「ピール銀行法」下の実情が上述のようであった以上，「1928年法」における保証準備発行増額規定をただ発券弾力性の回復とだけ評価して済ましてしまう訳にはいかないだろう。

さらに第二に，「1928年法」には保証準備発行の減額に関する規定も存在するという点がある。イングランド銀行から要求がある場合には，大蔵省は同行と協議の後に保証準備発行を一定期間一定額だけ減額しうる，との規定が組み入れられたのである（第2条―(2)）。いったい，これはどのような意味をもつことなのであろうか。ここには諸々の問題が絡んでくるが，いずれにせよ，「1928年法」は，保証準備発行額の変更規定に関しても，イギリスの発券制度を屈伸制限制度に移行させたものと言うだけでは済まない問題を孕んでいるのである。この点に関しては，第Ⅲ節において検討する。

3）その他の諸規定

以上において取り上げられていない「1928年法」の諸条項のうち，あと二点のみに簡略に触れておきたい。第一は，「ピール銀行法」に付された「表A」によって定められていたイングランド銀行の勘定公表様式（週報の様式）が変更されるという点である（第10条）。すなわち「1928年法」施行によって，80年余り続いてきた週報の様式が変わることになった。表3-2(1)が従来の様式で発表された最後のもの，同(2)が変更された様式で発表された最初のものである。週報の様式変更に関してさしあたり注目すべきことは，新様式では，発券部の負債側（イングランド銀行のバランス・シートは左側が負債，右側が資産）

第3章 「1928年カレンシー・ノートおよび銀行券法」と金本位制下の通貨管理　79

表3-2(1)　「1928年法」以前のイングランド銀行週報

```
                        BANK OF ENGLAND
          Return for Week ended Wednesday, November 21, 1928.
                       ISSUE DEPARTMENT.
                              £                                          £

Notes issued ············· 180,964,085    Government debt ············ 11,015,100
（発行銀行券）                              （政府負債）
                                          Other securities ············ 8,734,900
                                          （その他の証券）
                                          Gold coin and bullion ······ 161,214,085
                                          （金貨および地金）
                          _____                                 _____
                          180,964,085                                 180,964,085

                       BANKING DEPARTMENT.
                              £                                          £

Proprietors' capital ······· 14,553,000    Government securities ······· 48,340,327
（株主資本金）                              （政府証券）
Rest ······················· 3,204,147    Other securities ············ 34,757,491
（積立金）                                 （その他の証券）
Public deposits ············ 14,898,189    Notes ······················· 48,161,710
（公共預金）                               （銀行券）
Other deposits ············· 99,472,105    Gold and silver coin ··········· 870,504
（その他の預金）                           （金貨および銀貨）
Seven-day & other bills         2,591
（七日払その他の手形）
                          _____                                 _____
                          132,130,032                                 132,130,032
```

出典）"The Banker's Gazette.- Bank of England", *The Economist*, November 24, 1928.

にある「発行銀行券」の内訳が登場していることである。この点については，第Ⅲ節の1で言及することになるだろう。なお，「1928年法」による通貨発行統合がイングランド銀行の勘定にもたらした事態が，ここに掲げた表3-2(2)に数値として具体的に示されている。あわせて確認されたい。

　第二は，イングランド銀行への金集中に関する点である。「1928年法」においては，1万ポンドを超える金貨または金地金を所有する連合王国内の者は，イングランド銀行から要求された場合には，その保有する金について同行に詳細に報告したり，即時の輸出用および工業用に保有する分以外は同行に売り渡

表3-2(2) 「1928年法」以後のイングランド銀行週報

BANK OF ENGLAND
Return for Week ended Wednesday, November 28, 1928.
ISSUE DEPARTMENT.

	£		£
Notes Issued (発行銀行券)	—	Government Debt (政府負債)	11,015,100
In Circulation 　(流通中)	367,001,148	Other Government Securities (その他の政府証券)	233,568,550
In Banking Department 　(銀行部保有)	52,087,797	Other Securities (その他の証券)	10,176,193
		Silver Coin (銀　貨)	5,240,157
		Amount of Fiduciary Issue (保証準備発行額)	260,000,000
		Gold Coin and Bullion (金貨および地金)	159,088,945
	419,088,945		419,088,945

BANKING DEPARTMENT.

	£		£
Proprietors' Capital (株主資本金)	14,553,000	Government Securities (政府証券)	52,180,327
Rest (積立金)	3,254,001	Other Securities (その他の証券)	—
Public Deposits (公共預金)	21,452,051	Discounts and Advance 　(割引および貸付)	13,586,293
Other Deposits (その他の預金)	—	Securities 　(証　券)	20,214,855
Bankers 　(銀行家)	62,379,409		33,801,148
Other Account 　(その他の勘定)	37,185,203	Notes (銀行券)	52,087,797
	99,564,612	Gold and Silver Coin (金貨および銀貨)	757,041
7 Day and Other Bills (七日払その他の手形)	2,649		
	138,826,313		138,826,313

出典) "The Banker's Gazette.- Bank of England", *The Economist*, December 1, 1928.

したりせねばならない，との規定がなされている（第11条）。この規定に関しては第Ⅱ節の2で触れることになるだろう。

Ⅱ　低額面銀行券と金貨

1）金貨流通廃止の完成

　「1928年カレンシー・ノートおよび銀行券法」は何よりもまず通貨発行統合を図るものであるが，議論をその点に限定したとしても，カレンシー・ノートがイングランド銀行券に置き換えられることだけを確認すればよいわけではない。カレンシー・ノートの発行とイングランド銀行券によるその代替という過程を，両通貨の額面にも注目しつつ検討してみると，「1928年法」による通貨発行統合が金本位制の理解に関わる重要な事態を伴っていることが明らかになってくるのである。つまり，イングランド銀行は通貨発行統合に伴って1ポンドおよび10シリングの銀行券を新たに発行したが，そこには，回収すべきカレンシー・ノートの額面がたまたまその額であったためである，と言うだけでは済まない問題が潜んでいるのである。

　第1章において述べたように，カレンシー・ノートの額面が1ポンドと10シリングになったのは，銀行から5ポンドのイングランド銀行券を押しつけられた公衆が1ポンドや半ポンド（10シリング）の金貨を求めてイングランド銀行に行列を作ったからだった。つまり，そのような事態に対処すべく，かつ金を節約すべく，金貨と同一額面の緊急通貨が大蔵省から発行されたのだった。金貨の流出を回避しつつ，小額通貨への需要を満たそうとしたのである。その結果，新たに発行された低額面紙券がまたたく間に増大し，他方で金貨が流通から消えていったのは，すでに確認したとおりである。

　さて，カレンシー・ノートの額面には上述のような意味があったということを銘記すれば，「1928年法」による低額面イングランド銀行券発行がもつ意味も明らかになってくる。まず，図3-4を見てみたい。これはイギリスにおける低額面通貨の発行状況を示したものである。

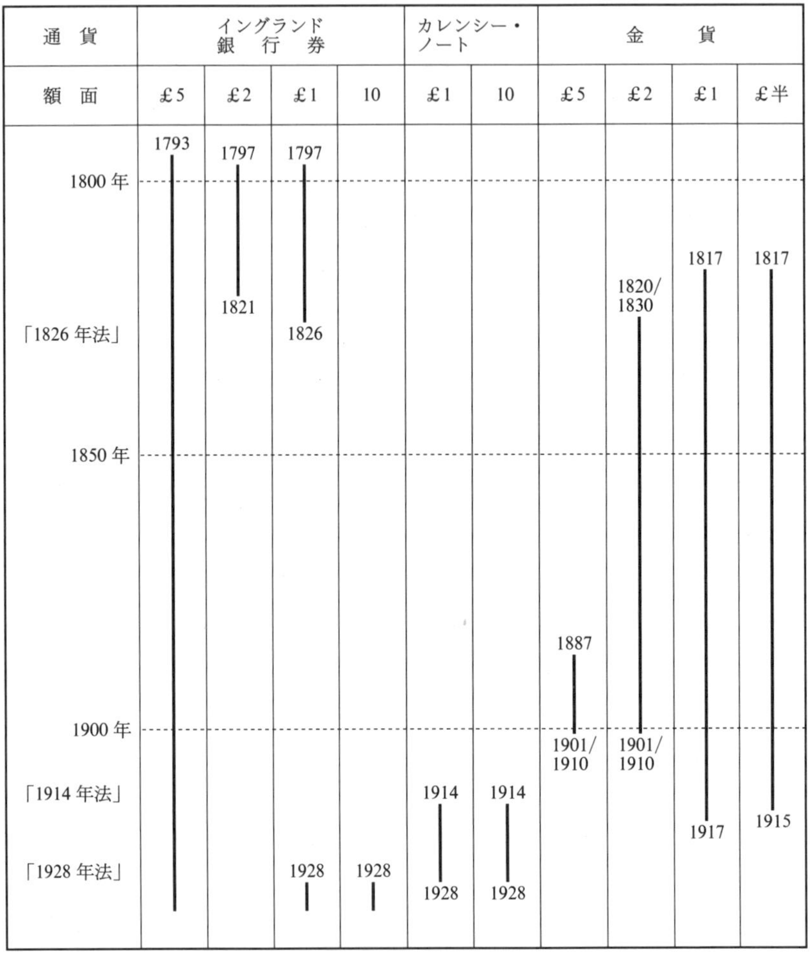

通貨	イングランド銀行券				カレンシー・ノート		金貨			
額面	£5	£2	£1	10	£1	10	£5	£2	£1	£半
1800年	1793	1797	1797							
「1826年法」	↓	1821	1826					1820/1830	1817	1817
1850年										
							1887			
1900年							1901/1910	1901/1910		
「1914年法」					1914	1914			1917	1915
「1928年法」			1928	1928	1928	1928				

図3-4 低額面通貨の発行状況：1793〜1928

出典）Josset [1962] Chap. XIV, Chap. XVII-XVIII, Chap. XX, App. III and App. IV より作成。
注1）――が発行されていた期間を示す。
2）額面欄の「10」は10シリング。
3）イングランド・ウェールズにおけるイングランド銀行以外の発券銀行（1921年に最後のものが発行権喪失）の銀行券と，スコットランド・アイルランドの諸銀行の銀行券は，表示されていない。銀貨・銅貨等も表示されていない。
4）金貨については，ジョージ三世治下の第4回金貨鋳造（1817〜1820年）による1ポンド金貨（sovereign）および半ポンド金貨（half sovereign＝10シリング）登場以前は，省略されている。
5）1925年の日付がある1ポンド金貨が鋳造されているが，それはイングランド銀行において内部的に使用されるためだけのものだった（Cf. Josset [1962] p. 141）ので，表示されていない。

この図から第一に確認したいのは,「1826年銀行券法」によって禁止[19]されて以降, 5ポンド未満のイングランド銀行券は1928年まで一切発行されていなかったということである。低額面券の発行は, イングランド銀行にとってはいわば画期的なことであり, たまたまカレンシー・ノートの額面が小額なのでそれに合わせるという程度の理由で簡単に踏み切れることではなかった筈なのである。

次いで第二に確認したいのは, イングランド銀行が5ポンド未満の銀行券発行を禁止されて以降, 低額面通貨への需要を満たしうるのは(補助貨を別とすれば)金貨のみだったということである。「1826年銀行券法」は, イングランド・ウェールズにおいてはイングランド銀行以外の発券銀行に関しても5ポンド未満券の発行を禁ずるものであり, 低額面通貨の任務は金貨が担うしかなかったのである。

さらに第三に確認したいのは, カレンシー・ノートが発行され金貨流通が消滅して以降, 金貨は発行もされなくなったということである。このことからも, カレンシー・ノートが金貨に代替したのだということが分かる。カレンシー・ノートは, 単に一般的な通貨不足に対処するための緊急通貨であっただけでなく, 金貨需要を, 換言すれば低額面通貨需要を満たすものでもあったのである。

そして, そのような意義をもっていたカレンシー・ノートにとって替わるのが,「1928年法」で新たに発行される低額面イングランド銀行券である, ということが図3-4において確認したい最後の点である。つまり, 1ポンドと10シリングのイングランド銀行券は, そういう意味において金貨の代替物なのである。代替物とは言っても以前に流通していた金貨の数量を遥かに超える額が発行されたことは間違いないが, カレンシー・ノートの額面に金貨の代替物としての意味があったとすれば, そのカレンシー・ノートと同一の,「1928年法」により新たに発行されるイングランド銀行券の額面にも, 同様の意味があったと言わねばならない。

こうして,「1928年法」によって, 低額面紙券による金貨代替は, 戦時の(またはその後遺症としての)臨時的通貨によってなされていた状態から, 正規の通貨によってなされる状態に変わる。それゆえ「1928年法」は, 低額面紙

券による金貨代替を完成し定着させたものと言えるのである。換言すれば，「1928年法」によって，国内流通金貨回収＝金貨流通廃止は戦時の（またはその後遺症としての）変則事態から平時の正常事態になったのであり，それゆえ同法は，金貨流通廃止を完成し定着させたものと言えるのである。「1928年法」は，通貨統合のための単なる手続き的立法だったのではなく，あるいはまた，事実上は既に1914年以来生じていた事態を単に法制的に整えただけというものでもなかったのである。

　ただし，通貨発行統合に関する検討は以上に尽きるべきではない。というのは，以上のことは，そもそも金本位制にとって金貨流通とはどのような意味をもつものだったのかという，金本位制理解の再検討に繋がる問題を提起しているからである。その問題を検討してゆけば，「1928年法」の意義もさらに明確にされるだろう。

2）金本位制と金貨流通

　第1章の末尾において指摘したように，第一次大戦中にカレンシー・ノートのような紙券が流通できたのは戦時だったからである，という見解がありえた。しかし，それならば，大戦終了後には再び金貨への回帰が起こったのだろうか。

　実は，第一次大戦後になると，おそらく金貨流通の消滅という事態が大戦中に経験されたことによって，そもそも国内における金貨流通は不要であるとの意見が主張されるようになっていくのである。まず，厳密に言えばいまだ大戦中のものになるが，1918年8月15日に出されたカンリフ委員会の『第一次中間報告』においては，次のような主張がなされている。「金貨の国内流通の早期再開は，有効な金本位の維持のために必要なことではなく，また我々はそれを望ましいとも考えない。いずれにしても今のところは，我々は，金は流通にあるノート〔イングランド銀行券およびカレンシー・ノート――引用者〕の裏付けとして中央準備のなかに保有されるのがより経済的であろうと考える」[20]。

　また，1925年2月5日付のチェンバレン―ブラドベリー委員会の『報告書』においても，次のような意見が提示されている。「我々は，国内流通のために金を使用することは，それなしでも十分済まされうる贅沢であると考える，

……。ノートを要求ありしだい金貨で支払うことは，それ自体では，現代の諸条件のもとでの金本位維持にとっては本質的なことではない」[21]。そして，今や「紙券を使用するという国民の習慣」[21]がしっかりと確立された，というのである。もっとも，この『報告書』は，本店においてのみと限定してはいるが，将来においてはイングランド銀行券は金貨で支払われるべきであるとの見解も含んでおり[22]，国内金貨流通の否定に関しては若干曖昧であることは否めない。

　次に，チャーチル蔵相が1925年4月28日に行なった，いわゆる金本位復帰宣言に目を向けてみると，そこにも国内金貨流通の消滅状態を継続させようとする発言を見出すことができる。チャーチル蔵相は，金本位制への復帰は金貨の発行を意味するものではなく，それは金本位制の目的にとっては不必要であると述べた後，「ノートの使用を続け，この10年間慣れ続けてきたその習慣や慣行を変えないこと」[23]を訴えているのである。この演説直後の5月13日に成立する「1925年金本位法」が金貨兌換を廃止したのは，既述のとおりである。

　そして，他ならぬ「1928年法」もまた，金貨流通を不要とする立場にあることは明白であろう。それどころか，同法は「1925年金本位法」よりさらに進んで，本章第I節の3で触れたように，国内に保有されている金のイングランド銀行への集中を図る規定さえ含んでいるのである。

　このように，両大戦間期においては，国内金貨流通は金本位制にとって必ずしも不可欠のものではないとの考えが拡がりつつあった[24]。また，実際，イングランド銀行は金本位復帰とともに自行券に対して金貨を支払う義務を解除されてしまった。そして，流通からはますます多くの金貨がイングランド銀行に集中されていったのである。金本位「復帰」以降1928年2月までにイングランド銀行が国内流通から受け取った金貨は，表3-3に示されたとおりである。「1928年法」は，このような傾向を法制的に促進しようとするものだったのである。

　ただし，ここで確認すべきはそのことのみに留まらない。本書がここで提起したいのは，むしろ次の点である。すなわち，両大戦間期においては金本位制にとって金貨流通は不要であるとの主張が拡がり，実際に国内金貨流通は消滅していくが，この事態は，金本位制も両大戦間期に至ると金貨流通を必要とし

表3-3 イングランド銀行が各銀行から受領した金貨：1925. 4. 28～1928. 2. 29

(ポンド)

西暦	バークレイズ銀行	ミッドランド銀行	ナショナル・プロヴィンシャル銀行	ウエストミンスター銀行	ロイズ銀行	その他	合計
1925	215,000		240,000			85,000	540,000
1926	304,000		247,000			106,000	657,000
1927	235,000	46,000	255,000	500,000		111,000	1,947,000
1928	20,000	309,000	30,000	278,000	1,005,000	143,000	1,785,000
合計	774,000	1,155,000	772,000	778,000	1,005,000	445,000	4,929,000

銀行家（イングランド）の金貨保有総額	
1925年3月	2,271,000
1928年2月	2,235,000
	－36,000 ... －36,000
期間中に流通から回収された総額	4,893,000

出典）BoE Archive: C 45/16, Bank's Reserve and Gold Reserve From 1858 To 4. 15. 1970. 1928年3月8日付のChief Cashier's Office の文書より作成。原資料の表には「その他」欄はないが，本表では金額の少ない3ルートを「その他」として一括した。

注）1925年は4月28日（金本位復帰宣言）以降の数値，28年は2月29日までの数値。

ないものに変わってきたという，しばしば指摘されることを示すだけではなく，金本位制とは本当に金貨流通を不可欠とするものだったのかという疑問を提起している筈だ，という点である。これについて，以下，若干考察してみたい。

　第1章においても触れたが，通常，金本位制が完全に機能するためには四つの基本的条件すなわち金の自由鋳造・自由溶解・自由兌換・自由輸出入が必要であり，したがって金貨が流通しておらずこの四条件が揃わない金本位制は完全なものではないと言われている。たしかに，金本位制下において対内的にも対外的にも価格標準の変動を防止するには何が必要かということを論理的に考えてゆけば上記の四条件は不可欠となり，それゆえ通貨価値の安定という点では金貨流通は欠くことができないものとなる。つまり，金貨流通を欠く金本位制は不完全なものということになるだろう[25]。もちろん，そのような見解のなかに論理的誤りはない。本書はそのような見解を否定しようとしているわけではない。ただし，たとえ論理上はそのようになるとしても，歴史上実際に存在した金貨本位制について，そこにみられた国内金貨流通をそういう意味が伴われていたものとして理解してよいか否かは，また別問題である。本書は，現実

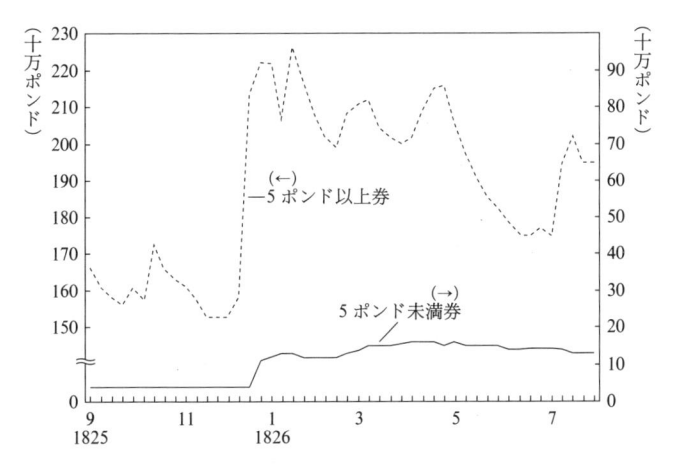

図3-5　イングランド銀行券の額面別流通額：1825.9.3〜1826.7.29
　　　（週次）

出典）Committee of Secrecy on the Bank of England Charter [1832] Appendix, No. 83 より作成。

の金貨本位制下における国内金貨流通の意味を捉えようとする場合には理論的意味づけとは別の問題がある，ということを提起しているのである。では，現実の金貨本位制においては，国内金貨流通はどのような意味をもつものだったのだろうか。

　ここで，19世紀に遡り，いま提起した問題の検討に重要な示唆を与えると思われる一つの事態を示してみたい。実は，1825年恐慌中に，金貨需要の殺到により金準備を枯渇させて危機に陥っていたイングランド銀行で約60〜70万ポンドの未発行1ポンド券が発見され，それが発行されたところ喜んで迎えられた，ということがあった[26]。つまり，低額面銀行券が金貨需要を満たしえたわけである。この事態は，殺到した金貨需要とは果たして金貨それ自体への需要だったのかを疑わせるに十分のものであろう。図3-5は，この時のイングランド銀行券流通額を5ポンド未満とそれ以上に分けて示したものであるが，この図において注目すべきは，パニックが終息して銀行券流通額が減少していく時点に至っても5ポンド未満券はそのまま流通に留まっている，という点である。これが物語るのは，金貨が求められたのは本位貨が必要だったからでは

なく小額通貨が必要だったからであり，それゆえ1ポンド銀行券は金貨でなくとも喜んで迎えられ，かつ銀行券一般が不要になっても還流してこなかった，ということであろう。そして，そうであるとすれば，金貨流通は，完全な金本位制にとっては不可欠であるという論理的要請とは別に，まずもって小額通貨需要を満たすものとして存在したとみるべきではないだろうか。

　金貨がとりあえずは小額通貨であるとすれば，現に1ポンド券が喜んで迎えられたように，その不足は低額面銀行券で埋めうる筈であるし，また逆に低額面銀行券が不足あるいは禁止されれば，金貨が（本位貨としてではなく）小額通貨として需要される筈である。実際，次のようなこともあったと言われている。1825年恐慌の前には地方発券銀行の1ポンド券が大量に流通していたが，それらは金またはイングランド銀行券によって支払われることになっていた。ところが，イングランド銀行が，地方銀行券との交換に用いていた自行の2ポンド券と大部分の1ポンド券を回収してしまったので，イングランド銀行券を入手できなくなった人々は「当然にも金貨を求めた」[27]というのである。この場合には，本来の貨幣ではなく債務証書に過ぎない銀行券を兌換するために金貨が求められたというわけではなく，低額面銀行券が手に入らないためその替わりとして金貨が求められたのである。

　以上に述べた事態は，実際に存在した金貨本位制における国内金貨流通を（完全な金本位制にとっては不可欠であるという論理的意味とは別に）小額通貨流通として捉えようとすることが，決して奇抜な思いつきではなく，単に事実に沿おうとするだけの素朴な試みであることを示した筈である。しかも，これは，金本位制が十分成熟した時点で起こったことではなく，イギリスで金単本位制が成立した直後に生じたことなのである。少なくともイギリス金貨本位制においては，金貨は小額通貨需要を満たすものだった，ということではないだろうか。そして，すでに検討したように，カレンシー・ノートしたがってまた「1928年法」で新規に発行された低額面イングランド銀行券は金貨にとって替わったのであるが，翻って考えれば，金貨流通がそもそも小額通貨流通であったからこそ，低額面の紙券が順調に金貨に代替できたのではないだろうか。さらにまた，そうであったからこそ，1925年には金貨兌換を廃止して「人を欺

くような静穏さのうちに」[28]金地金本位制に移行でき，そして1928年には低額面銀行券を発行してさしたる抵抗もなく金貨流通の最終的廃止を実現することができた，ということではないだろうか。

III　保証準備発行額増減規定と金本位制下における通貨管理

1）保証準備発行増額規定と発券の「弾力性」

「1928年カレンシー・ノートおよび銀行券法」は発券制度を屈伸制限制度に移行させ，発券の弾力性を回復させたものと言われてきたが，同法における保証準備発行額の変更に関する規定は，それだけには留まらない問題を孕んでいる。実は，保証準備発行額変更規定は，金本位制を問い直させるような問題を提起しているのである。

まず，次の点を再度確認しておきたい。「1928年法」においては保証準備発行の増額規定が設けられ，それによって発券の弾力性が回復されたというように指摘される場合には，「ピール銀行法」に基づく従来の発券制度は極めて硬直的であったという認識が前提になっている。しかし，すでに触れたように，その点に関しては以下のことが銘記されねばならない。第一に，「ピール銀行法」下においてもイングランド銀行券流通額は金準備の変動に直接には規定されず独自に増減していた。たとえば，金準備減少時においても必要な場合には銀行券流通額は増加しえた。その意味では一定の弾力性はあったのである。第二に，恐慌期に「ピール銀行法」が「停止」されることから，同法下においては発券に対する制約が恐慌対策の足かせになっていたとみなされがちであるが，実際には，同法が「停止」されること（つまりイングランド銀行が更に発券できるようになったということ）が知られると銀行券は急速に還流してくるという事態が見られた。信用が得られる見込みさえあれば銀行券は必要ない，ということである[29]。重ねて言えば，問題は銀行券の量ではなく信用供与の量だった，ということなのである。

さて，銀行券流通額が金準備の変動から独立していることは，もちろん，再

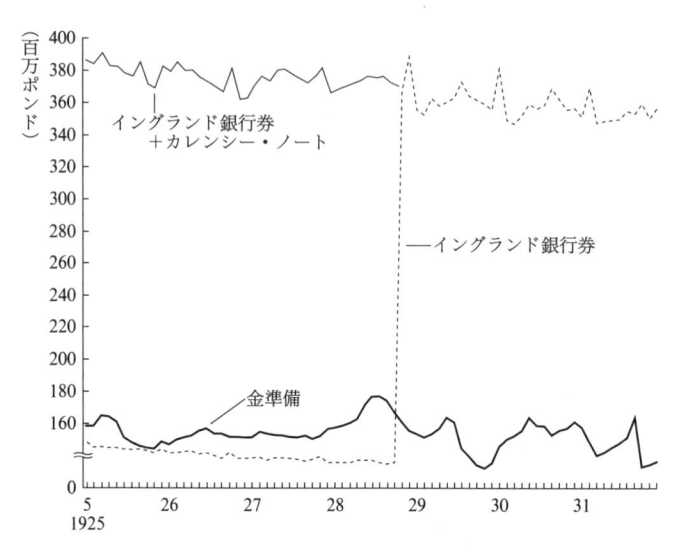

図3-6　再建金本位制下のイングランド銀行金準備および銀行券（ならびにカレンシー・ノート）流通額：1925.5〜1931.9（月次）

出典）「金準備」および「イングランド銀行券」については，"Position of the Bank of England", *The Economist,* Banking Supplement, 1926〜1932 より作成。「イングランド銀行券＋カレンシー・ノート」については，*The Economist,* 1925.5〜1928.11 の各号より算出。

注1）各月最後のイングランド銀行週報およびそれと同じ日付のカレンシー・ノート勘定の値を使用している。
　2）「イングランド銀行券＋カレンシー・ノート」は，次の式で算出した。イングランド銀行発券額－銀行部保有同行券額－償却勘定保有同行券額＋未払いカレンシー・ノート額。以上四者についてはすべて千ポンド未満切り捨て額を使用し，算出された額の10万位を四捨五入した。
　3）「イングランド銀行券」は，1928年10月以前についてはカレンシー・ノート償却勘定保有分を含む額である。

建金本位制期においても同様である。図3-6に示されているように，イングランド銀行券流通額は金準備増減に対応して変動するということはない。たとえば1926年4月末から9月末にかけて，金準備は約946万ポンド増加するが，銀行券は小刻みに増減しつつ約58万ポンド減少している。もっとも，この時期にはカレンシー・ノートも流通しているので，イングランド銀行券とカレンシー・ノートの合計額を金準備と対比する必要もあるだろうが，それについても図3-6が示しているように，両者の変動は対応しているとは言えない。たとえば1927年11月末から28年7月末にかけて，金準備は約2,610万ポンド増

加するが，両者の合計額は増減しつつ約100万ポンド減少している。そして，当然ながら，この点が「1928年法」の施行によって何も変わるわけではないことも，図3-6が示すとおりである。たとえば29年5月末から10月末にかけて，金準備は約3,113万ポンド減少するが，銀行券は一旦約1,171万ポンド増加した後に約1,300万ポンド減少して，結局約129万ポンドの減少を示すだけである。

　発券額については，「ピール銀行法」は確かに硬直的であったかもしれない。したがって，その意味では，「1928年法」の保証準備発行増額規定は硬直性緩和をもたらすと言えよう。しかし，実際の流通額に関しては，「1928年法」施行を待つまでもなく，「ピール銀行法」下においても一定の弾力性があったのである。また，「ピール銀行法」制定当時すべての人がそのように考えていたわけではないが，通貨学派にとっては，あるいは立法理念においては，発券額とは流通額と同じものであった。ところが，すでに注意を喚起しておいたように，「1928年法」によって週報の様式が変わり，発券額については「流通中 (In Circulation)」と「銀行部保有 (In Banking Department)」という内訳が示されるようになった。つまり，この時点では，発券額と流通額の相違が週報様式上も認められるに至っているのである。

　以上から，単に発券の弾力性が回復されたとだけ指摘する「1928年法」評価は不十分なものであることが分かるだろう。そして，そのような把握に留まっていたからこそ，「1928年法」を巡る更に深い問題に接近しえなかったのではないだろうか。ここで注目すべきは，むしろ保証準備発行の減額に関わる規定の存在である。そこには金本位制の理解に関わる大きな問題が潜んでおり，この減額条項の存在を考慮に入れると，以上に検討してきた増額条項についても別の意義が浮上してくるのである。つまり，増額規定も，保証準備発行額の「増減規定」の一環として捉えると，単に緊急時への備え（そういう意味での発券の弾力化）という意義をもつだけでなく，より大きな改革の一部を構成するものになってしまうかもしれないのである。

2）保証準備発行額増減規定と内外均衡の遮断

　保証準備発行の減額に関する規定が「1928年法」に挿入されることになったのは、直接には、「ピール銀行法」に含まれていた権限を「1928年法」においても再確認しておきたいというイングランド銀行の要求のためであった[30]。つまり、「ピール銀行法」において規定されていた保証準備発行額は厳密に言えば（固定額ではなく）最高限度額であり、保証準備発行額を減らすことは「合法的」なことだったのである[31]。その権限が実際に行使されたことはなく、そもそもそういう権限の存在も一般には意識されていなかったので、実際問題としては、「ピール銀行法」は保証準備発行額固定の制度と言ってよいだろう。しかし、「1928年法」制定に際して、イングランド銀行はその権限の再確認を求めた。こうして「1928年法」では、保証準備発行額については「ピール銀行法」と異なり固定額が設定されたものの、そのかわりに同じ条文の次の項に減額に関する規定が挿入されたのである。

　以上から分かるように、減額規定は増額規定と一体的に構想されたものではない。両規定は各々別の経緯から「1928年法」に組み入れられたのである。それゆえ、両規定は、同一条文中に現われないばかりか、2条と8条とに遠く離れて、異なる文脈のなかに置かれている。しかし、たとえ事情はそうであっても、「1928年法」に保証準備発行額の増減規定が揃ったことの意味は小さくないと言わねばならない。形式的に言えば、減額条項は先行法令からの継承点であるから、「1928年法」における新しい規定は増額条項のみということになるのであろうが、そうだからといって、増額条項のみに着目して発券の弾力性を指摘するだけでは、同法に潜む問題を逸してしまうことになるのである。

　実は、保証準備発行額の増減規定が揃うことの意味の大きさは、減額規定の挿入を巡る議論において気づかれ始めていたようである。たとえば、イングランド銀行理事のC. S. アディス（Charles Stewart Addis）[32]がそれを論じている。イングランド銀行では通貨統合に関する問題点をまとめるために特別委員会が任命され、その報告（report）が1927年11月17日および24日の同行理事会で審議され、27年12月1日の理事会で承認されているが、24日の理事会に向けて書かれたと思われるアディスのメモ[33]は、以下のように述べている。保証

準備発行の減額を認めることは，それ程大きな問題ではないように見えても，結果的に「この国の貨幣制度における革命的変化」[34]をもたらすことになるかもしれない。保証準備発行の減額は金流入時にその影響を相殺する手段になりうるものであり，もしそれがそのように用いられれば，「銀行部準備はもはや真の貨幣ポジションを反映するものではなくなる」[34]。「通貨はまさに管理通貨になるだろう」[34]。

　アディスの指摘をさらに一般化して言うならば，保証準備発行額増減規定は，国際収支の影響が国内経済に直結するのを回避する手段になりうる，ということである。金本位制に関する伝統的理解が前提されている限り，そのような手段を組み入れれば，たとえ「1925年金本位法」が少しも修正されないとしても再建金本位制は形骸化してしまう，との懸念が生まれるのは当然であろう。

　ただし，ここでは更に以下のことが注目されるべきである。再建金本位制期においては実際に減額条項が発動されることはなかったが，しかし，ともかく金本位制のなかに金流出入の影響をある程度相殺しうる仕組みが設定されることになった。ところが，そもそも金本位制を敷くということは，原則的には，金流出入あるいは金準備増減が国内経済に対して影響する仕組みを設定することであった。したがって，その金本位制のなかに金流出入の影響を相殺しようとする規定が挿入されたということは，ここにおいて，期せずして，それならばなぜ金本位制は維持されねばならないのかという問題が提起されてしまった，ということを意味するのである。金流出入による調整にとって反対物とも言いうるものを含むに至ったその時になお維持される金本位制とは，いったい何なのだろうか。

　金本位制のなかに金本位制の作用を妨げうるような規定が挿入されたという事態が示すのは，両大戦間期になると金本位制の存在に意味がなくなり始める，ということではないだろう。それが示すのはむしろ，（机上で構成されたものでなく）現実に存在した金本位制とはそういう要素を内に取り込めるものだった，ということである。換言すれば，資本主義にとっては，金本位制の維持それ自体が根本的問題だったのではなく，金本位制によって解決しようとしていた問題すなわち内外均衡の調整こそがより根本にある問題であり，金本位制はその

根本的問題をある一つの方法で解決しようとする制度に過ぎなかったのではないか，ということである。

つまり，「1928年法」は以下のことを示唆しているように思われる。国際均衡と国内均衡をどのように調和させていくかという問題は，金本位制であるか管理通貨制であるかにかかわらず存在する。しかも，それは，金本位制では国際均衡が優先され，管理通貨制では国内均衡が優先される，などと無前提に決めつけうることではない。金本位制が国際均衡優先体制になるのは，そのもとで（おそらくは固定観念に囚われて）金本位制維持を最優先する政策がとられる限りにおいてであり，決して金本位制それ自身が国際均衡優先を自動的に達成してしまうからではない。金本位制下においても国内均衡をまったく無視しない政策はありえた。また，管理通貨制が国内均衡優先体制になるのも，たとえば外為相場が下落しても低金利を維持するというような政策がとられる限りにおいてであり，管理通貨制それ自身が国内均衡優先のシステムというわけではない。管理通貨制下においても国際均衡をまったく無視した国内経済運営が長期間継続しうる筈はない。要するに，金本位制をとろうと管理通貨制をとろうと何らかの形での内外均衡の調整が必要なのであるが，たとえば管理通貨制下においても均衡財政をめざすことは大いにありうるとすれば，金本位制下において金が流入しても信用拡大をしない，あるいは金が流出しても信用引締めをしない，ということもありうるのである。

誤解を避けるため，あえて付け加えておく。本書は，金本位制下で上述のような政策がとられたということを述べているのではない。あるいは，金本位制下でも管理通貨制下でも同じような解決が図られるなどという主張をしているのではない。つまり，その解決が異なる方法で図られ，それゆえ問題としては異なる現象形態をとって現われるけれども，どちらの体制下においても課題は同じである，ということなのである。そのような言い方をすることの意味は，以下に述べるとおりである。金本位制下において行なわれていることは，管理通貨制下にも同じように存在する課題を解決していこうとする試みであると捉えれば，資本主義にとって問題なのは金本位制そのものではなく，解決が図られる課題の方であることになり，したがって，たとえば金本位制の維持が困難

になることは資本主義の危機の表現ではあるが危機そのものではない，と把握することになる。逆に，そのように捉えないならば，資本主義にとっての問題は金本位制それ自体となり，したがって，その維持ができなくなることは資本主義の危機そのものと把握することになる。そして，そのように把握してしまえば，金本位制維持が困難になり，金貨本位制から金地金本位制や金為替本位制を経てついに兌換停止にいたる過程は，資本主義の危機深化そのものとなってしまうだろう。だが，そのような視点から，不換制下において新たな展開を見せた第二次大戦後資本主義を認識しうるのであろうか。資本主義が両大戦間期において危機に直面していたことは否定しえないが，金本位制の崩壊は資本主義の危機を表現したものであって，危機は（金本位制的に表現された）内外均衡調整の困難にあったのである。本書が提起を試みているのはそういう視点であるが，その視点を，「1928年法」は，金本位制のなかに保証準備発行額増減規定を登場させるという事態によって，すなわち金本位制下においても通貨管理がありうることを示すことによって，教えていると思われる。

「1928年法」には，金本位制に関する伝統的理解に立つ限りは金本位制の自己否定とでも言うしかない保証準備発行額増減規定が組み込まれた。したがって，ここで金本位制が果たそうとしているのは，金本位制の維持ではありえず，自己を否定するような規定を入れてでも果たそうとしている，内外均衡の調整であるとみるしかない。念のために付け加えておくが，「1928年法」が金本位制を変えたのではない。「1928年法」は，内外均衡調整問題が従来は金本位制的な姿をとって現われ，それゆえあたかも金本位制自身の問題であるかのように見えていただけだということを，つまり金本位制とは内外均衡調整問題に覆いをかけていたものだったということを，あらわにし始めたのである。

小　　括

本章では，「1928年カレンシー・ノートおよび銀行券法」をとりあげ，通貨発行統合ならびに屈伸制限制移行に関する諸規定から問題を摘出し，低額面銀

行券発行と保証準備発行額増減規定について検討を行なってきた。

「1928年法」と同法に伴う事態は，まず，低額面紙券が金貨の代替物であったこと，そして低額面紙券による金貨代替すなわち金貨流通廃止が同法によって完成＝定着したことを示していた。また，そのことは，金本位制下において国内金貨流通はどのような意味をもつものだったのかという，金本位制の理解に関わる問題を浮上させるものでもあった。金貨流通とは小額通貨需要を満たすものだったのではないかという問題が，提起されていたのである。再建金本位制期における通貨統合からは，以上のような意義が汲みとられるべきであろう。

しばしば指摘されてきたように，「1914年以降，金の使用を節約する手段として，多くの国々が金の鋳造を中止した。……その目的は，一国の金保有額のすべてを国際的支払いに利用できる対外準備に集中することだった」[35]。金貨流通の消滅は，資本主義がもはや国内に金貨を流通させる余裕さえなくしたことを示すものだったということである。ただし，そのような把握自体には問題はないとしても，我々は，金貨流通の消滅という事態を，資本主義が最終的には金地金本位制さえ維持しえなくなり不換制を定着させていく過程の一局面としてのみ捉えるだけでよかったのだろうか[36]。既に1825年恐慌の際に1ポンド券が受容されたことが先駆的に示していたように，現実に存在した金貨本位制においては金貨流通は低額面銀行券によって代替されうるものであったとすれば，両大戦間期を，資本主義もついに国内金貨流通さえ維持できなくなった時代としてのみでなく，金貨流通が小額通貨流通であったことがあらわになり始めた時代としても捉える必要があると思われる。また，そのような視点をもたないと，第二次大戦後の資本主義を把握するのは困難になるのである。

「1928年法」と同法に伴う事態は，さらに，同法については発券の弾力性回復を指摘するだけでは不十分であることも示していた。保証準備発行額増減規定の登場は，金流出入の影響が国内経済へ直接及ぶのを回避する手段が金本位制のなかに組み込まれたことを意味した。そして，それは，金本位制に関する伝統的理解に再検討を迫るものだった。すなわち，資本主義にとって金本位制が維持されるか否かは果たして本質的なことだったのか，という問題を提起す

るものだったのである。再建金本位制下における屈伸制限制移行からは，以上のような意義も汲みとられるべきであろう。

　保証準備発行額増減規定が金本位制のなかに入ってくるという事態は，金本位制というものが内外均衡調整のための一つの方法だったということを我々に気づかせる。金本位制を維持しうるか否かは本質的問題ではなく，真の問題は内外均衡の衝突をうまく調整しうるか否かにあり，それまで金本位制的装いをとっていた真の問題がここに至ってそれ自身として現われ始めた，ということである。そして，この点を掘り起こせば，両大戦間期を，資本主義が金本位制を維持しえなくなった時代としてだけでなく，資本主義にとっての困難は何なのかが明白になり始めた時代として捉えることが可能になる。それはまた，おのずと，第二次大戦後における資本主義の新たな展開を捉えうる視点になるだろう。すなわち，戦後資本主義を，金本位制さえ維持できなくなり衰退してゆくものとして把握するのではなく，そこでは国内均衡と国際均衡の調整について新たにどのような試みが展開しているのか，という視点から問うことができるようになるだろう。

　両大戦間期が資本主義の危機を深化させていた時代であることは否定できない。しかし，金貨流通の消滅さらには金本位制の崩壊は資本主義の危機を表現するものであっても危機それ自体ではなかったということを，再建金本位制期に通貨統合を図った「1928年カレンシー・ノートおよび銀行券法」は我々に教えているのである。そして，「1928年法」から，金本位制も両大戦間期になると次第に曖昧なものになっていくとか，金地金本位制であるがゆえに管理通貨的な側面も入ってきているというような把握を導き出してはならない。教科書と異なり，金が流入しても信用拡大は起こらない，金が流出しても信用収縮は起こらない，ということがありうるのが現実の金本位制だったのである。

注
1) Cf. Sayers [1976] Vol. 1, p. 284 (西川監訳，397頁).
2) Committee on Currency and Foreign Exchange After the War [1918] p. 363.
3) Cf. PRO: T 160/197/F7528, Committee on Currency and Bank of England Note

Issues ; T 172/1499B, Gold Standard 1925 : Treasury Memoranda.
4) Cf. Sayers [1976] Vol. 1, p. 287 (西川監訳, 401頁).
5) Cf. PRO : T 163/69/6/G2844, Currency and Bank Notes Bill 1928.
6) この法律は, Gregory (ed.) [1929] pp. 385-391 に収録されている。
7) Sayers [1976] Vol. 1, p. 296 (西川監訳, 上, 413頁).
8) 高橋泰蔵 [1957] 16頁。
9) このような「1928年法」評価を示すものをさらに若干挙げておく。Kock [1939] p. 30 (吉野訳, 24頁); Feavearyear [1931] p. 360 (一ノ瀬・川合・中島訳, 377-378頁); 田中金司 [1957] 120-121頁; 森七郎 [1964] 214-218頁; 浜田康行 [1976] 136-137頁。
10) 「1928年法」以前における最後の保証準備発行額引上げは1923年2月21日に実施されているが, その時に新たに定められた額が1,975万ポンドである。Cf. Sayers [1976] Appendixes, p. 356.
11) 『エコノミスト (*The Economist*)』に掲載される「カレンシー・ノート勘定」においては, 最初の勘定は1914年8月26日付になっているが, R. G. ホートレーによると, 「最初の正式なカレンシー・ノート報告」が8月19日に出されている。Cf. Hawtrey [1938] p. 129 (英国金融史研究会訳, 127頁).
12) 表3-1の注を参照。
13) 「ピール銀行法」については, 金井雄一 [1989] 第2章, 参照。
14) Wagner [1890] S. 487.
15) Andreades [1909] p. 292 (町田・吉田訳, 343頁). なお, 渡辺佐平 [1954] 176-178頁, 参照。
16) 高橋泰蔵 [1957] 12-16頁; 長幸男 [1969] 65頁; 浜田康行 [1976] 136頁, 参照。なお,「1914年カレンシー・ノートおよび銀行券法」によってカレンシー・ノートが大量発行され限外発行も法定されたのであるから, 1928年法制定時点では既にピール銀行法による直接制限制度は「事実上名目的なものにすぎなくなっていた」(長幸男 [1969] 81頁), というのは確かである。ただし,「1914年法」では, 大蔵省の許可があれば法律によって固定された限度以上に発券しうるとされているだけであり, 保証準備発行額の変更に関しては定められていない。その意味では, 直接制限制度は「1928年法」によって廃止されたと言えるだろう。
17) 金井雄一 [1989] 80-86頁, 参照。
18) Tooke [1848] p. 297 (藤塚訳, 322頁). なお, この点に関しては, 金井雄一 [1989] 87-91頁; 金井 [1991] 75-76頁; 金井 [1992] 97頁; 金井 [1994] 87-90頁, 参照。
19) 金井雄一 [1989] 18-19頁, 参照。
20) Committee on Currency and Foreign Exchanges After the War [1918] p. 348.
21) Committee on Currency and Bank of England Note Issues [1925] p. 381.

22) *Ibid.*, p. 382.
23) *The Parliamentary Debates*, 5th Series, Vol. 183, 55.
24) 両大戦間期には同様の議論が、たとえばジェノア会議における G. カッセルによるものなど、国際的にも現われてくるが、本書ではそれに立ち入ることは控える。カッセルの主張については、杉沢一美 [1993] 120頁、参照。
25) 金本位制が完全であるための条件として本文で述べた四点を挙げる見解は、ごく一般的なものである。まとめ方の形式の点では、すべての論者が四点に整理しているわけではないが、たとえば以下のものを参照。森七郎 [1964] 30頁；三宅義夫 [1968] 6-7頁；長幸男 [1969] 71頁；川合一郎 [1974] 190-191頁；岡本磐男 [1983] 130頁；岩本武和 [1994] 150頁。

関連して、金貨流通がない金本位制は不完全なものであるという指摘も、一般的にみられる。以下のものを参照。川合一郎 [1968] 40-42頁；高橋哲雄 [1980] 57頁；西村閑也 [1989] 139-140頁；吉沢法生 [1990] 50頁。
26) 金井雄一 [1989] 40-41頁；金井 [1994] 85-86頁、参照。
27) Josset [1962] p. 125.
28) Feavearyear [1931] p. 359 (一ノ瀬・川合・中島訳、376頁)。
29) 以上の点については、金井雄一 [1989] 第2章、参照。
30) Sayers [1976] Vol. 1, pp. 290-291 (西川監訳、上、405-407頁)。
31) 減額可能規定は第Ⅱ条にある。なお、「ピール銀行法」は、Gregory (ed.) [1929] Vol. 1, pp. 129-147 に収録されている。
32) アディスは、1861年に生まれ、80年に香港上海銀行 (the Hongkong & Shanghai Banking Corporation) に入り、1905年から21年まで同行のロンドン支配人 (manager) を務めた。また、1918年から32年までイングランド銀行に理事として在任し、その間の19年から31年までは同行常務理事会 (Committee of Treasury) の構成員だった。カンリフ委員会の委員 (1918～19年) や国際決済銀行 (Bank for International Settlements) の副理事長 (Vice Chairman [1930～32年]) も務め、1945年に没している。以上は、イングランド銀行文書室の検索用ファイル「Bound List」において「ADM 16: Sir Charles Addis' Papers」の項に付されている解説による。
33) Cf. BoE Archive: ADM 16/4, Sir Charles Addis' Papers—Misc 1926-1927.
アディスのこのメモの前に付されている説明によると、これは、香港上海銀行から1967年にイングランド銀行へ返却されたものである。アディス自身の手書きによる修正が入っている。なお、アディスが展開した議論については、Sayers [1976] Vol. 1, pp. 290-291 (西川監訳、上、406-407頁)、も言及している。
34) *Ibid.* ちなみに、ADM 16/5, Sir Charles Addis' Papers—Misc 1928-1930 には、書き込みのある「1928年法」の草稿 (Currency and Bank Notes. Draft of a Bill) が収められている。

また，「1928年法」における保証準備発行増減規定に関しては，同法の議会審議においても興味深い議論が行なわれている。Cf. *Parliamentary Debates*, 5th Series, Vol. 217, 695-752.

35) Schwartz [1987] p. 369.

36) 金地金本位制への移行は一般に金の不足から説明されており，要するに「金本位制度の停止に追い込まれ」（原薫 [1990] 120頁）ていく一過程とみなされている。川合一郎 [1968] 38頁；高橋哲雄 [1980] 57-59頁；吉沢法生 [1990] 49頁，も参照。

念のために付け加えておくが，本書はこれらの見解を否定しようとしているのではない。資本主義は主体的に金地金本位制を選択したわけではなく，やはり「追い込まれ」たのである。ただし，本書は，それを認めたうえで，その把握のみに留まるならば不換制下における資本主義の新たな展開を認識しうる視点を確保できないのではないか，という点を提起しているのである。

第4章　金本位停止と金本位制の本質

はじめに

　カレンシー・ノートのイングランド銀行券への統合が行なわれた1928年には，世界経済はいまだ全体として順調に発展しているように思われていた。しかし，翌29年になると周知のようにアメリカで恐慌が起こり，世界は長期の不況に陥っていったのである。当然ながら，イギリスもこの大不況の影響を受けることになる。イギリスは，20年代の世界的好況から取り残されていたため，工業生産・国民所得・物価などがアメリカほど激しく低落することはなかったものの[1]，国際収支の悪化に苦しみ始め，やがてポンドに対して大きな圧力がかかる局面を迎えることになるのである。

　イギリスは，1931年の夏からポンド危機に見舞われ，同年9月に金本位制の停止に追い込まれる。そして，その停止はついに解除されなかった。イギリス金本位制は，結局31年に放棄されたということなのである。第4章ではこの金本位停止＝放棄を取り上げ，そこにどのような事態が生じていたのかを確認し，それらの事態が何を示唆するのかを考察することにより，金本位制とは何だったのかの解明を続けていきたい。

　イギリスの金本位停止の原因を巡っては，既に多くのことが論じられてきた[2]。たとえば，ポンド危機を招いた直接的経緯については，短期資金フローの国際的連関から説明されてきた。すなわち，大陸ヨーロッパにおける銀行破綻が各国中央銀行の不適切な対応もあって流動性危機を引き起こし，イギリスが大陸に保有していた資産の凍結をもたらしたためにロンドンからの資金逃避が生じた，というわけである。また，ポンド危機の基盤にあった要因としては，そもそも1925年の金本位復帰時に採用された旧平価（1ポンド＝4.86ドル）が

ポンド過大評価であったこと，不況過程でイギリスの貿易外取引収入が急速に減少したこと，イギリスの財政赤字に対する懸念が諸外国において広がっていたこと，等々が挙げられてきた。さらには，イギリスの対外短期資金ポジションが不安な状態にあることが『マクミラン委員会報告書』[3]によって最も悪いタイミングで公になってしまった，という事情もしばしば強調されてきた。

改めて言うまでもなく，イギリスの金本位停止には様々な問題が絡んでおり，上述のことは全て意味ある指摘である。本書は，それらを否定しようとするものではない。ただし，本書は，1931年に外為市場で大量のポンドが売られ続け，イギリスがついに金本位制の一時停止を宣言せざるをえなくなる過程自体に注目する。なぜなら，そこに生じている諸々の事態にこそ，「金本位制とは何だったのか」がよく示されていると思われるからである。

本章は，まず第I節において金本位制を停止せねばならなくなる過程を辿り，次いで第II節において，政府・大蔵省およびイングランド銀行がポンド危機にどのように対応したのかを明らかにしてゆく。そして第III節で停止以後の財政・金融政策を一瞥したうえで，小括において，金本位停止を巡って生じた諸々の事態が旧来からの金本位制理解に対して根本的疑問を提起するものであることを明らかにし，またそれらの事態から金本位制の本質がどのように照らし出されてくるかを示してみたい。以上の考察はまた，既に触れたような金融的連関の次元におけるものとは異なる，いわば資本主義の歴史的変化とでも言うべき次元における，金本位停止＝放棄の原因を示唆するものともなるだろう。

I　金本位停止の経緯

本節では，金本位停止の経緯を，まず基本的な事実関係を中心に確認していきたい。周知のように，1931年5月にオーストリアの大銀行クレディット・アンシュタルト（Credit Anstalt）が破綻すると，その影響によってドイツ諸銀行も苦境に陥り，ウィーンとベルリンではロンドン諸金融機関の資産が凍結されるという事態が生じた。したがって，ロンドン金融市場に流動性不安が存在

することは6月には明らかになりつつあったのであるが，たまたま7月13日に，ロンドンが巨額の対外短期債務を負っていることを示す『マクミラン委員会報告書』が公表された。このような状況のなかで，7月中旬からイングランド銀行の金準備が減少し始めたのである。

イングランド銀行は，5月14日にバンク・レートを3％から2.5％に引き下げたばかりであったが[4]，金流出に対応するため7月23日にレートを1％引き上げた。しかし，それでも金流出は止まらず，7月15日に1億6,500万ポンドだった金準備は，2週間後の29日には1億3,300万ポンドまで減少した。そこでイングランド銀行は，30日にバンク・レートをさらに1％引き上げて4.5％とした。また同行は，7月下旬からフランス銀行およびニューヨーク連邦準備銀行との間で借款交渉を行ない，両行から各々2,500万ポンド，合計5,000万ポンドの借款を得ることに成功した。借款が獲得されたことは，イングランド銀行の保証準備発行額が大蔵省覚書（Treasury Minute）によって1,500万ポンド引き上げられ2億7,500万ポンドになるということと同時に，8月2日に報道されている。

金流出が止まったのはほぼこの頃であるが，それはポンドの信認が回復したためではなかった。ポンドが買支えられたからである。そのことは，借款で獲得したドルおよびフランの喪失が進行していったことから分かる。表4-1[5]が示しているように，イングランド銀行の外為保有額は着実に減少していき，ドルおよびフランの喪失は止まる気配をみせなかった。借款獲得と保証準備発行額拡大という程度の措置では事態を転換できないということが，はっきりしたのである。にもかかわらず，政府は，この状況の打開を図る対応策を打ち出せないまま日時を費やしていった。

もっとも，何も試みられなかったわけではない。実はこの年の3月に，財政支出削減策の検討を任務とする委員会がスノーデン（Philip Snowden）蔵相によって任命されていたのであるが，その「メイ委員会（May Committee）」が7月末に『報告書』[6]を提出した。そこで，マクドナルド（J. R. MacDonald）首相とスノーデン蔵相は，その勧告に従って財政支出の削減を図ろうとしたのである。しかし，当然ながら，失業保険給付や公務員給与の削減という提案は，労

表4-1 ポンド危機時におけるイングランド銀行の金・外為保有額増減および借款使用額：1931.7.13〜8.25

(百万ポンド)

日付	金 純増減	外為 純増減	外為 借款使用額	純喪失額
7.13 - 8.1	-33.6	-21.2	- 0.4	- 55.2
8.4 - 6	- 1.2	- 4.3	- 0.5	- 6.0
8.7 - 13	+ 1.0	+ 1.9	-16.6	- 13.7
8.14 - 20	+ 1.5	+ 0.5	-13.7	- 11.7
8.21 - 22		- 1.3	- 4.6	- 5.9
8.24		+ 0.4	- 6.2	- 5.8
8.25	+ 0.3	- 0.9	- 5.2	- 5.8
	-32.0	-24.9	-47.2	-104.1

出典：BoE Archive : EID 4/102, Monetary Policy, Theory, General−24. Notes by Mr. Clay.

働党政権にとって簡単に受け入れられるものではなかった。首相と蔵相は，閣僚達を納得させることができなかったのである。

　結局，第二次マクドナルド内閣[7]は崩壊することになり，首相は，8月23日の夜，内閣総辞職を報告するためにバッキンガム宮殿に向かった。しかし，マクドナルドを待っていたのは，挙国政府（National Government）の組閣という国王ジョージ5世の要請だった。その求めに従って，マクドナルドは，前内閣からはスノードンほか数名が留任するだけで保守・自由両党の幹部が新たに加わる内閣を，24日に発足させた。そして，28日には，アメリカとフランスから二回目の借款，計8,000万ポンドの獲得に成功したのである。

　こうして，8月下旬には，深刻な政治的危機もひとまず回避され，今回はイングランド銀行ではなく政府の借款という形をとることになったとはいえ，新規のポンド買支え資金も得られた。しかし，9月に入ってもポンド売りの圧力は弱まる兆しを見せなかった。買支えの継続は，新たに利用が可能になったドルとフランも急速に枯渇させていったのである。

　9月18日になると，フランスからの借款はなお1,700万ポンドほど残っていたが，アメリカからの借款はほぼ尽きてしまった[8]。そこで政府は，一応アメリカとフランスに借款の追加が可能か否かを打診してみたのであるが，好意的返答がなかったのは当然である。金本位停止が決断されたのは，この日の夜だ

った。政府は，翌19日（土）に，イングランド銀行に対して金引渡し停止命令を出した。イングランド銀行側では，20日（日）に理事会が開かれ，政府からの命令が確認されるとともに，4.5％のままにされていたバンク・レートを6％に引き上げることが決定された。同じ日に，政府の「金本位停止声明 (Press Notice)」[9]も出され，「イギリス政府は，イングランド銀行と協議の後，定められた価格で金を売ることを同行に命じている1925年金本位法の第1節第 (2) 項 (Section 1 Subsection (2)) の効力を当分の間停止することが必要になっていると判断した」[10]旨が発表された。そして，翌21日には，「声明」内容を立法化する「金本位（修正）法 (the Gold Standard (Amendment) Act, 1931)」[11]が議会に上程され，ただちに承認されたのである。

さらに22日には，「金本位（修正）法」の第1節 (3) に基づいて，外為取引を規制するための「大蔵省令 (Order made by the Treasury)」[12]も出された。ポンドは，兌換ができなくなっただけでなく，外貨への転換も制限されることになったのである。そして，金本位停止まで4.86ドルに維持されていたポンド相場は，9月23日には3.98ドルまで下がった。ただし，停止後も為替操作は続けられていく。以上の過程の概要を示しているのが，図4-1および図4-2である。

なお，ポンド相場は，10月以降も下がり続けて12月9日には3.28ドルになったが[13]，その後は上昇し始め，翌春には3月末に一時3.83ドルになるなど，上り過ぎが問題にされる程だった。また，為替管理のための大蔵省令も，32年3月3日に撤廃された[14]。そして，アメリカおよびフランスから得た借款の返済も，意外に早く進んだ。返済が実際に完了したのは32年9月9日だったが，それは借款した際の条件に制約されて一部分の返済がそのときまで許されなかったからであり，すでに同年の春には返済資金は十分に確保されていたのである[15]。

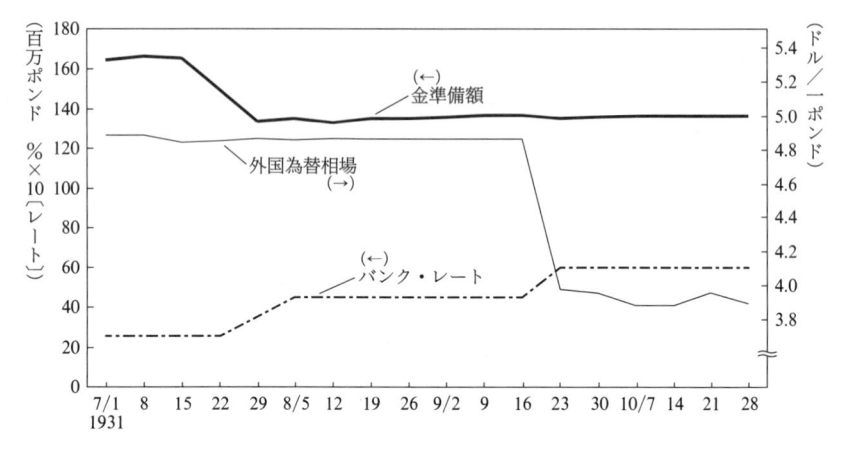

図4-1　金本位停止前後におけるイングランド銀行金準備とバンク・レートおよびポンド相場：1931.7.1〜10.28（週次）

出典）金準備＝*The Economist*；バンク・レート＝Sayers [1976] Appendixes, App. 36；外為相場＝BoE Archive: C 1/79, Daily Accounts 1931—Rates of Discount, Exchanges, Miscellaneous Prices, &c.

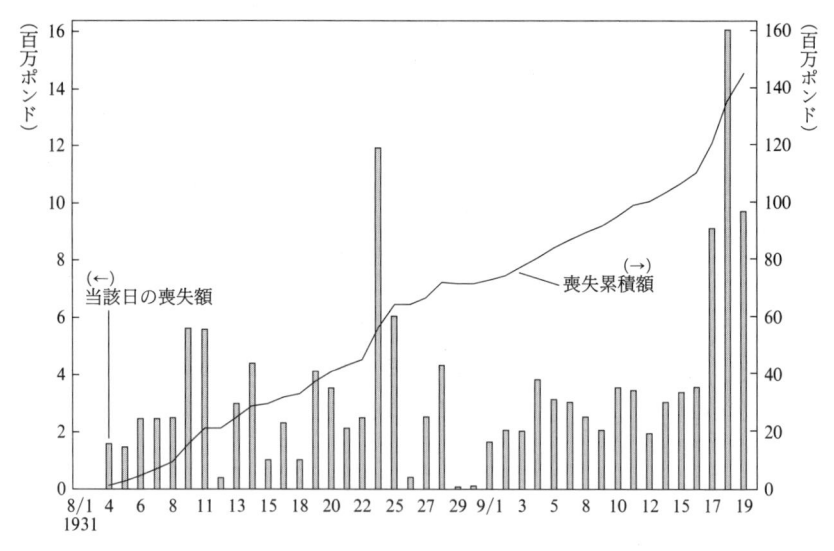

図4-2　金本位停止直前期における外国為替喪失額：1931.8.1〜1931.9.19（日次）

出典）BoE Archive: G 15/29, History of 1931 Crisis—Bolton's Account.

II ポンド危機への政府・イングランド銀行の対応

第 I 節で述べたことからもその一部が窺えるように，1931年のポンド危機に際しては，政府やイングランド銀行は様々な対応を試みている。政府・大蔵省とイングランド銀行は，各々独自に対処策を検討するだけでなく，緊密に連絡を取り合ってもいる。内閣・大蔵省・イングランド銀行の内部文書は，多くの人々が最新状況の把握に努めつつ諸々の対策を検討し続けるこの時期の緊迫感を，今日によく伝えている。この第 II 節においては，主にそのような資料に基づいて，政府・大蔵省ならびにイングランド銀行がポンド危機にどのように対応しようとしたのかを明らかにしていきたい。

1）ポンド危機と国際収支

まず初めに，ポンド危機に際して貿易収支や国際収支の改善策が議論されていたことを確認しよう。

マクドナルド首相は，31年9月に，内閣の下に置かれる委員会（Sub-Committee of the Cabinet, Cabinet Committee）として金融情勢委員会（Committee on the Financial Situation）を設置した。委員には蔵相・外相・保健相が任命され，会合には大蔵省やイングランド銀行の幹部も列席したのであるが，実はこの委員会は，ロンドンからの資金流出が止まらないという事態を前にして，その第一回（9月14日）において「輸入を減らせないか」ということを話題にしている。そして，第二回（9月17日）においても，貿易収支の回復について種々の議論を行ない，また，「イギリス人の資金移動を為替管理で止められないか」ということも話し合っている。すなわち，まさに金本位制が停止されようとしているその時に，貿易収支赤字対策に関連して奢侈品の輸入禁止・輸入課徴金・輸出奨励金などが検討され，短資流出対策に関連して為替管理導入の是非・為替管理の実効性などが論じられているのである[16]。

要するに，金融情勢委員会においては，ポンド危機に対して金準備増強策ではなく貿易収支・資本収支改善策が議論されていたのである。また，1930年

に設置されていた経済諮問会議（Economic Advisory Council）[17]の下に設けられた経済情報委員会（Committee on Economic Information）[18]における議論も，同様であったことが伺える。経済情報委員会は金本位停止以前の時点ではまとまった文書を作成していないが，たとえば議長の指示によって9月15日に回覧されている文書は，イギリスの貿易収支や国際収支に関する資料なのである[19]。ちなみに，イングランド銀行においても，ポンド危機への対応として関税が有効であるとする議論などが行なわれていた[20]。

ともかく，ポンド危機に見舞われ，このままでは金本位制の維持は難しいとの認識が広まりつつあった時点においても，大蔵省・イングランド銀行の幹部も列席する内閣の会議は，金準備それ自体の増強ではなく，むしろ貿易収支・資本収支の改善を大きな問題として扱っていたのである。そして，実際上も，第I節で確認したように，イングランド銀行金準備は7月後半こそ確かに減少したが，その後は減っていかず，9月中旬においても8月上旬と同水準の1億3,000万ポンド以上にあった。金準備は決して枯渇などしておらず，問題は，買支え続けねばポンド相場を維持することができないということだったのである。その意味で，問題は国際収支だったと言うしかない。

2）ポンド危機と財政赤字

次に，ポンド危機との関連でイギリスの財政赤字の問題が議論されていたことを確認しよう。

諸外国においてイギリスの財政赤字に対する懸念が広がっており，それがポンド売りを招いているという指摘は，ポンド危機のかなり早い段階から行なわれていた。「問題になっていたのは相対的に小さな数値だったことを考えると，後の時代の人々が，1931年夏の財政状況がどうして経済政策における大きな転換を強いる決定的要因でありえたかを理解することは，困難である」[21]かもしれない。しかし，当時においては，継続的ポンド売りの大きな原因の一つは財政赤字であると思われていたのである。それゆえ，ポンドの信認を回復するためには財政赤字削減が不可欠であると意識されていた。

たとえば，大蔵省理財局長（Controller of Finance and Supply Service）のホプ

キンス (Richard Hopkins)[22] が蔵相への意見具申として 31 年 7 月に作成したと思われる文書は,「外国人が真っ先に見るのは財政状況である」と指摘している。さらに,もしモルガン (J. P. Morgan) にアメリカから借款が得られそうか否かを打診すれば,モルガンは「そもそもまず失業手当および財政の問題について措置が講じられるのか」を最初に問うであろう,とさえ述べているのである[23]。また,この文書には,メイ委員会の報告が公表されると,そこに示されている財政収支ギャップの予想は誇張であるかもしれないのだが,その数字は世界中に打電されるだろう,との心配も記されている。

　ポンド危機を克服するためには財政均衡化が不可欠であると考えていたのはホプキンスだけではなく,大蔵省においてもイングランド銀行においてもそのような見解は主流になっていたようであるが,その際,中心問題の一つは失業保険だった。外国人から「財政赤字の原因は失業手当のような気前のよい支出である」[24] という指摘が出るほど,失業保険給付は確かにイギリス財政を圧迫していたのである。ホプキンスもまた,失業保険給付の削減についていろいろと計算を試みた跡を残している。彼のメモには,たとえば以下のようなことが記されている。平均生計費は,1914 年を 100 とすると 24 年は 175,31 年 7 月は 147 となる。したがって,現在の購買力では,夫婦子供二人の家族に対して 24 年 8 月 14 日以前に支給されていた 22 シリングに等しいのは 18 シリング 6 ペンスであり,24 年 8 月以降に支給されていた 27 シリングに等しいのは 22 シリング 8 ペンスである。この値は両者とも,メイ委員会が勧告した 24 シリングよりも低い[25]。

　このような情勢のなかで,当然ながら政府も,財政均衡化について真剣な検討を行なっていた。メイ委員会の『報告書』に関する内閣委員会 (Cabinet Committee) に対して蔵相から出された「1931 年および 1932 年における予算ポジションの予想」というメモ[26]は,31/32 財政年度においては,予算ベースで 3,500 万ポンドの赤字,失業基金のための借入れ等々も考慮に入れた経常収入に対する経常支出の超過は 4,700 万ポンド,という見通しを示している。また,32/33 年度予算を均衡させるためには約 1 億 2,000 万ポンドの赤字を新規課税または節約によって埋め合わせる必要があるというメイ委員会の見積りを,

同委員会の計算には考慮されていないものもある等々の理由から，1億7,300万～1億7,800万ポンドに修正している。政府は，この見通しをもとに，支出節約と増税によって財政均衡化を図ろうとしたのである。スノードン蔵相は，31年9月10日，「歳入（第2号）法案（Finance (No. 2) Bill)」を提案すべく，この年2度目の予算演説を行なう[27]。しかし，当然にもその提案は大きな反発を受け，修正を重ねた増税法案が「1931年歳入（第2号）法（Finance (No. 2) Act)」として議会を通過するのは，結局，金本位停止が行なわれた後になってしまうのである[27]。

3）緊縮的政策への抵抗と金本位停止の決定

第1・2項で述べたように，激しいポンド売りの継続に対しては，国際収支の均衡回復を目指す貿易収支・資本収支の改善策が検討され，また，財政赤字削減策も検討された。しかしそれらは，つまるところ，輸出競争力回復・輸入圧縮・財政支出削減・増税等々，要するに給与・社会保障給付など各種所得の引下げにつながるような緊縮的政策（デフレ的調整）であった。たとえば，メイ委員会の報告を受けて政府が検討した支出節約案では，削減対象として，失業保険給付は言うに及ばず，教員・警察官の給与から大学補助金や住宅供給に至るまで挙げられている。しかも，支出節約などによって約9,000万ポンドを捻出したうえで，約8,000万ポンドの増税が必要とされていたのである[28]。

このような対処法が大きな抵抗を受けざるをえなかったのは当然である。その象徴的事件が「イギリス海軍の反乱（mutiny in the British Navy)」[29]だった。先に述べたように，スノードン蔵相はポンド危機に対処すべく財政均衡化を目指して31年9月10日に予算演説をしたのであるが，そのなかで触れられた軍事費節約計画すなわち給与削減案を不満として，9月14日に海軍で演習ボイコット事件が起きたのである。緊急予算は簡単には成立しなくなってしまい，審議は10月5日までかかった。つまり政府は，9月中旬までに抜本的対策を強力に実施することができなかったのである。こうして，金本位停止は避け難いとの認識が次第に広がっていくことになった。

金本位停止が具体的に議論され始めたのはいつかを確定することは困難であ

るが，イングランド銀行ではシープマン (Henry Arthur Siepmann)[30] が，金本位離脱に関して基本的論点を整理した 8 月 19 日付の文書を残している。少なくとも 8 月中旬には金本位停止に関する検討が行なわれていたわけである[31]。ただし，比較的早くから金本位停止が話題になっていたとしても，停止の検討が始められてからは議論がその方向へ直線的に進んでいく，というわけでもなかった。最後の決断が下される直前まで，何とか停止を回避しようとする意見が表明され続けるのである。たとえば，ポンド相場維持のためにイギリス人が所有する外国証券を動員してはどうか，といったことさえ論じられている。しかし，停止は好ましくないとする見解も，次第に停止も止む無しとの傾向を示すようになっていく。一例をあげれば，イングランド銀行業務局長 (Chief Cashier) カターンズ (Basil Gage Catterns)[32] が副総裁用に作成したと思われる 9 月 15 日付の覚書は，ドル・フラン準備が尽きるので更なる借款が早く考慮されねばならないと述べつつも，「バンク・レート引上げと金準備喪失という古典的方法」や為替管理の実施等にも言及している[33]。すなわち，買支えによるポンド防衛はもはや限界に来ているとの認識が示されるようになるのである。

　このような状況の中でとりわけ目を引くのは，政府とイングランド銀行が緊密に連絡を取り合っていることである[34]。両者は，既にマクドナルド労働党内閣が崩壊する前から，幹部職員間だけでなく，トップレベル間の協議も行なっている。たとえば 8 月 17 日に，この時期には実質的にイングランド銀行の最高責任者だった副総裁 (Deputy Governor) のハーヴェイ (Ernest Musgrave Harvey)[35] が，スノードン蔵相を訪ね，アメリカおよびフランスからの借款があと 10 日程で尽きるという見通しを直接報告している[36]。また，挙国内閣成立後の 9 月 3 日にも，首相・蔵相とハーヴェイ副総裁の会合がもたれている。政府とイングランド銀行はよく協力し合っていたのである。そして，首相官邸は，危機が深まるとともに，イングランド銀行から直接報告を取り寄せるようになる。イングランド銀行監督役 (comptroller) のマホン (C. P. Mahon) は，官邸のダフ (Patrick Duff) に宛てて，金・外為の各喪失額ならびに合計喪失額を，8 月 27 日から 9 月 19 日まで毎日報告し続けた[37]。

　既に述べたように，金本位停止の直前まで，それを回避しようとする議論は

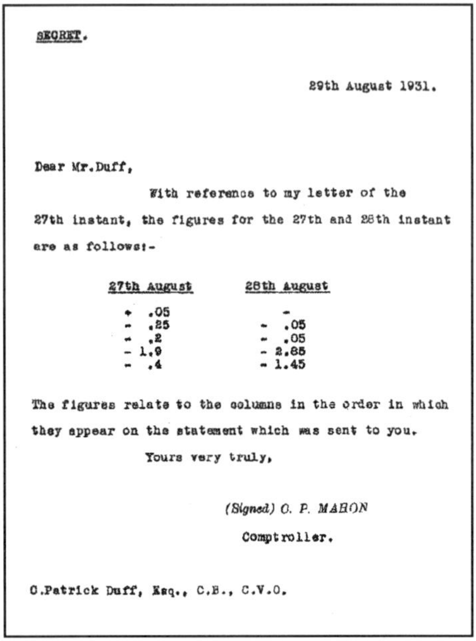

```
SECRET.
                                    29th August 1931.

Dear Mr. Duff,
            With reference to my letter of the
27th instant, the figures for the 27th and 28th instant
are as follows:-

            27th August    28th August
              + .05           -
              - .25           - .05
              - .2            - .05
              - 1.9           - 2.85
              - .4            - 1.45

The figures relate to the columns in the order in which
they appear on the statement which was sent to you.
                    Yours very truly,

                        (Signed) O. P. MAHON
                                 Comptroller.

O.Patrick Duff, Esq., C.B., C.V.O.
```

図4-3 イングランド銀行から首相官邸へ金・外為の喪失額を報告する書簡
出典）BoE Archive : G1/457.

残っていた。停止決定前日の9月17日においても，金融情勢委員会では，金本位離脱は避けられるべきという点で全員が一致したので借款の拡大を得るべくあらゆる努力を図るべきである，といったまとめが行なわれている。また，証券取引所の委員会室（Committee Room）は18日付で，「外国証券を購入するイギリス市民は国の困難を増幅している」との指摘がなされるのを大蔵大臣が望んだ，ということへの注意を喚起する通知を会員に出している。さらに，同じく18日付の大蔵省のある文書は，もはや為替管理しかないという案に反対論を展開し，為替取引を制限するというような方策はポンドに大きなダメージを与えると述べている[38]。この時期においても，国際金融センターとしてのロンドンを維持することのメリットを説いているのである。

しかし，他方では，金本位停止のための具体的準備も進められていた。大蔵省では，金本位停止法案を検討する文書が9月17日付で作成されている。それは当初，「金本位（停止）（Gold Standard (suspension)）」と題されていたが，その「停止」の語に斜線が引かれ，次の草案からは「修正（amendment）」に直されている[39]。そして，そのような微妙な点にも配慮した法案が実際に使用されることになる日は，すぐに来た。9月18日の夜，マクドナルド首相は，大蔵省幹部のフィッシャー（Warren Fisher）およびリース＝ロス（Leith-Ross）とともに，イングランド銀行のハーヴェイ副総裁とピーコック（E. R. Peacock）

第4章 金本位停止と金本位制の本質　113

理事に会った。その会合で、ついに金本位停止の決断が下されたのである。この決定を受けて、ダフが「金本位（修正）法」の草稿を持って駆けつけたのは、翌19日午後3時45分から首相官邸で開催されていた第3回金融情勢委員会の会議中のことであった[40]。

こうしてイギリスは、既に第I節で述べたような金本位停止の手続きに入っていくのであるが、ここで、停止段階においてイングランド銀行が行なった一つの興味深い対応に触れておきたい。実は、イングランド銀行では、金本位停止必至と考えられ始めた時期に、金準備が減少しないまま金本位制を停止するのは好ましくないので敢えて金を一定額だけ流出させた後に停止に入る、という計画が議論されているのである。そして、その計画は同行常務理事会（Committee of Treasury）においても承認され、31年9月18日の同理事会議事録は、合意事項として、「決定的な措置をとる前にイングランド銀行は一定額の金を失うことが望ましいだろう」[41]と記録している。表4-2が示すように、その計画は実行されて9月18日に約180万ポンドの金が流出させられたのであるが、このエピソードは、1931年のポンド危機とは何であったのかを、したがってまた金本位制とは何であったのかを、よく物語るものではないだろうか。少なくとも、ここで以下のことは確認できる筈である。この金本位停止は、金準備が減少し、ついに兌換不能となって止む無く決断された、

表4-2　金本位停止直前期の金流出入：1931.8.31～9.19（日次）

（ポンド）

日付	金流出	金流入	収支
1931.8.31	12,000	25	-11,975
9. 1	23,241	948,100	924,859
2	—	34,000	34,000
3	11,000	23,219	12,219
4	12,000	121,096	109,096
7	19,000	300,151	281,151
8	19,000	1,050,861	1,031,861
9	21,000	143,399	122,399
10	67,000	20,710	-46,290
11	58,000	5,841	-52,159
12	—	647	647
14	558,051	250,122	-307,929
15	243,083	663,000	419,917
16	380,710	33,569	-347,141
17	507,090	26,200	-480,890
18	1,781,748	4,749	-1,776,999
19	907,543	—	-907,543

出典）BoE Archive：C 43/138, Gold；General From 1.1.31 to 31.12.31—114B より作成。

というものではない。金準備は枯渇などしておらず，敢えて減らすということさえ行なわれたのである。

4) 為替管理の影響

政府・イングランド銀行のポンド危機への対応としては，金本位停止後における為替管理の導入も見逃すことはできない。ここでは，為替管理を巡る当局の対応と為替管理実施によって生じた事態を明らかにしておきたい。

イギリスの金本位停止は，言うまでもなく各方面に大きな影響を与えることであり，大蔵省やイングランド銀行は停止決定後にも，停止に伴う諸々の問題への対処に繁忙を極めた。たとえば，各植民地に通知する必要があった[42]。あるいは，ロンドンにポンド建て債権を有していた外国銀行などからの為替差損に対する苦情にも対応せねばならなかった。しかし，最も大きな混乱を引き起こしたのは，為替管理の導入だったのである。

第I節において触れたように，イギリスは金本位制を停止した後，「金本位(修正)法」の規定に基づいて大蔵省令を出すが，これは，イギリス国民または連合王国居住者に，①通常の貿易に必要なもの，② 1931年9月21日以前の契約に伴うもの，③適正な理由のある旅行またはその他の個人的目的のためのもの，以外の為替取引を禁止するものであった。したがって，当然ある程度の混乱は予想された。そこで政府・イングランド銀行は，この為替管理の実施にあたっては，金本位停止の政府声明が発表されるのに先立って，シティの諸金融機関に対して協力を要請したのである。手形交換所加盟銀行委員会 (Committee of the London Clearing Bankers) も，会員に対応を指示する文書を出している[43]。

しかし，実際に為替管理に関する大蔵省令が公布されると，各方面から問合せが殺到した。そして，各金融機関では最終的判断ができず，大蔵省・イングランド銀行に意見を求めてくる事例が頻出したのである。また，金融機関を通さず直接大蔵省に問合せが来る場合もあり，それにどのように回答すべきかを同省がイングランド銀行に問い合わせる場合も少なくなかった。

たとえば，生命保険会社が，9月21日10時の契約に基づいて行なうポンド

売りは大蔵省令による禁止に触れるか否か，の判断を求めてきた。事務弁護士 (solicitor) が，顧客の遺産相続に伴ってポンドの外貨への転換が必要になったがそれは大蔵省令に違反するのか否か，と訊ねてきた。証券会社が，イギリス植民地・自治領から証券を購入すると現地ではポンド売り（現地通貨の購入）が生じることになるが，大蔵省令は植民地・自治領通貨の購入も制限する意図をもつものか否か，の確認を求めてきた。

　当然ながら，回答について各当局の意見が分かれることもあり，したがって，大蔵省・イングランド銀行・各種金融機関等々の間で協議せねばならない場合が多数生じた。手形交換所加盟銀行および引受商会の外国為替委員会（Foreign Exchange Committee of the Clearing Banks and Acceptance Houses）やイギリス保険協会（British Insurance Association）は，問合せの相談先に指定されるなどして，混乱に巻き込まれている。手形交換所加盟銀行委員会にいたっては，会員に対して，委員会で検討してほしい疑問がある場合には封筒に「為替に関する質問（Exchange Query）」と記して，ナショナル・プロヴィンシャル銀行（National Provincial Bank Ltd.）海外部（overseas branch）のガーニー（A. W. Gurney）に郵送せよとの指示を，9月25日付で出している。為替管理に関する問合せが極めて多かったことを窺わせるものであろう[44]。

　さて，以上の事態が示すように，金本位制が停止された時に実際に大きな問題になったのは，兌換が停止されてしまったということより，むしろ為替管理＝ポンドの外貨転換規制の方だったのである。既に述べたように，為替差損を被ることへの苦情は少なくなかったが，金が入手できなくなったことについては特に大きな問題になっていない。そもそも，既に金貨兌換はできなくなっていたし，固定相場で外貨への転換が保証されているならば通常の取引に関してはポンドを地金に換える意味はなかっただろう。したがって，実際上は，ポンドを金に換えられなくなることよりも，ポンドを外貨に換える自由がなくなることの方が問題だったのである。この事態もまた，金本位制とは何だったのかをよく物語るものではないだろうか。金本位停止時には，兌換停止による混乱ではなく，外為取引制限による混乱が生じたのである。兌換の維持には，一体どのような意味があったのだろうか。

III　金本位停止＝放棄下の財政・金融政策

　不況対策としての拡張的な財政・金融政策を行なうには「その前提として金本位制を放棄し管理通貨制に移行することが必要である」[45]との指摘は，しばしばなされてきた。金本位制下では，「財政は本来収支均衡の維持を要求される」[45]し，「中央銀行の信用創造は金準備との関係で狭い限界を画されている」[45]ので，拡張的政策を実施するためには金本位制は廃止されねばならなかった，あるいはそのためにこそ廃止された，との認識は，かなり広範にみられたものである。確かに，イギリスが金本位制を停止したのは，緊縮的政策を回避せねばならないどころか，むしろ拡張的政策が望まれるような状況においてだった。しかし，それではイギリスは，金本位停止以降，拡張的政策を実施したのだろうか。本節では，この点をごく簡略に確認しておくことにしたい。

　まず財政政策についてであるが，図4-4はイギリスの財政収支を示したものである。図から分かるように，イギリスは金本位停止後に赤字財政政策に転換した，ということは言えない。32年が若干大きな赤字を示しているが，これは主として失業保険給付の膨張のためであり，以後は基本的に財政均衡を図っている様子が窺えるだろう。そして，むしろ金本位停止の前に赤字が生じているが，その赤字こそが，既に述べたようにポンド不信を招いた理由の一つだったのである。とすれば，イギリスは，ポンド相場を安定させようとするならば，たとえ金本位制を放棄したとしても財政均衡に努めねばならない筈である。したがって，財政節度が再び諸外国から疑いの眼差しをもって見られないように，イギリスは均衡財政を維持しようとしていたのである。

　次に金融政策についてであるが，この面に関しては，中央銀行の発券状況を確認するだけに留めておきたい。ここで特に発券の問題のみをとりあげるのは，金本位制から管理通貨制への移行に関する説明において，以下に述べるような傾向が従来少なからず見られたからである。すなわち，兌換停止によって「中央銀行は金準備の増減を顧慮することなく貸出を拡大し，銀行券発行を増大させることが可能となる」[46]とか，さらには「兌換停止下では中央銀行はいくら

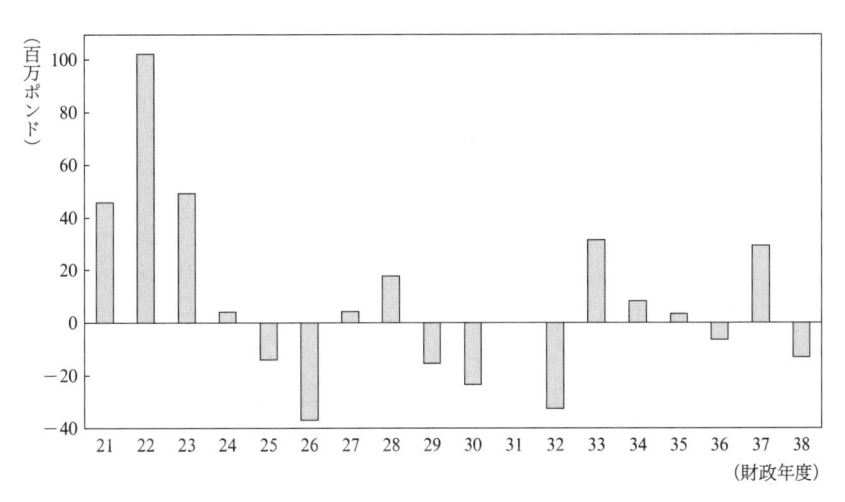

第4章 金本位停止と金本位制の本質 117

図4-4 イギリスの財政収支：1921〜1938（財政年度）
出典）*Statistical Abstract for the United Kingdom*, No. 78 and No. 83.

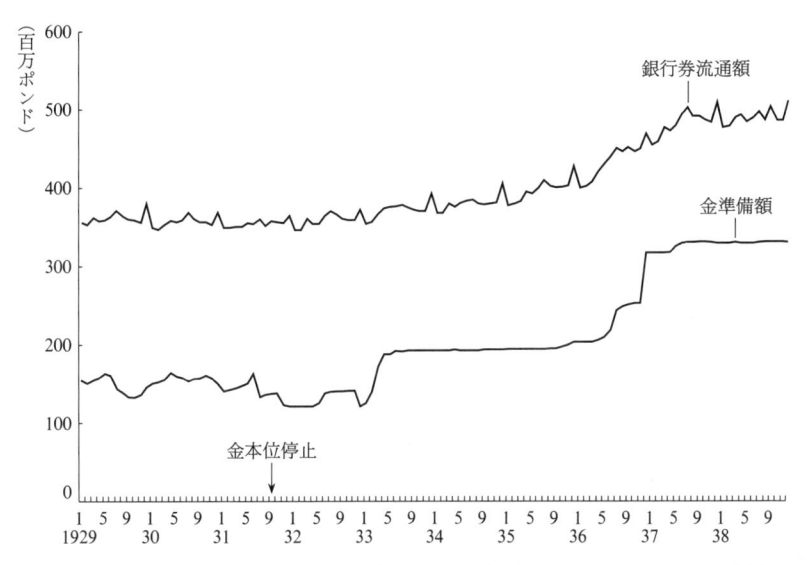

図4-5 イングランド銀行の金準備額と銀行券流通額：1929.1〜1938.12（月次）
出典）*The Economist* 各号より作成。

でも銀行券——不換銀行券——を発行しうる」[47]と指摘されたりしたため，金本位制下では金準備が中央銀行の発券を拘束し拡張的政策が不可能にされていたので，管理通貨制に移行して発券に対する制約を取り払い中央銀行券増発を可能にした，という見解がかなり広く見られたのである。

図4-5は，イングランド銀行の金準備額と銀行券流通額を示しているが，この図から分かるように，金本位停止後になると銀行券が金準備の制約を離れて増加していくということは全く生じていない。また，資料の提示は控えるが，兌換準備率（金準備額／銀行券流通額）も総債務準備率（金準備額／預金額＋銀行券流通額）も，1932年以降38年まではむしろ上昇基調を示している。もちろん，これに関しては論じるべき問題が少なからずあるが，ここでは，金本位制が放棄されてもイングランド銀行券流通額に大きな変化が生じるわけではない，という点の確認だけにしておこう。

いずれにせよ，金本位制を廃止すると中央銀行の発券額が拡大する，あるいは赤字財政政策が始まる，ということは事実の上ではなかった。理論的にもありえないことは，行論において明らかになるだろう。

小括——金本位制とは何だったのか

本章は，1931年ポンド危機の過程および危機への政府・イングランド銀行の対応を明らかにしつつ，金本位停止時に生じた諸々の事態を検出してきた。ここでは，その諸事態のなかから特に注目すべきものを六点取り上げ，それらが，旧来からの金本位制把握に対して根本的疑問を提起するとともに金本位制の本質を示唆している，ということを示していきたい。

第一に注目すべき事態は，ポンド危機に際して，金準備の増強ではなく国際収支の改善が議論され，また外為市場への介入が行なわれていたということである。このことが意味するのは，31年の危機が，継続する金兌換要求への対処を迫られるものではなく，ポンド売りへの対処を要するものだったということである。つまり，問題は，ポンド売りを抑制しうるか否かということだった

のである。したがって、当然にも金準備増強ではなく国際収支改善が課題となるわけであるが、ただちに改善させることができない以上、ポンド売りに対して買支えを続けるしかなかった。実際、借款によってドル・フランを確保し、大規模な為替市場介入が実行されたのである。

ところで、金本位制とは、兌換保証によって通貨の信認を確保し、また兌換を通じて外為相場を金現送点の範囲内に安定させるものと言われてきた筈である。しかし、31年には、兌換を保証されていた筈のポンドが売られ続けた、すなわち信認を失ったのである。また、金本位制の下にありながら、ポンド相場を維持するために大規模な介入が必要になったのである。伝統的金本位制理解に立つなら、31年には真に奇妙な事態が生じたことになろう。しかし、事実に即して考えるならば、兌換は通貨の信認を保証するものではありえず、金本位制は外為相場を安定させるような機能を持っていなかった、ということになるのである。

31年の事態は、兌換保証には通貨信認を維持する力はなく、金本位制には外為相場を安定させる力はないということを明白にした。金本位制を敷いてさえいれば外為相場は安定する、とは言えないのであり、1931年には全く逆に、為替市場介入によってポンド相場を支えることで金本位制が必死に維持されていた、ということなのである。したがって、イギリス金本位制はポンドの兌換を保証することにより維持されていたわけではない、と言わねばならない。そして、介入によってポンド固定相場を維持しえている間は金本位制が維持され、ドルとフランが尽きてポンド固定相場維持が不可能になった時に金本位制が停止されたという事実は、金本位維持の断念とは、実質的には兌換維持の断念ではなく固定相場維持の断念だった、ということを示唆するだろう。金本位停止とは、本質的には、固定相場＝平価の放棄だったのではないだろうか。

第二に注目すべき事態は、ポンド危機に際して、財政赤字問題が議論され、赤字削減が試みられたということである。改めて言うまでもなく、ポンドが売り続けられる大きな要因の一つにイギリス財政への懸念があった。それゆえ、31年の危機に対処するには財政均衡化が必要だったということなのだが、このこともまた、たとえ金本位制を敷いていても、すなわち兌換を保証していて

も，通貨の信認は維持されるわけではない，ということを明白にしている。たとえ兌換通貨であっても，赤字財政による減価が懸念されると，外貨への転換が始まった。ポンドの信認にとっては兌換の有無よりもその購買力の方が重要な要因だった，ということが示唆されているのである。

　第三に注目すべき事態は，ポンド危機に対処すべく緊縮的政策の実施を試みたが，抜本的対策は実行できず，やむなく金本位制を停止せざるをえなかった，ということである。この事態からは，二つのことを確認しておきたい。

　この事態が示すのは，まず，31年には緊縮的政策の実行が困難になっていたという点である。緊縮的政策が実行できなかったのは，端的に言えば，給与や社会保障給付の引下げに対する抵抗が大きかったからであるが，より長い歴史的視点から言えば，金融政策あるいは経済政策がこの時代には以前にはなかった種類の制約を受けるに至っていたからなのである。周知のように，第一次大戦以前においては，国際収支の悪化は基本的には緊縮的政策によって対処された。外為相場維持＝国際収支均衡化のために，金利が引き上げられ，輸入・投資・雇用・所得の圧縮が図られたのである。ところが，この時期のイギリスにおいては，そのような調整が極めて困難になってきていた。国内において労働者の勢力が強まっていただけでなく，国際的には社会主義国が出現するに至ったという政治的・社会的状況は，たとえば失業保険給付を削減しようとするような政策を容易には許容しなくなったのである。それゆえ，緊縮的政策は実現できなかったのである。

　次にこの事態が示しているのは，緊縮的政策が実施できなくなったがゆえに金本位制の存続も困難になった，ということである。金本位制とは，金流出入によって国際均衡と国内均衡を自動的に調整することにより存続してきたのではなく，国際収支悪化に際してデフレ的調整が行なわれるのを許容する政治的・社会的状況と共に生きてきたものであるからこそ，その状況が失われるとともに存続が困難になったのである。金本位制が停止されたのは，まさに，外為相場下落圧力に対して緊縮的政策によって応じることができなくなった時だった。デフレ的調整の回避が求められ始めた時に，金本位制は行き詰まったのである。31年の事態は，それを教えていると思われる。

なお，上述のことに関連して，ここで，イングランド銀行が31年ポンド危機に際して第一次大戦前のような政策を発動しなかった，という点にも触れておこう。実は，金本位停止までの過程におけるイングランド銀行の対応については，当時から批判がなされているのである。たとえば，停止時にたまたま外国にいたニーメイヤー (Otto Ernst Niemeyer)[48]が，イングランド銀行批判の「メモ (Note)」[49]を停止直後に書き残している。そこでも批判されているように，確かに，このときイングランド銀行は，金を流出させて（つまりポンドを買い支えないで）バンク・レートを大幅に引き上げるという，第一次大戦前に行なわれていた伝統的政策を実施しなかったのである。しかし，では，伝統的政策を実行していたとしたら金本位停止に追い込まれるのを免れたのだろうか。本章における考察は，その可能性の検討にはあまり意味がないことを示した筈である。バンク・レート引上げが第一次大戦前ほどの威力を発揮しえたかどうかはここでは論じないとしても[50]，金準備が減少し，大幅にバンク・レートが引き上げられる，ということと同様の効果をもたらそうとした緊縮的諸政策が実行されえなかったのである。すなわち，いわゆるデフレ的調整は激しい抵抗を受けたのである。イングランド銀行の対応が誤っていたという主張は，1931年には資本主義がもはや第一次大戦前とは異なった政治的・社会的状況に置かれているということを忘れた議論であろう[51]。

第四に注目すべき事態は，金本位制の停止が決断された時，金準備は1億3,000万ポンド以上保有されており，実際に停止するにあたり敢えて若干の金を減らすことさえ行なわれた，ということである。この事態についても，二つの点を確認しておこう。

この事態から分かることは，まず，通貨の信認は金準備の量とは関係ないということである。金準備が仮にもっと小額でも，国際収支が堅調であればポンド危機など起こらなかったし，金準備が仮にもっと巨額でも，国際収支や財政収支の赤字が続くようならポンド危機はやはり避けられなかった，ということが示されている。外為相場安定にとっては金準備量や金準備率は本質的問題ではなく，金準備が多量にあれば金本位制は維持できるというものではなかったのである。

この第四の事態に関して銘記すべきもう一点は，金本位制が停止されたのは金準備が枯渇してしまったからではない，ということである。金準備は，敢えて少し減らさないと金本位停止を言い出しにくいというほど減らないまま推移しており，そのような状態の時に兌換が停止されたのである。つまり，兌換が困難になって金本位停止に至ったのではなく，ポンド相場が維持できなくなったから金本位制を停止したのである。ここには，金本位制の存続にとって本質的問題なのは兌換の維持ではなく外為相場の安定（国際収支の均衡）である，ということが明確に示されていると言えよう。金本位制であろうとなかろうと，通貨の信認にとって本質的問題は兌換保証ではなく国際収支均衡なのである。ただし，国際収支を均衡させねばならないという問題は，金本位制下においては，金流出を防止せねばならないという姿をとって，いわば金本位制の問題に見えてしまう。金本位制というヴェールを取り払ってみれば，本質的問題は金準備量や兌換にではなく国際収支にあるということが分かる筈なのであるが，1931年の事態こそは，このヴェールを剝がしているものなのではないだろうか。

　なお，誤解を避けるため——すでに幾度か指摘してきたことではあるが，ここでも念のために——以下の点を述べておきたい。本書は，金本位制をいわばヴェールにすぎなかったものであると指摘したが，金あるいは金準備には意味がないと主張しているわけではない。もちろん，銀行券＝紙券が流通するのは金兌換の保証があるからではない。第3章でみたように，19世紀には，金準備が涸渇した時にもイングランド銀行券は流通しえていた。そして本章でみたように，31年には巨額の金準備を保有していてもポンドは信認を喪失した。さらにまた，銀行券流通額は金準備によって調節されているわけではない。金貨本位制下においてさえ，イングランド銀行券流通額は同行金準備額の変化に従っていなかった。そして本書で確認してきたように，両大戦間期において金本位制に復帰しても，あるいは金本位制を停止しても，それによって銀行券流通額に変化がおきたわけではなかった。要するに，金本位制には伝統的金本位制理解が説くような機能はなかったのである。しかし，金本位制の教科書的機能を否定することは，金の機能を否定することではない。金は，最も普遍的

な購買能力・決済能力を持ち，それゆえ最も普遍的に通用する流通手段・支払手段であり，したがって最も有効な価値保蔵手段（準備資産）である。言うまでもなく，金本位制施行によって初めて金が決済手段になるわけではないから，金本位制が廃止されても金のその機能はなくなるわけではない。

第五に注目すべき事態は，金本位停止後に実際に大きな問題になったのは，兌換停止それ自体ではなく為替管理すなわちポンドの外貨転換規制だった，ということである。もし金本位制下においてはポンドは金とリンクしていたので信認されていたのだとすれば，金リンクがなくなったことは重大な事態だということになりそうだが，停止後に実際に溢れてきたのは，兌換不能への不満ではなく，為替差損を被ることへの苦情と為替管理に関する問合せだった。つまり，固定相場でなくなった（切り下げられた）こと及び外貨転換が自由でなくなったことに伴う問題が噴出したのである。この事態は，金本位停止とは確かに兌換の停止であるとしても，人々にとって実際に問題だったのは相場の変動と外貨転換の制限だった，ということを示すものであろう。ここでは，通貨の信認にとっては兌換保証よりも安定した相場での外貨交換性の方が重要なのだ，ということが示唆されているのである。すなわち，兌換保証があっても売られることもあるが，逆に言えば，安定した相場で自由な外貨交換性があるのなら兌換保証がなくとも信認されうる，ということが示唆されているのである。金本位制による兌換保証は，通貨信認の補強要因ではありうるだろうが，決して本質的要因ではないと思われる。

最後に第六として注目すべき事態は，金本位停止以降においても，赤字財政が展開されたわけではないし，イングランド銀行券発行額が増加したわけでもない，ということである。金本位停止は，財政赤字を許容するものでもないし，発券額への制約を廃するものでもない。停止はそれを示唆している。逆に言えば，金本位制はそれ自体として均衡財政を強いたり発券額を制限したりするものではなかったことを示唆しているのである。金本位制がヴェールだったということは，ここにも現われていると思われる。

さて，金本位停止を巡って以上のような事態が出現していた。これでもなお，通貨の信認は金とのリンクによって支えられていたと言えるのだろうか。金本

位制とは為替相場を金現送点の範囲内に安定させるものであると言えるのだろうか。金本位制は金準備が枯渇し兌換が困難になって停止に追い込まれたと言えるのだろうか。それらは全て「金本位制の神話」に過ぎなかったのではないだろうか。

現実の金本位制においては,「神話」とは異なって,通貨は,大量の金準備を保有して兌換を維持していても信認が失われうるものだった。すなわち,兌換保証ゆえに信認を得ていたのではなかった。したがって,金本位制とは,それ自体で外為相場を安定させうるものではなく,逆に,外為相場の安定したがって国際収支の均衡がなければ存続しえなかったものなのである。つまり,金本位制も,本質的には国際収支に制約されていたのである。ただし,そうだとすれば,つまり金本位制が行き詰まったのは金準備の制約ではなく国際収支の制約によるとすれば,行き詰まりは金本位制を放棄したとしても解決しないことになる。さしあたり金準備喪失の危険が回避されるだけである。金本位制を放棄してもなお残る国際収支の制約を克服せねばならない。それゆえ,金本位放棄後に為替平衡勘定が登場することになるのである。その検討が次章の課題となる。

注
1) Cf. Arndt [1944] chap. 1 (小沢他訳, 第一章).
2) ここに挙げる諸見解については, さしあたり以下を参照。Capie and Wood [1986] pp. 6-7; Capie, Mills and Wood [1986]; 前田淳 [1993] 164-168頁。
3) Committee on Finance and Industry [1931]. 1931年7月13日に発表されたこの『報告書』は, ロンドンの対外短期債務額がイングランド銀行の金・外貨準備を大きく上回っていることを示した。『報告書』におけるイギリスの対外短期債務推計上の問題に関しては, Williams [1963] pp. 527-528; 平岡賢司 [1993] 92-93頁, 参照。

なお,「マクミラン委員会」とは, 第二次マクドナルド内閣(労働党)によって1929年11月に任命された委員会で, マクミラン(H. P. Macmillan)が議長を務めた。正式名称は「金融・産業委員会(Committee on Finance and Industry)」である。J. ブラドベリー(John Bradbury), LSE (London School of Economics) 教授の金融史家グレゴリー(T. E. Gregory), ケインズ(J. M. Keynes), 第一次大戦中に蔵相を務めた, ミッドランド銀行頭取マッケンナ(Reginald McKenna), などが委員に名を連ねる。ブラドベリーの略歴については, 第1章, 注13を参照。

4) この金利引下げには，不況対策と，国債利払い負担を軽減するための低利借換えに向けての条件整備という，二つの意図があったと言われている。Cf. Sayers [1976] Vol. 2, pp. 389-390（西川監訳，下，540-541頁）．

5) この表は，1931年8月22〜27日の日付があるクレイ（Henry Clay）のメモ（note）数種が束ねられた文書の中にあり，31年8月27日頃にクレイが作成したものと思われる。クレイは，マンチェスター大学教授であったが，1930年にイングランド銀行の子会社（subsidiary）である証券管理信託（the Securities Management Trust）の理事となり，その後33年から44年までイングランド銀行で総裁顧問（Adviser to the Governors）を務めた。著書に *Lord Norman*, London, 1957 などがある。クレイの経歴については，以下のものを参照。Sayers [1976] Vol. 1, p. 325 and p. 367（西川監訳，上，453頁および510-511頁），Vol. 2, pp. 388-389 n. 1（西川監訳，下，539頁，注1），Appendixes, p. 364（西川監訳，下，912頁）; Roberts and Kynaston (eds.) [1995] p. 280.

6) Committee on National Expenditure [1931].

7) 1923年12月の総選挙（獲得議席：保守党258，労働党191，自由党159）で過半数を確保できなかった保守党に替わって，労働党が自由党の支持を得て初めての内閣を24年1月に組織した。それが第一次マクドナルド内閣である。同政権は短命に終わり，24年10月の総選挙では保守党が圧勝したが，29年5月の総選挙で労働党が僅差ながらも初めて第一党になった（労働党287，保守党260，自由党59）。これによって生まれたのが，第二次マクドナルド内閣である。

　ちなみに，金本位停止後の31年10月の総選挙では，議席は挙国派519（保守党471，自由党挙国派35，労働党挙国派13），労働党52，自由党33，その他11となり，第三次マクドナルド内閣が成立する。

8) 1931年9月18日に開催されたイングランド銀行・外国為替委員会（Committee on Foreign Exchange）の「会議報告（Report of the Meeting）」に，次のことが記されている。「業務局長（Chief Casher）から，先物の約束すべてを考慮に入れると，フランスからの借款については約1,700万ポンド残っているものの，アメリカからの借款はほとんど使い尽くされた，ということが述べられた」(BoE Archive: C 43/98, Foreign Exchange Committee, Sept. to Dec. 1931—Committee on Foreign Exchange: Report of the Meeting held on the 18th September 1931, 16-a)．

9) この「声明」は，PRO: T 163/68/18 (G3788) に収録されている。

10) PRO: T 163/68/18 (G3788), Press Notice, p. 1.

11) Cf. PRO: T 163/68/18 (G3788), Gold Standard (Amendment) Bill, 1931.

12) PRO: T 160/1007/F12600/1, Control of Exchange Operations; Orders under Section 1 (3) of Gold Standard (Amendment) Act, 1931.

13) Cf. BoE Archive: C 1/79, Daily Accounts 1931—Rates of Discount, Exchanges, Miscellaneous Prices, &c..

14) Cf. BoE Archive : C 43/99, Foreign Exchange Committee, From JAN. 1932 To NOV. 1932.
15) Cf. Sayers［1976］Vol. 2, p. 429 n. 2（西川監訳，下，595-596頁，注17）．なお，返済過程の詳しい状況については，米倉茂［2000］第1章・第2章，参照．
16) Cf. PRO : CAB 27/462, Committee on the Financial Situation, 1931 ; Sayers［1976］Vol. 2, p. 403 n. 1（西川監訳，558頁，注28）．
17) 経済諮問会議はマクドナルド内閣によって設置された．1930年2月から32年1月までの議事録によれば，会合はマクドナルド首相を議長として首相官邸において行なわれており，第一回は1930年2月17日である．30年には計10回，31年には計3回，開催されている（経済諮問会議は32年以降も存続する）．委員の一人はケインズだった．また，経済諮問会議は，30年7月24日に開催された第七回の会合において，同会議の下に経済学者委員会（Committee of Economists）を設けている．この委員会の議長はケインズが務めることになるが，彼は，ピグー（A. C. Pigou），ロビンズ（L. Robbins）などを委員として招聘した．Cf. PRO : CAB 58/2, Economic Advisory Council, Minutes, 17 February 1930-15 January 1932. なお，経済学者委員会については，岩本武和［1999］190頁，注18も参照．
18) 経済情報委員会は，経済諮問会議に対する月例報告の準備を指揮することが任務の一つになっていた．議長はスタンプ（Josiah Stamp）で，委員にコール（G. D. H. Cole），ケインズなどが入っていた．Cf. PRO : CAB 58/18, Economic Advisory Council, Committee on Economic Information.
19) Cf. ibid.
20) Cf. BoE Archive : EID 4/102, Monetary Policy, Theory, General.
21) Sayers［1976］Vol. 2, p. 390（西川監訳，下，541頁）．
22) ホプキンス（1880～1955）は，1902年に公務員になり，まず内国歳入庁（Inland Revenue）に勤務して，22年にはその長官（Chairman of the Board of Inland Revenue）になっている．27年に大蔵省に転任してからは，31年当時に理財局長，32～42年に事務次官補（Second Secretary），42～45年に事務次官（Permanent Secretary），をそれぞれ務め，45年に退職した．以上は，イギリス公文書館（PRO）に備えられている「Class List」の『T165-185』の中にある「T 175」すなわち「Sir Richard Hopkins Papers」に関する説明文，および Peden［1988］p. 56（西沢訳，80頁）による．
23) Cf. PRO : T 175/51, Crisis 1931, Drafts, Copies, etc.
24) PRO : CAB 58/18, Economic Advisory Council, Committee on Economic Information —No. 31.
25) Cf. PRO : T 175/51, Crisis 1931, Drafts, Copies, etc.
26) Cf. PRO : T 171/288, Budget, September 1931, Proposed Savings in Expenditure. なお，このファイルはPROの「Class List」ではBudget, 1931 (September); miscellaneous

memoranda と記されている。

27) Cf. PRO: T 171/294, Finance (No. 2) Act 1931 ; House of Commons Debates.
28) Cf. PRO: T 171/288, op. cit., Cabinet Committee on the Report of the Committee on National Expenditure. Forecast of the Budget Position in 1931 and 1932.
29) Sayers [1976] Vol. 2, p. 404（西川監訳，下，560頁）．なお，PRO: CAB 27/462, Committee on the Financial Situation, 1931 ; 前田直哉 [2002] 46-47頁，注22も参照。
30) シープマン（1889〜1963）は，1912〜19年大蔵省，23〜24年インド政府にそれぞれ勤務した後，24〜26年にハンガリー中央銀行（National Bank of Hungary）顧問（Adviser）を務め，イングランド銀行では，1926〜45年に総裁顧問（Adviser to the Governors），45〜54年に理事，49〜54年に常務理事会（Committee of Treasury）委員をそれぞれ務めた。Cf. Sayers [1976] Vol. 1, p. 163 n. 1（西川監訳，上，227頁，注16）; Roberts and Kynaston (eds.) [1995] p. 273 and p. 279.
31) Cf. BoE Archive: G 1/459, —Going off the Gold Standard（この文書が収められているファイル自体にはタイトルがない。イングランド銀行文書室の分類リスト〔bound list〕では Gold, Gold Standard とされている）．
32) カターンズは，1929〜34年に業務局長，34〜36年に専務理事（Executive Director），36〜45年に副総裁，45〜48年に理事をそれぞれ務めた。Cf. Roberts and Kynaston (eds.) [1995] p. 250, 272 and 283.
33) Cf. BoE Archive: C 43/98, Foreign Exchange Committee, Sept. to Dec. 1931—Memorandum for the Deputy Governor.
34) この時期のイングランド銀行と政府の関係は，第一次大戦前におけるそれとは相当異なっている。金融政策が持つ政治的・社会的意義が極めて大きくなってきたことの反映であろう。この点については，さしあたり，金井雄一 [1998a] を参照。
35) ハーヴェイは，1918〜25年に業務局長，25〜28年に監督役（Comptroller of the Bank），28〜29年に理事，29〜36年に副総裁をそれぞれ務め，36年に68歳で退職している。Cf. Roberts and Kynaston (eds.) [1995] p. 250, 272, 279 and 282. なお，「監督役」というポストについて，またハーヴェイの副総裁抜擢については，次を参照。Sayers [1976] Vol. 2, pp. 619-620 and 650-651（西川監訳，850頁および894-895頁）．

　　1931年当時のイングランド銀行総裁は，20年から44年まで異例の長期にわたり在任したノーマン（Montagu Collet Norman）であるが，彼は31年7月末から病気療養中で（8月5日に一度出勤），9月28日まで勤務に戻ることができなかった。したがって，31年の危機における最も重要な時期にイングランド銀行を実際に指揮したのは，ハーヴェイ副総裁であった。
36) Cf. BoE Archive: G 14/316, Financial Policy; Crisis of 1931, Including Suspension of the Gold Standard.
37) Cf. BoE Archive: G 1/457, Financial Crisis 1931 and French and American Credits to

British Government from 1931. 8/8 to 1932. 2/4.
38) 金融情勢委員会については，PRO: CAB 27/462, Committee on the Financial Situation, 1931 参照。証券取引所委員会室の通知ならびに大蔵省の文書については，PRO: T 163/68/18 (G3788), Gold Standard (Amendment) Bill, 1931 参照。
39) Cf. PRO: T 163/68/18 (G3788), Gold Standard (Amendment) Bill, 1931.
40) Cf. PRO: CAB 27/462, Committee on the Financial Situation, 1931—Proceedings.
41) BoE Archive: G 14/316, Financial Policy; Crisis of 1931, Including Suspension of the Gold Standard—Extracts from the Minutes of the Committee of Treasury. なお，次のものも参照。Sayers [1976] Vol. 2, p. 406 (西川監訳，下，562頁)。
42) Cf. PRO: T 160/402/F12600/01, Control of Exchange Operations; Communications with Colonies.
43) 以上については，PRO: T 160/1007/F12600/1, Control of Exchange Operations; Orders under Section 1 (3) of Gold Standard (Amendment) Act, 1931 参照。
44) ここに挙げた為替管理に関する問合せやそれへの対応については，以下のものを参照。PRO: T 160/1007/F12600/1, Control of Exchange Operations; Orders under Section 1 (3) of Gold Standard (Amendment) Act, 1931; PRO: T 160/1007/F12600/2, Control of Exchange Operations; Orders under Section 1 (3) of Gold Standard (Amendment) Act, 1931; PRO: T 160/403/F12600/08, Control of Exchange Operations; Orders under Section 1 (3) of Gold Standard (Amendment) Act, 1931.
45) 大内力 [1991] 267-268頁。
46) 伊藤武・森啓子 [1978] 179頁。
47) 三宅義夫 [1968] 58頁。
48) ニーメイヤー (1883～1971) は 1906年から27年まで大蔵省に勤務した。22年から在任した理財局長 (Controller of Finance) を最後に公務員を辞した後，イングランド銀行に入り，27～38年に総裁顧問 (Adviser to the Governors), 38～52年に理事 (Director), をそれぞれ務めた。以上は，イギリス公文書館 (PRO) に備えられている「Class List」の『T 165-185』の中にある「T 176」すなわち「Niemeyer Papers」に関する説明文と，以下のものによる。Moggridge [1972] p. 279; Peden [1988] p. 57 (西沢訳，81頁); Roberts and Kynaston [1995] p. 273 and 279.
49) BoE Archive: G 14/316, Financial Policy; Crisis of 1931, Including Suspension of the Gold Standard—Note written by Niemeyer 1931. 9. 21. なお，このニーメイヤーによる批判については，次のものを参照。Sayers [1976] Vol. 2, pp. 406-407 (西川監訳，下，563頁)。
50) 「1931年の夏にはバンク・レートを高くしてもイギリスの基本的諸問題の解決に寄与しなかっただろうということは，イングランド銀行の内部ではよく認識されていた。……イギリス人が……10％のバンク・レートは全世界から金を引き出すことができると

自慢できた時代は，終わっていた」(Brown [1940] Vol. II, p. 1024)。ロンドンの国際金融センターとしての地位低下が，バンク・レート引上げによる外資吸引力を弱体化させていたということは，明白であろう。

51) イングランド銀行は，31年夏においてだけでなく，そもそも再建金本位制期においては，ポンド危機に際して伝統的政策を発動することはほとんどなかった。この点については，前田直哉 [2002] 37-42頁，参照。

第5章　為替平衡勘定の創設と内外均衡の遮断

はじめに

　第一次大戦前のイギリスにおいては，国際収支悪化＝外為相場下落によってイングランド銀行の金準備が減少するとバンク・レートが引き上げられた。大雑把に言えば，それによって市場金利が上昇し，海外から資金が流入するとともに，国内では投資・雇用が圧縮され，それに伴う所得低下・輸入減少・物価下落などにより貿易収支が改善される，という調整が進行したのである。しかし，前章で確認したように，両大戦間期においては，そのようなデフレ的調整によって国際収支悪化に対応することは次第に困難になってきていた。ロンドンの国際金融センターとしての地位が低下したことによってバンク・レート引上げの短資吸引力が弱体化してきたという問題もあったが，そもそも，失業増加や貨幣所得低下を招くような政策の実施が，第一次大戦後の国内外における政治的社会的情勢においては非常に難しくなっていたのである。そして，そのことをはっきりと示したのが1931年の事件だった。従来のような対応によって国際収支改善を試みることはもはや困難であるということを明白にしたのが，金本位制の停止だったのである。

　もっとも，では金本位停止によって問題は解決するのかと言えば，決してそうではない。従来，金本位停止は，兌換制の行き詰まりによる不換制＝管理通貨制への移行と捉えられがちであった。そしてそのような把握の基礎には，兌換停止によって「中央銀行は兌換制下で行ないうる範囲をこえて対政府取引きあるいは対市中銀行取引きを拡大することができる」[1]ようになる，という認識があった。つまり，金本位停止を，国内経済政策についての自由度を高めようとしたもの，すなわち困難の源は金準備の制約だったのでそれを除去するこ

とによって問題を解決しようとしたもの，と捉えていたのである。しかし，実際には，金本位制を停止しただけでは問題は解決しないと言わねばならない。もう一つの問題が残っているのである。

　確かに，金本位制を停止すれば金準備の喪失はさしあたり回避できる。だが，外為相場は下落にまかせればよいのだろうか。もしそれは許されないとするならば，たとえ金本位制を停止しても，やはり国際収支の均衡を無視することはできないことになる。それゆえ，不換制になれば国内経済政策を自由にとれるということはないのである。国際収支が国内経済政策に課す制約は，不換制下においても存在するのであり，金本位停止＝放棄だけで問題は解決しない。

　もちろん，そのことは近年ある程度指摘されるようになってきた。イギリスの金本位停止を「金準備からの解放を意図する管理通貨制度の登場」[2]と捉えるような，伝統的見解ばかりではなくなっているのである。たとえば，イギリスが金本位停止に追い込まれたのは「国際収支構造の脆弱性と国際的関係に起因する短期資金の流出」[3]によってである，という指摘がしばしばなされるようになった。また，旧来の見解は金本位停止後には拡張的政策が実施されることを事実上前提にしていた（そのためにこそ兌換停止が必要だったと考えていた）のに対して，金本位放棄後にはむしろ財政均衡が図られていたという事実も確認されるようになってきた。ただし，そのような近年の見解においても，やはりなお，問題は不換制への移行だけでは解決しないという点を問おうとする意識は，十分ではないと思われるのである。

　本書がここで提起しようとするのは，金本位停止によって国内政策の自由度が増すという見解においてはもとより，上述した近年の諸見解においても，金本位停止後に登場する為替平衡勘定（Exchange Equalisation Account, 以下EEAと記す）の歴史的意義が捉えられていない，ということである。EEAの歴史的意義は，金本位制を取り除いただけでは問題の解決にはならないという点が注目されることで，初めて浮き彫りにされると思われる。EEAについては既に優れた研究が数多く蓄積されているが[4]，本書のような視点からの検討はいまだ十分ではないと言えよう。この第5章では，「純粋に一時的な措置」[5]だったEEAが結果的には定着してしまうという事態に潜む歴史的意味を，敢えて

言えばEEA恒久化の必然性を,明確にしてみたいと思う。その考察はまた,金本位制とは何だったのかをその停止後の事態から照らし出すものとなるだろう。以下,EEAの創設経緯（第Ⅰ節），目的と仕組み（第Ⅱ節），運用実態（第Ⅲ節）を確認し，最後にEEAが担った歴史的意義を検討する（小括）。

Ⅰ　為替平衡勘定創設の経緯

　1931年9月21日の「金本位（修正）法」成立によって,ポンドは変動相場制に入った。もちろんイングランド銀行による外為市場への介入は続けられたのであるが,ポンド相場は旧平価4.86ドルから急激に低下して,9月23日には3.98ドルになり,12月9日には3.28ドルになった。しかし,その後上昇し始め,32年1月20日には3.45ドルになり,金本位停止時に6％に引き上げられていたバンク・レートが2月18日に5％,3月10日に4％,3月17日に3.5％へと立て続けに引き下げられたにもかかわらず,ロンドンへの資金流入は止まらなかった。3月22日にはポンド相場は3.64ドルになった（以上については,図5-1参照）。

　イギリスにおいては,この現象は,金本位停止前にアメリカ・フランスから受けた借款の迅速な返済や均衡予算の実現によって生じてきた信頼感,またポンドは既に十分に下落して他通貨より安全になっているという一般的印象,等々がもたらしているものと捉えられた。しかし同時に,イギリス自身ならびにインド・オーストラリアなど自国通貨をポンドにリンクしている諸国の貿易にとって望ましくないことである,とも考えられていた[6]。つまりポンド相場の上昇は,イギリスやインドなどの貿易収支回復を妨げるとみなされたのである。したがって,流入する資金をポンド相場の上昇なしに吸収する必要が意識され始めたのであるが,それは,それまでの外為市場介入＝為替操作の限界についての議論を引き起こすことになった。

　イングランド銀行において1932年3月4日に作成されたある「覚書」は,「為替市場における最近の出来事は,今まで使われてきた方法によってスター

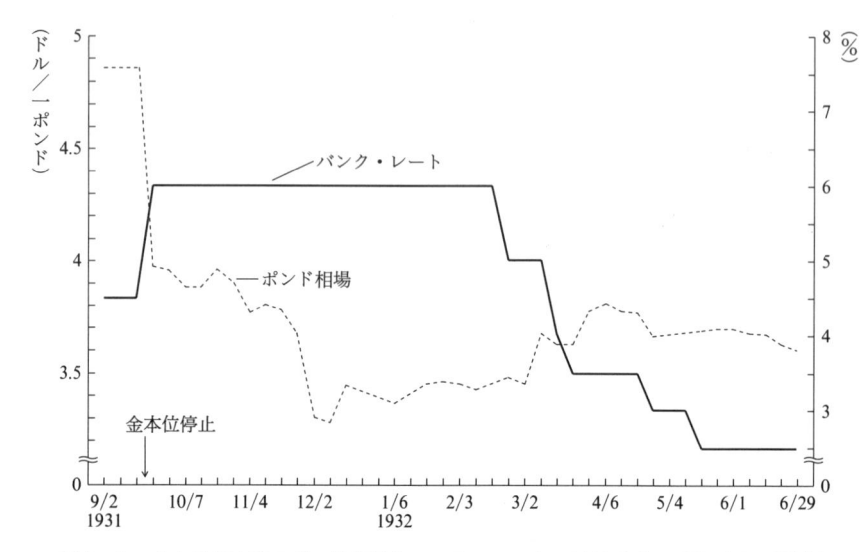

図 5-1　金本位停止後のポンド相場とバンク・レート：1931. 9. 2～1932. 6. 29（週次）
出典）ポンド相場＝BoE Archive: C 1/79, 1931 Account Book, "Rates of Discount, Exchanges, Miscellaneous Prices, &c."; *The Economist*. バンク・レート＝Sayers [1976] Appendixes, App. 36.

リング為替を調整することの難しさを再びあらわにした」[7]と述べ，同行の操作力は使用しうる資金規模の点で限界があること，操作のための部局を設立する必要があること，等々を論じている。そして，イングランド銀行の業務局長（Chief Cashier）カターンズ（Basil. G. Catterns）[8]による 32 年 3 月 15 日付の「覚書」は，ポンド相場安定に必要な「クッション」の規模やその保管場所などについて検討が始まっていることを示している[9]。イングランド銀行は，3 月中旬頃に，後に EEA となっていくものを計画し始めたのである。当然ながら，その作業は大蔵省とともに進められていく。たとえば，EEA に関わる法案の草案が大蔵省からイングランド銀行へ送付されて意見が求められるなど，両者の間では EEA を巡って諸々の問題が議論されている[10]。

　EEA の創設は歳入法案に含めて提案されることになり，その内容は，1932 年 4 月 19 日の庶民院・財源委員会における蔵相の財政演説，いわゆる予算演説において公表された[11]。その演説においてチェンバレン（Neville Chamberlain）蔵相は，EEA 創設が必要になった事情を大略以下のように説明している。

MISCELLANEOUS PRICES, &c.

EXCHANGES ON LONDON.										PRICE OF SILVER.	Price of Consols.
PARIS.	BERLIN.	AMSTERDAM.	MILAN.	MADRID.	NEW YORK.	BUENOS AYRES.	RIO DE JANEIRO.	INDIA (BOMBAY.)	MARKET DISCOUNT RATES.		
T. T. Francs.	T. T. Marks.	T. T. Florins.	T. T. Lira.	T. T. Pesetas.	T.T. Dollars.	Pence.	Pence.	Pence.	3 Months' Treasury Bills.	Bars per Oz. Standard.	
124.11	20.51	12.08	92.93 1/2	51.12 1/2	4.86 9/16	35 3/4	3 21/32	1/5 13/16	1 7/8	13 3/8	60 11/16
123.17 1/2	22.50	12.03	92.93 1/2	50.95	4.83 1/4	34 1/4	3 9/16	1/5 13/16	2 1/4	13 1/4	59 3/8
123.37 1/2	20.50	12.04 1/2	92.71	52.65	4.84 1/16	34 1/4	3 7/16	1/5 13/16	2 3/8	13	59 13/16
123.90	20.50	12.04 9/16	92.80	53.75	4.85 11/16	33 5/16	3 15/32	1/5 25/32	3 7/16	12 15/16	58
123.62 1/2	20.57 1/2	12.03 1/2	92.82	54.82 1/2	4.85 1/8	31 7/8	3 1/4	1/5 25/32	4 1/4	13 1/8	57 7/8
123.92 1/2	20.58 3/4	12.05	92.86	55.80	4.85 25/32	32 1/8	3 1/16	1/5 3/4	4 3/16-1/4	12 5/8	57 1/2
123.92	20.58 3/4	12.04 5/8	92.86 1/2	55.45	4.85 13/16	31 3/4	3 1/16	1/5 3/4	4 3/32-1/8	12 11/16	57 5/8
123.97	20.51 1/4	12.05	92.91	54.60	4.86 3/16	31 3/8	3 1/8	1/5 3/4	4 3/16	12 15/16	58 1/8
123.95	20.52 1/2	12.05 13/16	92.94	54.	4.86 5/32	31 1/2	3 1/32	1/5 3/4	4 1/8	12 13/16	56 3/4 xD
123.91 1/2	20.72 1/2	12.05 1/4	92.91	54.15	4.85 15/16	31 3/8	3 1/16	1/5 3/4	4 1/8-3/16	13	56 1/2
123.97 1/4	20.04 3/8	12.04 3/8	92.91	53.97 1/2	4.86	30	3	1/5 25/32	4 1/4	13	57 5/8

図 5 - 2　イングランド銀行の帳簿（Daily Account）

出典）BoE Archive : C1/79.

注）この頁には各地のポンド相場が記されている。

最近，激しく動き回る流動的資金が大量になり，それが外為市場に撹乱的作用を及ぼしている。そして，その流動的資金は，イギリスが借款返済や財政均衡化に成功したことによってロンドンに強力に流入しつつあり，そのために貿易に重大な困難がもたらされている。ただし，貿易収支はまだ本当には改善されていないので，いつ資金流出が再び始まるか分からない。もしポンド相場の危険な変動を避け，またイギリスを主要な国際金融センターとして有効に機能させるべきならば，突然の資金引上げに対処し，資金の投機的動きを抑制しうるように，我々は十分な「金および外為準備」を保有せねばならない[12]。

こうして，「為替平衡勘定と呼ばれる新しい勘定」[13]の創設計画が公表されたのであるが，ポンド相場の変動に対処する方法が「新しい勘定」の創設という形態をとることに落ち着いたのは，以下の事情によると言われている。従来，為替操作はイングランド銀行によって行なわれてきたが，そのポンド資産の規

模は流入資金を吸収するには不十分であった。もちろん,規模を大きくするためには保証準備発行額の拡大という手段もあるが,それはインフレ容認と見なされ易いので避けるべきだと考えられた。また,イングランド銀行は週報の公表を義務付けられていたので,同行による介入は投機家に察知されやすく,そのことによって一層の投機が助長される恐れがあった。さらに,イングランド銀行に為替操作から生じうる損失を負わせることも問題であった。他方,大蔵省がもっていた為替勘定はかなり小規模なものであった。そして——規模は必要なら拡大されえたかもしれないが——,政府自体の勘定が為替操作に直接巻き込まれてしまうのは問題であると思われていたのである[14]。

ともあれ,EEAは1932年7月1日に開設されることになった。イングランド銀行が同行週報の「その他の証券」項目に隠匿した外為準備を用いて行なっていた操作は,より大きな資金規模をもつ独自の勘定に引き継がれることになったのである。

II 為替平衡勘定の目的と仕組み

EEAがどのような目的をもつものであったのかは,その創設経緯が既にある程度示していた。すなわちEEAは,直接には,ポンド相場上昇に対応するため為替操作を従来より大規模に行ないうる体制を整えようとして設けられたのであった。ただし,EEAの歴史的意義を解明しようとする場合,特定の時期(1931年3月)にたまたま生じた事態(資金流入=ポンド高)を意識した直接的目的(ポンド高抑制および流入資金再流出への備え)を指摘するだけでは,不十分である。したがって,ここでは,制定法に依りつつ改めてEEAの目的を確認し,また制定法から窺えるその仕組みを明らかにし,さらにそこから現われてくる,創設経緯においても制定法においても明示的にはなっていない,EEAのもう一つの機能を析出してゆきたい。

EEAの創設を定めたのは,「1932年歳入法(Finance Act 1932)」の第4部(Part IV)である[15]。それに依りつつ,まずEEAの目的について確認すると,

同法における規定は「スターリングの為替価値における過度の変動を抑制すること」(第24条 (3)) となっている。なお，EEA が必要になった理由については法文では何も述べられていないが，同法が法案として審議中であった時点に大蔵省で作成されたと思われる「条項に関するメモ (Notes on Clauses)」[16] には，その点への言及がある。条項毎にその条項に関する一種の解説が付された文書であるその「メモ」は，EEA の必要性について前節で触れた蔵相の予算演説と同趣旨のことを指摘しているが，特に，激しく移動する資金による外為市場への影響が貿易のための正常な外為取引からの影響に勝っていると指摘し，不安定な外為相場が通常の商業取引を「ギャンブル」にする傾向があると述べている。そして，そのうえで同「メモ」は，EEA には二つの主要な目的があり，その第一は過度の相場変動の抑制，第二が「通貨の強化」であるとし，第25条 (2)〜(6) は第二の目的に関わる条項であるという解説を提示するのである[17]。ここで言われている第二の目的は，イングランド銀行発券部と EEA との関係を巡ることなので，後に触れることになるだろう。

次に，EEA の管理主体についてみると，EEA の創設をうたっている第24条 (1) が，この勘定は「大蔵省の管理下」におかれると規定している。ただし，実際の業務は，「大蔵省の代理人としてのイングランド銀行」[18] によって行なわれるとされた。EEA は，「イングランド銀行・大蔵省間の密接かつ不断の協力」[18] によって運営されるものと考えられていたのである。

EEA の資金源については，まず1億5,000万ポンドが統合国庫 (Consolidated Fund) から支出されること，すなわち同額の大蔵省証券 (Treasury Bill, 以下 TB と記す)[19] が EEA のために発行されること，また大蔵省の為替勘定の全資産が EEA に移管されること，が定められている (第24条 (4))。この規定によって，EEA は，約1億7,000万ポンドの資金規模で開設されることになったのである (表5-1参照)。第一次大戦期から使われていた大蔵省の為替勘定は，この時に閉じられている。

EEA の規模が1億7,000万ポンドになったのはいろいろな事情によるが，この数字が前年の金本位停止時の流出額を意識したものであることは間違いない。たとえば，第Ⅰ節で触れたイングランド銀行業務局長カターンズの「覚

表5-1　為替平衡勘定の開設時における資金規模

		£	s.(シリング)	d.(ペンス)
大蔵省為替勘定資産	(Exchange Account Assets)	20,552,040.	11.	1.
総合国庫TB発行	(Issue from Consolidated Fund)	150,000,000.	0.	0.
総　　額	(Total Capital)	170,552,040.	11.	1.

出典) PRO: T 160/565/F13039/1, Exchange Equalisation Account.

書」は,「金本位の防衛において昨9月に使用された総額」[20]を2億ポンドと見積もっている。また,上述の「条項に関するメモ」も,「昨秋の数週間において概略2億ポンドの額がロンドンから引き出された」[21]と述べている。なお,EEAの資金規模は33年と37年にそれぞれ2億ポンドずつ拡大されるが[22],それは簡単に言えば次のような事情のためである。EEAは,外国からの資金流入が続きポンド資金を使い果してしまうと,イングランド銀行発券部に金を売ってポンド資金を入手したのであるが,発券部の金購入能力が限界に達した時には,EEAの資金規模を拡大するしかなくなるのである[23]。

「1932年歳入法」第4部の諸規定の中でまだ触れられていない重要点は,EEAとイングランド銀行発券部との関係の整理に関するものである。実は,この時期には,勘定の処理上,技術的に厄介な問題が生じていた。まず,発券部の金は金本位停止後も旧平価で評価されていたので,同部が時価で金を購入すると評価損が発生することになった。また,イングランド銀行が負っていた対外債務に関しても,ポンド相場下落に伴って損失が発生していた。したがって,たとえば31年8月にニューヨーク連銀とフランス銀行から受けた借款の返済においてイングランド銀行が被った損失の処理を巡っても,同行や大蔵省で,また両者の間で,さらにニューヨークとも,帳簿上の細かい問題も含めてかなりの検討が行なわれねばならなかったのである[24]。そして,そのような事情があったので,「EEAからイングランド銀行発券部に対して800万ポンドを超えない額が支払われる」(第25条(1))というような規定が必要になったのである[25]。この点に関してはこれ以上立ち入ることは控えるが[26],ともかくEEAの開設にあたり,それまでの損失を処理し,また今後の損益の発生に備えるために,EEA開設前の期間も含む「1931年9月21日以降」の為替相場

変動によってイングランド銀行発券部に生じた，また今後生じるであろう損益は，全てEEAが吸収する，ということが定められたのである（第25条（5））。

なお，「1932年歳入法」第4部には，決して忘れられてはならない条項がもう一つ残っている。すなわちEEAは，大蔵省がそのように判断した場合にはただちに，あるいは「議会庶民院がもはや必要ではないと決議した日から6カ月以内に」（第24条（2）），閉鎖される，という規定である。これは，先に紹介した「条項に関するメモ」によれば，「EEAの創設は純粋に一時的な措置である，ということをはっきりさせる」[27)]ための条項である。EEAは，少なくとも立法を推進した当局者の意識としては，「一時的な措置」だったのである。そのことを，ここで銘記しておきたい。

さて，「1932年歳入法」第4部の規定は概ね以上のとおりである。つまり，法文それ自体には，EEAの目的としては（「通貨の強化」を措くとすれば）外為相場変動の平準化が挙げられているだけである。ところが，EEAは，TBを為替操作の資金源とするものであることによって，外為相場変動の平準化とは別のもう一つの機能をもちうるものになるのである。それを確認するため，次にEEAによる為替操作の方法を整理しておきたい。

図5-3は，EEAの操作方法を簡略に示したものである。まず外国から資金が流入した場合には，外為市場での外為売り＝ポンド買いによってポンド相場に上昇圧力がかかるが，このときEEAは，外為買い＝ポンド売りによって相場上昇を抑制する。また，EEAのポンド売りによって金融市場で生じるポンド資金増加に対しては，TB売りによってポンド吸上げを図るのである。こうして，EEAにおいては外為増加・TB減少がもたらされ，流入資金は市中におけるTB増加に置き換えられることになる。逆に資金が外国へ流出する場合には，外為市場でのポンド売り＝外為買いによってポンド相場に下落圧力がかかるが，その場合にはEEAは，ポンド買い＝外為売りによって相場下落を抑制する。また，ポンド売りのためのポンド引出しによって金融市場で先行的に生じているポンド資金減少に対しては，TB買いによってポンドを供給するのである。こうして，EEAにおいては外為減少・TB増加がもたらされ，流出資金は市中におけるTB減少に置き換えられることになる。

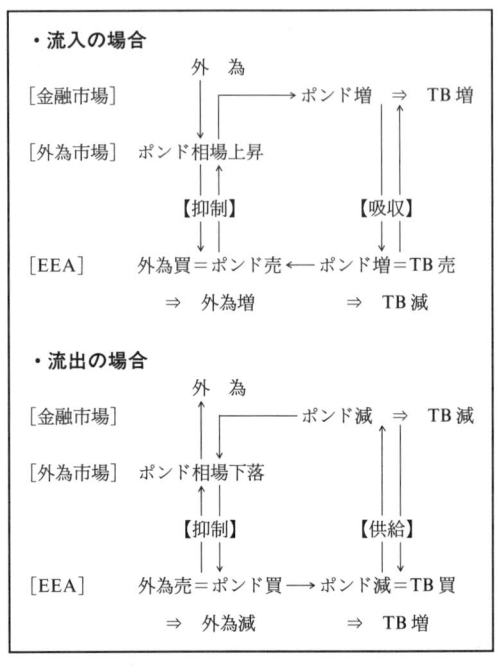

```
・流入の場合
                   外 為
[金融市場]           ↓    → ポンド増 ⇒ TB増
[外為市場]  ポンド相場上昇         ↑
              ↓ ↑        ↓ ↑
             【抑制】       【吸収】
              ↓           ↓
[EEA]      外為買=ポンド売 ← ポンド増=TB売
            ⇒ 外為増      ⇒ TB減

・流出の場合
                   外 為
[金融市場]           ↑    → ポンド減 ⇒ TB減
[外為市場]  ポンド相場下落         ↑
              ↓ ↑        ↓ ↑
             【抑制】       【供給】
              ↓           ↓
[EEA]      外為売=ポンド買 → ポンド減=TB買
            ⇒ 外為減      ⇒ TB増
```

図5-3　為替平衡勘定の操作方法

ただし、ここで以下の3点を補足しておかねばならない。第一に、上述の説明はEEAによる操作を分かり易く示すための便宜的なものであり、実際の操作＝売買取引は、必ずしも常に上述のような順序で進むわけではない[28]。第二に、説明において「ポンド吸上げ」あるいは「ポンドを供給」と言っているのも、あくまで便宜的な表現を用いているだけのことである。このポンド資金増減の最も普通の形態は市中銀行のイングランド銀行預け金の増減であるから、吸上げといっても文字どおりそれだけのポンド現金が吸い上げられるわけではないし、供給といってもそれだけのポンド現金が出ていくわけではない。つまり、上述の説明を貨幣数量説的に誤解してはならない。決して貨幣論次元で理解せず、信用論次元で理解すべきである。たとえば100万ポンドのTBがEEAによって市中銀行から購入されたら、100万ポンドの現金が市中銀行に供給されるのではなく、イングランド銀行預け金がEEAから市中銀行へ100万ポンド移る、ということである。第三に、同じく上述の説明では「TB」・「ポンド」以外は単に「外為」としか表現されていないが、EEAは金・ドル為替・フラン為替などを扱う。表5-2は、開設約2カ月後のEEAの資産構成を示している。

以上から分かるように、EEAは、外為相場変動を平準化する機能だけでなく、その仕組み上、たとえ外国からの資金流出入があっても国内信用状態に変

第5章　為替平衡勘定の創設と内外均衡の遮断　141

表 5-2　為替平衡勘定の資産構成：1932. 9. 6

	調達コスト £	時　価 £
金	31,954,000	33,164,000
ド　ル	9,864,000	10,345,000
フラン	11,889,000	11,919,000
国際決済銀行拠出金	1,516,000	1,581,000
Ｔ　Ｂ	95,989,000	95,989,000
現　金	11,288,000	11,288,000
	162,500,000	164,286,000

出典）PRO：T 160/565/F13039/1, Exchange Equalisation Account.

化を生じさせない機能，すなわち金融市場への影響を相殺する機能も持ちえたのである。この相殺機能については，少なくとも法律上は，EEA の目的として明示的に述べられてはいない。しかし，EEA が相殺機能を果たすという見方は，EEA が作られた時には「広く抱かれていた」[29]と言われている。

さて，イギリスは，金本位停止後においてもデフレ的調整を試みはしたが，それを貫徹してゆくことはやはり困難であった。大蔵省も「現在の賃金水準で雇用を増大させること」[30]を望んでいた。しかし，外為相場の下落は放置できない。外為相場の下落は，対外債務のポンド建て金額を膨張させ，アメリカ・フランスからの借款の返済を苦しくする。また，ポンド安の進行は，在ロンドン外国資金を更に一層流出させるからである。かといって，ポンド相場維持のために高金利政策をとるということも難しい。なにせ，不況時である。そして，イギリスは不況という全般的情勢とは別に，国債借換という課題も抱えていた。財政均衡化のためには国債利払いの負担を軽減する必要があり，戦時公債の低利借換を成功させねばならなかったのである[31]。要するに，ポンド相場は維持したいが高金利は避けねばならない，という状況だった。したがって，国内政策を国際収支の制約から解放するという道を追求するしかなかったのである。重ねて言えば，国際均衡は達成せねばならないし，国内におけるデフレ政策は困難であるとなれば，内外均衡を遮断するしかなかった。そして，EEA が登場したのは，まさにそういう時だったのである。

既に確認したように，EEA 創設の直接的契機は，32 年 3 月のポンド相場上

昇であり，EEA は「純粋に一時的な措置」と説明されていた。同時代人の認識は確かにそうであったかもしれない。しかし，その仕組みは，単にポンド相場の「過度の変動を抑制する」だけでなく，外為市場においてポンド相場を意図する水準に誘導・維持することを可能にするかもしれないものである。また，金融市場において信用状態を資金の対外流出入に直接影響されないようにすること，さらには信用を意図する方向に拡張・収縮させることを可能にするかもしれないものである。EEA は，そのように自覚されていたか否かはともかく，資本主義が国内政策の自由度を高めるために国際的影響の遮断を必要とし始めた時代に，資本主義のその要求に沿いうる可能性を秘めて登場した機構だったのである[32]。

　もっとも，EEA 自体にはそのような可能性が秘められていたとしても，法律に明示された目的を超えて，実際にその可能性を実現させるように運用されたのか否かは別問題である。また，仮に政策当局の運用が遮断を追求するものであったとしても，現に遮断できたか否かは別問題である。そこで次に，運用の実態をみることにしたい。

III　為替操作の実態

　図 5-4 は，EEA による日々の操作の一端を示したものであるが，多い場合には 1 日で 200 万ポンドを超える「外為および金」保有額の変動が生じている。EEA は相当な規模の介入を行なっていたのである。もちろん，個々の為替操作の意味を理解するには，その時々の外為市場や金融市場の具体的状況を踏まえねばならない。しかし，本書は，各時期において外為市場に影響を及ぼす国内外の経済情勢を確認しながら，それに対する EEA の対応やその効果を解明する，というレベルの分析には立ち入らない[33]。本書では，EEA 開設以降の全般的状況を確認して，それに基づいて EEA の歴史的意義を考えてみることに力点をおきたい。

　図 5-5 はイギリスの国際収支を示しているが，この図から分かるように，

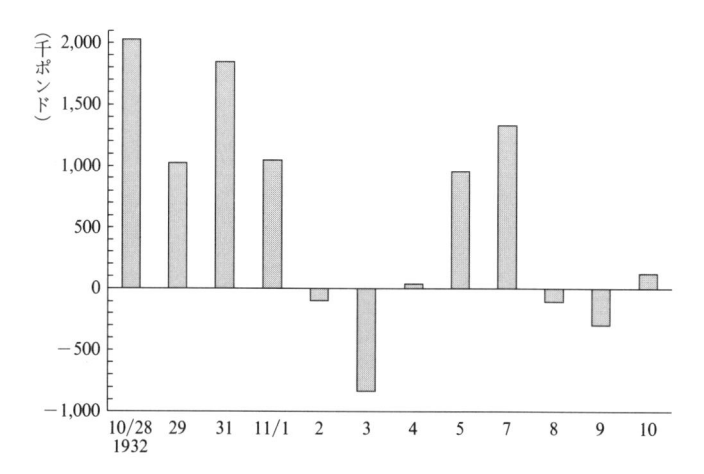

図 5-4　為替平衡勘定の「外国為替および金」保有額の増減：1932.
　　　　10. 28〜11. 10（日次）
出典）BoE Archive: C 43/97, Banker's Exchange Committee, "Market Review".

　1932年以降も経常収支は基本的に赤字基調である。しかし，図5-6が示すように，ポンド相場は継続的に下落するわけでもなく，33年春からはむしろ上昇していく。しかも，同じく図5-6が示しているように，バンク・レートはEEA開設前日（32年6月30日）に2％に下げられて以降不変であり，市場利率も低水準が続いている[34]。このような低金利状態にもかかわらず，ポンド相場は下落しなかったのである。他方，EEA開設以降のイギリス経済は，図5-7から分かるように，工業生産の上昇と失業率の低下がみられ，物価は上昇傾向を示していた。

　EEAによる操作の効果を確定することは容易ではないが，経常収支赤字・物価上昇・低金利にありながらポンド相場は維持されているという以上のような状況を，EEAを全く無視して説明することは困難だろうと思われる。言い方を換えれば，経常収支赤字・物価上昇の下で，ポンド相場を下落させることなく低金利を維持し，生産を上昇させて失業率を低下させた経済運営を，EEAの存在抜きに実現することは難しいだろう。

　したがって，ここでは以下のように考えておきたい。まず外為市場における操作についてであるが，各時期の実際のポンド相場水準が政策当局の意図した

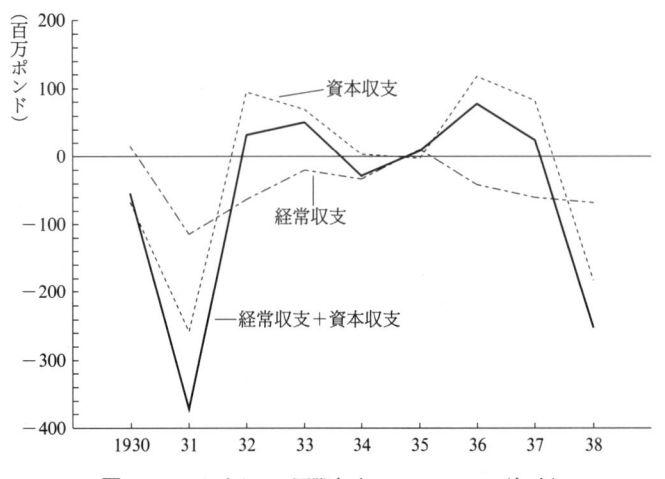

図 5-5　イギリスの国際収支：1930〜1938（年次）
出典）Sayers [1976] Appendixes, App. 32.

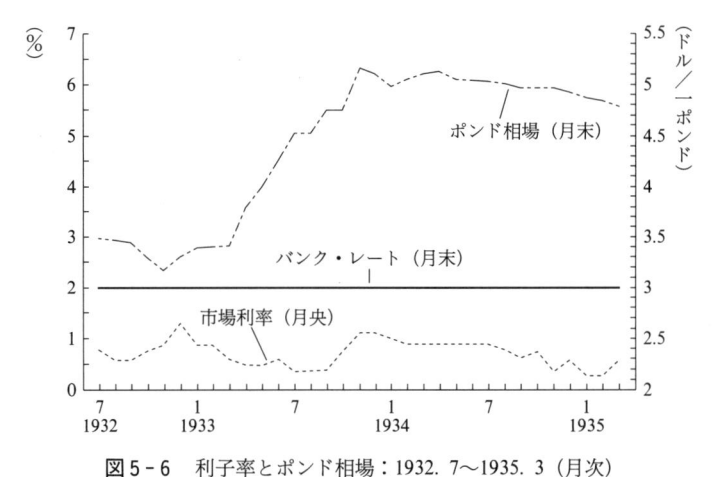

図 5-6　利子率とポンド相場：1932. 7〜1935. 3（月次）
出典）ポンド相場＝PRO：T 160/565/F13039/1. バンク・レート＝Sayers [1976] Appendixes, App. 36. 市場利率＝Capie and Collins [1983] p. 104.

ものなのか否かは，一概には判断できない。しかし，少なくとも結果的には，低金利を継続しうるようにポンド相場が維持されていたのである。つまり，不況からの回復が課題であった時に，ポンド相場悪化のために利上げに追い込ま

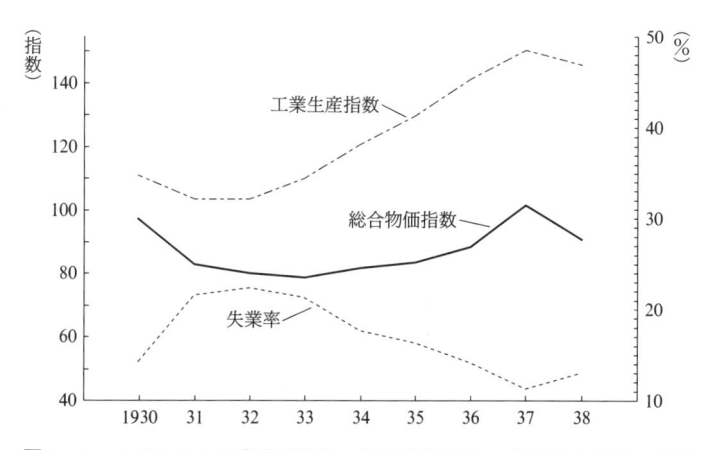

図5-7 イギリスの工業生産指数・総合物価指数・失業率：1930〜1938（年次）

出典）工業生産指数＝原田聖二［1995］43頁。総合物価指数＝Mitchell［1962］p. 475. 失業率＝*Ibid*., p. 67.

れるという事態を回避しえたことは，確かである。ポンド相場安定が実現したことについては，EEAのみでなくスターリング・ブロックの貢献も考慮すべきではあるが[35]，長期間にわたる利上げ回避は，EEAの機能が単なる相場変動平準化を超えるものだったのではないか，ということを示唆するものであろう。

次に，対外資金流出入の，国内信用に対する影響の相殺という面についてはどうであろうか。図5-8は，対外資金流出入の額とEEAの「外国為替および金」保有額の増減を対比したものである。EEA保有額増減は，原資料においてはドル・フラン・マルク（Reichmark）・金に分けて記録されているが，煩瑣を避けて図には保有総額しか示さなかった。したがって，たとえばドルは売られフランは買われているというような通貨別の複雑な操作は図から消えてしまっているが，いずれにしても，対外資金流出入額が相殺されていると言い難いのは確認できるだろう。もちろん，この図からはそれ以上何も断定できないが，ただし，EEA開設以降は低金利が継続したという事実が，対外資金流出が起きた際に国内信用逼迫が生じなかったことを示唆している。また，既にみたように，1932年以降イギリスは工業生産を上昇させ失業率を低下させている。

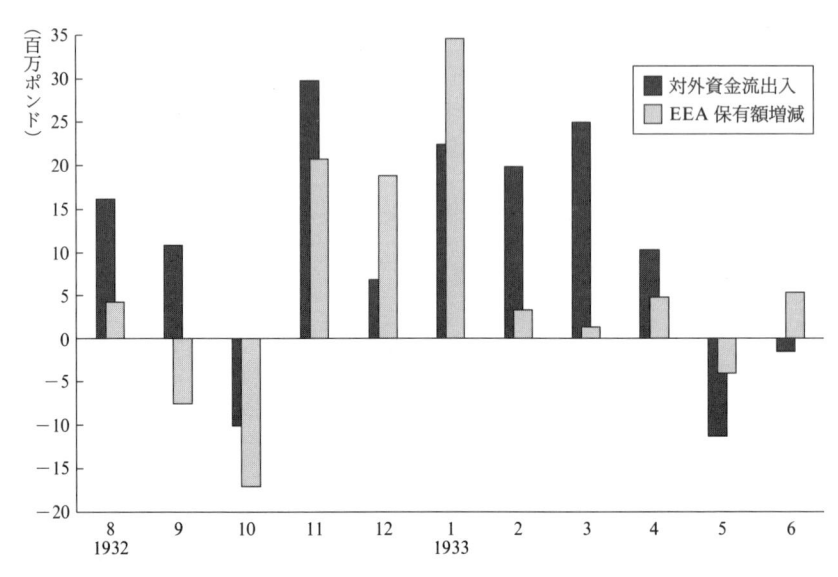

図5-8　対外資金流出入と為替平衡勘定の「外国為替および金」保有額の増減：1932.8
　　　～1933.6（月次）

出典）対外資金流出入＝BoE Archive : C 43/76, 1933～1934 Foreign Exchange (Foreign Exchange Control 1933 Jan.-1934 Dec.), 48c. EEA 保有額増減＝PRO : T 160/565/F13039/1.

　それらを考え合わせると，EEA を，単なる資金流出入の相殺に留まらず「結果的に国内信用拡張の促進要因となった」[36]と評価しても大きな誤りはないと思われる。

　外為市場における平準化操作が文字通り「過度の」変動を緩和するだけならば，国際収支の国内経済に対する影響を緩和することにしかならないが，平準化に留まらず目標水準への誘導・維持を行なうならば，影響を遮断し，国内経済政策の自由度を高めることになる。また，金融市場における対外資金流出入の国内信用に対する影響の相殺は，それ自体がすでに遮断であり，国際収支が国内経済政策に課す制約の除去たりうるが，さらにそのうえ流入を吸収しきらず，流出以上に供給するならば，信用拡張を可能にする（その意味で，国内政策の自由度を一層高める）。1932年以降のイギリス経済の実態は，EEA が，少なくとも結果的には，一定の遮断機能を果たしたことを示しているのではないだろうか。

小　括

　イギリス資本主義は，両大戦間期には，国際収支悪化に対して従来のように緊縮的政策によって対応することができなくなりつつあった。賃金低下や失業増加をもたらすような調整は避けねばならず，しかし国際均衡は達成せねばならない，という状況に直面したのである。そして，この困難を克服する道として模索されたのは，国内経済に対する国際的影響を遮断し，国内政策の自由度を高めることであった。資本主義は，政治的社会的要因も含めての構造変化によって，内外均衡遮断を追求せざるをえなくなったのである。遮断の第一歩は金本位停止＝放棄であった。しかし，それだけでは遮断は実現しない。依然として国際収支の制約が残る。そこで登場したのが EEA だったのである。

　金本位停止後に登場する EEA は，法律上はポンド相場変動の平準化を目的とするものだった。しかも，一時的な措置と考えられているものだった。しかし，その為替操作は，可能性としては単なる平準化を超える機能をもちえた。また，EEA は，TB を資金源とするその仕組み上，対外資金流出入の国内信用への影響を相殺する機能も同時にもちうるものであった。そして，その機能もまた，可能性としては単なる相殺以上のことができるものだった。要するに，EEA は，外為市場と金融市場において，国際収支の制約の除去すなわち内外均衡遮断を達成する可能性をもつものだったのである。

　実際に EEA がどのように機能したのかについては議論の余地は残るが，少なくともイギリス経済が示した結果から見る限り，その機能は単なる平準化や単なる相殺には留まっていなかったと思われる。現われた実態のどの程度までが EEA の貢献によるものかを確定するのは極めて難しいが，不況からの回復が求められていた 1932 年以降，経常収支赤字のもとでもポンド相場は下落せず，しかし低金利が長期にわたり継続し，生産は上昇し，失業率は低下したのである。

　さて，EEA は，確かに「純粋に一時的な措置」として創設されたものだった。しかし，その機構は，たとえ同時代人にはそのように認識されていなかっ

たとしても，この段階の資本主義にとって不可欠のものだったのである。EEA は，内外均衡遮断の仕組みを作らない限り金本位制を放棄しても国内政策の自由度は高まらないという確固とした認識に基づいて構想されたというよりは，まずもって短期的な状況へ対応しようとして浮上したものであった。しかし，それは，いわば期せずして，その段階の資本主義の要求に応えるものだったのである。つまり，EEA は，国際収支の制約に囚われないで国内政策を実施しうる機構を資本主義が求めねばならなくなった時，その求めに応えうる側面をもっていた。それ故にこそ，「純粋に一時的な措置」として開設されたにもかかわらず，立法当局者の意図を超えて，恒久化するのである。あるいはむしろ，恒久化せざるをえなかったのである。

そして，このように考えてくると，EEA が恒久化せねばならなかったという事態は，金本位停止後の世界から金本位制とは何だったのかを照らし出すものであることが分かる。EEA の恒久化は，金本位制を放棄しただけでは問題は解決しなかったということを示すことによって，金本位制の制約とは実は国際収支の制約だったのであり，金準備による制約はヴェールに過ぎなかったのだ，ということを物語っているのである。

EEA は，同時代人の認識とは別に，資本主義が抱えるに至った新たな課題を担うという歴史的意義をもっていた。EEA の創設とその恒久化には，資本主義が内外均衡遮断を必要とする資本主義へと変化したことが映し出されているのである。もっとも，EEA は，遮断という目的を完全に達成しえたわけではない。そもそも，国際収支にせよ外為相場にせよ，それを一国で完全に調整しようとしても無理である。それゆえ，遮断を必要とするに至った資本主義は，遮断追求と同時に，外為相場あるいは資金流出入の国際的な調整を課題とするのである。次章ではその点も考察することになるだろう。

注
1）三宅義夫［1968］57 頁。
2）真藤素一［1976］87 頁。
3）吉沢法生［1990］55 頁。森恒夫［1988］も参照。

4) さしあたり，以下のものを挙げておく。Hall [1935]; Waight [1939]; Nevin [1955]; Howson [1980]; 米倉茂 [1982]; 米倉 [1991]; 米倉 [2000]; 菅原陽心 [1982]。
5) PRO: T 171/297, Finance Bill 1932 Vol. 1. Resolutions & Notes on Clauses, "Finance Bill, 1932. Notes on Clauses". この文書の性格については本章第Ⅱ節で説明する。
6) Cf. ibid. なお，1931年8月にアメリカ・フランスから受けた借款は，第一次（中央銀行間）分5,000万ポンドについては31年11月に2,000万ポンド，32年1月に3,000万ポンド，第二次（政府間）分8,000万ポンドについては32年3月に5,000万ポンド，32年9月に3,000万ポンド，それぞれ返済されている。
7) BoE Archive: C 43/99, 1932. 1/1～1932. 11/25 Foreign Exchange (Foreign Exchange Committee. From Jan. 1932 To Nov. 1932), 66a.
8) カターンズ（1886～1969）は，イングランド銀行において1929～34年に業務局長，34～36年に理事，36～45年に副総裁，45～48年に理事をそれぞれ歴任した。Cf. Hennessy [1992] p. 37n.
9) Cf. BoE Archive: C 43/99, op. cit., 74.
10) 大蔵省とイングランド銀行がEEAの創設過程で頻繁に協議していた様子は，BoE Archive: C 43/22, 1932. 3/18～1933. 1/7 Exchange Equalisation Account; C 43/99, op. cit., 76 などから窺える。
11) 「財源委員会」・「財政演説」・「予算演説」等については，第2章注27，参照。
12) *The Parliamentary Debates,* 5th Series, Vol. 264, House of Commons, 6th volume of session 1931-32, 1425.
13) Cf. ibid., 1426.
14) Cf. Anon. [1968] p. 378. なお，1932年3月頃における大蔵省の為替勘定の規模については，PRO: T160/409/F1454, Exchange Account. Sterling Balance 参照。
15) 「1932年歳入法」の第4部は，Sayers [1976] Appendixes, pp. 270-272 に収録されている。
16) PRO: T 171/297, op. cit. なお，「T 171」とは，Chancellor of the Exchequer's Office: Budget and Finance Bill Papers が収められている分類である。
17) 審議中に生じる変更のために，たとえ同一内容の条項であっても，各段階の法案において付されている番号と制定法における番号とは一致しないことがある。上記の「メモ」に付されている条項番号も制定法におけるそれとは異なるので，条項番号については便宜上，制定法の番号に合わせて叙述してある。
18) PRO: T 171/297, op. cit.
19) 大蔵省証券については次のものを参照。Anon. [1968] p. 379 n. 1.
20) BoE Archive: C 43/99, op. cit., 74.
21) PRO: T 171/297, op. cit.

22) Cf. Anon. [1968] p. 381. ただし，セイヤーズは，1936 年にも 6,000 万ポンドの増枠が行なわれたとしている。Cf. Sayers [1976] Vol. 2, p. 488 （西川監訳，下，672 頁）。
23) Cf. Anon. [1968] pp. 380-381.
24) Cf. PRO：T 160/444/F12899, Currency Crisis 1931, Repayment of Foreign Credits (America and France)；T 160/444/F12901, Currency Crisis 1931, Bank of England Foreign Credits.
25) イングランド銀行は，借款の返済に関して同行が被った損失を対米分・対仏分合計で約 1,060 万ポンドと算定している。Cf. PRO：T 160/444/F12899, op. cit., （1932 年 2 月 19 日付のイングランド銀行ルフォー〔Leslie Lefeaux〕から大蔵省ウォーターフィールド〔A. P. Waterfield〕宛の手紙）；T 160/444/F12901, op. cit., No. 45 （1932 年 7 月 6 日付の監査役の署名文書）。
26) この点については，米倉茂［1991］参照。
27) PRO：T 171/297, op. cit. なお，この「条項に関するメモ」が書かれている段階の法案においては，当該条項の後半部は，「議会庶民院が決議した日から 6 カ月以内に」ではなく，「1931 年金本位（修正）法の第 1 条（1）（それは，決められた価格で金地金を売るイングランド銀行の義務を一時停止している）が失効した日から 6 カ月以内に」となっている。この変更の理由は確認できないが，31 年の金本位停止後も一般的には金本位再復帰が想定されていたことは間違いない。たとえば，1931 年 12 月 8 日付の大蔵省の文書「為替ポジションに関する討議のための議題」によれば，「政府の政策はどうあるべきか」の項の中で金本位復帰が議論されている。Cf. PRO：T 175/56, General Financial Policy, 1931-1932.
28) EEA が行なう操作に関する詳細な説明は，米倉茂［2000］66-68 頁，参照。米倉は，「完全な相殺が生じるわけでない」（67 頁）事情を具体的に説明している。
29) Anon., op. cit., p. 386.
30) Peden [1988] p. 24 （西沢訳，29 頁）。
31) 戦時公債の低利借換については，米倉茂［2000］第 4 章 I，参照。また，菅原陽心［1982］347-348 頁も参照。
32) 第 3 章で検討したように，「1928 年カレンシー・ノートおよび銀行券法」にも保証準備発行額を増加・減少しうるという規定が入った。したがって，「1928 年法」は運用次第では内外均衡遮断を追求するための制度になりえたかもしれないが，実際問題としては，操作の規模（変更額の大きさ）の問題は問わないとしても，保証準備発行額を状況に応じて機動的かつ頻繁に変更することは難しいだろう。
33) 米倉茂［2000］がこの時期の為替操作を詳細に解明している。
34) ちなみに，バンク・レートは，第二次大戦直前の 39 年 8 月 24 日に 4％に引き上げられるまで，7 年以上にわたり不変である。
35) ポンド相場安定に対するスターリング・ブロックの効果については，米倉茂［1985］

を参照。本書では，スターリング・ブロックについては第6章で若干触れる。
36) 菅原陽心 [1982] 386 頁。

第6章　金本位放棄後の国際通貨ポンドと為替管理の導入

はじめに

　前章で見たように，イギリスは金本位停止の翌年に為替平衡勘定（EEA）を設置し，国際的影響の遮断を図りつつ国内経済を運営しようとしたのであるが，では，ポンドの国際通貨としての機能は金本位制を停止＝放棄したことによってどうなったのであろうか。

　かつては，一国の通貨が国際通貨として機能する根拠としては，金とのリンクすなわち兌換性の有無が最重要視され，また金準備量の多寡あるいは金準備率の高低が問題にされる傾向が強かった[1]。もちろん，近年においては「世界貨幣金」と国際通貨範疇とを明確に区別し，国際通貨を新たな視角から捉えようとする様々なアプローチが登場しているのであるが[2]，しかし戦間期におけるポンドについては，なお曖昧な捉え方が残っていると言わねばならない。つまり，ポンドは，兌換保証によって絶大の信頼を得ていた第一次大戦以前のような状態に戻るべく金本位制に復帰したが，それは短期間しか維持できず，結局金本位停止に追い込まれて衰退していった，というような漠然とした把握が払拭されていないのである。金本位放棄後のポンドに限定して言えば，金とのリンクが切れたゆえに国際通貨としての位置から転落していったとして片付けてしまう把握が，すなわち金本位制に関する旧来からの理解に囚われた把握が，依然として根強いと思われる。

　したがって，本章では，まず第I節において，ポンドが金本位放棄後においても国際通貨としての機能を果たしていたことを確認する。それによって，通貨の信認にとって大きな意味を持っていたのは兌換保証ではなく国際収支の堅調＝外為相場の安定であったということを，改めて示すためである。次いで第

II節では，1930年代において試みられた外為相場の国際的調整とその破綻を一瞥する。外為相場を一国的に調整することには当然ながら限界があるため，30年代においては諸々の国際的な調整が試みられた。周知のように，それらは結局失敗に終わってゆくのであるが，その試みの中から金本位制の再把握にとって意味ある論点を摘出したいと思う。さらに第III節では，「1939年カレンシー・ノートおよび銀行券法」による金の時価評価への移行に触れたうえで，第二次大戦の勃発によりポンドがついに恒常的な為替管理に入り，その為替管理体制のもとで「ポンド残高」が累積する事態を整理する。そこでは，金準備と発券の関係はどのように捉えられるべきかについて最後の確認がなされるとともに，為替管理がポンドに与えた影響が明らかにされるだろう。そして第IV節においては，30年代が辿り着いてしまった悲惨な結末への反省に立って第二次大戦後の国際通貨体制を再建しようとする構想のうち，特に「ケインズ案」に注目し，その意義を検討する。それを通じて，資本主義の停滞と成長にとって国内通貨制度・国際通貨制度が果たす役割を考察し，金本位制の制約とは何だったのかを再度明らかにしたいと考えるからである。最後に小括において，国際通貨としてのポンドが衰退してゆく過程を簡略に展望することによって，金本位放棄後の事態から金本位制の本質を浮き彫りにする考察をまとめてみることにする。

I　スターリング・ブロックの機能と国際通貨ポンド

イギリスが1931年9月に金本位制を停止した時，同様に金本位制から離脱し，自国通貨をポンドにリンクして，外貨準備の全部あるいは大部分をポンド建て預金としてロンドンに保有する国々が現われた。こうしてスターリング・ブロック (Sterling Bloc) が出現したのである[3]。また，32年7月には，イギリス・カナダ・オーストラリア・ニュージーランド・南アフリカ連邦・インド等々の諸国による「帝国経済会議」が開催され，その成果の一つであるオタワ協定によって帝国特恵体制も成立した[4]。

第6章　金本位放棄後の国際通貨ポンドと為替管理の導入　155

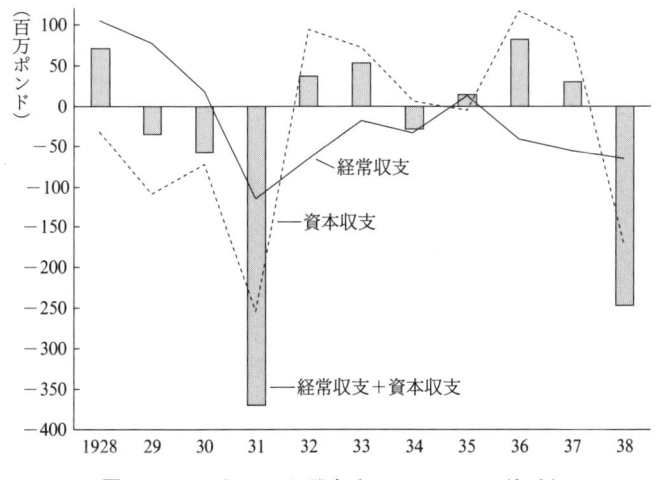

図6-1　イギリスの国際収支：1928〜1938（年次）
出典）Sayers [1976] Appendixes, App. 32 より作成。

　スターリング・ブロックも帝国特恵体制も，それ自体は直接にはイギリスの貿易収支改善をもたらすものになりえなかったが，これらの枠組みのなかでポンドの安定はおおむね達成されていった。自国通貨がポンドにリンクしているため，域外に対してはポンド切下げ効果を享受することができたスターリング・ブロック諸国は，域外への輸出を増やし，域外から外貨を獲得する能力を回復させた。それがポンド安定に貢献したのである。つまり，スターリング諸国が獲得した外貨はロンドンにおいてポンドに転換されるためポンド買いを増加させる要因となり，図6-1が示すようにイギリス自身の経常収支が改善されなくとも，ポンド相場は安定することになったのである[5]。

　もっとも，スターリング・ブロックのもつポンド安定効果を享受し続けるためには，ブロック諸国が，獲得した外貨を常にロンドンでポンドに転換し，そこに形成したいわゆるロンドン残高を国際通貨として用いる，という行動を続けていくようにせねばならない。したがって，イギリスにとっては，ロンドンを決済ならびに資金の調達・運用において便利で制約のない国際金融市場として維持してゆくことが不可欠になるのである。イギリスが，経常収支赤字を抱えながらも為替管理を避けるのはそのためである。第4章で述べたように，イ

ギリスは金本位停止の際に一時的に外国為替取引を規制する「大蔵省令」を出すが，同令は翌 1932 年 3 月 3 日には撤廃されている。スターリング・ブロックは決して閉鎖的な通貨圏ではなかったのである。すなわち，イギリスは金本位放棄後も，基本的には域内・域外を問わずポンドの交換性を維持していたのである。

　金本位制が維持されていたか否かという制度論的観点に囚われてしまうことなく，ポンドの国際通貨機能を，イギリスの国際収支がどのように調整されていたのか，そしてポンドが国際的な決済や資金移動にどの程度用いられていたのか，という面から捉えるならば，金本位放棄後にもポンドが国際通貨機能を一定程度維持していたことはごく自然に浮かび上がってくることである。もちろん，そこには脆弱性が潜んでいる。しかし，その脆弱性は金とのリンクが切れたことによるのではない。それはあくまで，イギリス国際収支が同国自身の経常収支の堅調さによるのでなくスターリング・ブロックの機能に支えられている，という点に基づくものである。そして，国際流動性の安定的供給という視点から捉えるならば，ポンドについては，再建金本位制期よりもむしろ金本位放棄以降の方が制約は少なかったと言えるのである。そのことを実証的に示した研究を以下に掲げておこう。

　「1925〜1931 年の金本位制期のイギリスは，自国の対外短期ポジションの悪化とアメリカの国際通貨国化によって，資本収支調整能力が弱化し，金融引き締め政策を継続的に発動しなければならなかった。そのため，イギリスは内外均衡の矛盾の無い同時達成が困難となり，国際流動性供給に制約を受け続けたのである。その供給制約がまたイギリスの国際決済機能の低下につながったのである。……1932 年以降には，……イギリスは，自国の経済回復，アメリカの経済危機，スターリング地域〔本書の言うスターリング・ブロック——引用者〕の形成とその拡大によって，短期資本・金が持続的に流入したことで，国際収支赤字ファイナンスが容易となり，金融引き締め政策から金融緩和政策への転換が図れた上に，それを維持しえた。そのため，内外均衡の矛盾の無い同時達成を一先ず果たすことができ，国際流動性供給に対する制約が緩和されたのである。その供給制約の緩和がまたイギリスの国際決済機能の回復につながっ

た」[6]。

　神話に囚われず，実態だけを素直に見るならば，兌換制期よりも不換制期においての方がよく国際流動性を供給できたということは，明らかである。重ねて言うが，兌換ポンドよりも不換ポンドの方が国際通貨機能をよく果たしえたのである。これでも金本位制の神話は生き続けるのだろうか。

　金本位停止前後の各種文書では，「停止 (suspension)」は，「離脱 (coming off, departure, going off)」・「放棄 (abandonment)」など様々に表現されているが，停止後に再び金本位制に復帰することはいわば暗黙の前提だった。第4章で触れたように，金本位停止法案のタイトルにおいては，「停止」という語さえ憚られて「修正」に替えられた。しかし，そのような雰囲気は次第に変わっていき，31年9月の出来事は，とりあえずは「停止」だったとしても，結局「放棄」に帰着していく。

　雰囲気の変化は，たとえば金本位停止以降に書かれた大蔵省のある文書が示している。そこには以下のような趣旨の叙述が残されているのである。アメリカとフランスは金本位制に留まると言っているが，彼らもまた財政赤字・産業不況などに苦しんでいるにもかかわらず，その困難が信用緩和 (relaxation of credit) のための国際協定によって取り除かれるという見方を受け入れる気になっていないらしい。我々は，「金にリンクされていない安定した通貨」を実現することは可能だということを，世界に示さねばならない[7]。

　また，金本位停止後の経験を経た大蔵省には，大略次のようなことを指摘する文書も現われるようになる。「スターリング本位 (sterling standard)」はうまく機能している。金に拘る人々はポンド相場の下落しか見ていないが，現在のポンドは，1925～31年の金リンクポンドよりも多くの小麦を買えるようになっているのである[8]。

　いずれにしても，金本位放棄以降のポンドにとって中心的問題であったのは，外為相場の安定であって，兌換の回復ではなかったのである。ポンド相場の安定が達成されるなら金本位停止のままでもよく，逆に，仮に金本位復帰が実現したとしてもポンド相場が不安定ならば復帰それ自体には何の意味もない，という認識が広がりつつあったと言えよう。

II 外国為替相場の国際的調整の試みとその破綻

 外為相場の安定,したがってまた国際収支の安定が必要であるとは言っても,その調整は所詮一国のみで完全にできるものではない。当然,国際的な調整が必要になるのである。そして,実際,金本位放棄後にはそれが模索されていくことになる。

 「1927年の中央銀行間協力」[9]の例があるように,各国中央銀行が外為相場安定のために協力し合う試みは既に1931年以前にも見られることであるが,イングランド銀行は金本位放棄以降,しばしば他の中央銀行との協力を試みている。たとえば33年には,オランダ銀行 (the Netherlands Bank) との間で秘密協定を結んでギルダーを使った介入操作を可能にしているし,37年にも,フランスの要請を受けてフラン下落操作を行なった[10]。また,イングランド銀行幹部の発言からも,30年代には同行が多数の中央銀行との間に非公式な接触を保つようになっていたことが窺える[11]。

 31年以降における外為相場の国際的調整の例としては,36年の「三国通貨協定 (Tripartite Monetary Agreement)」も忘れてはならないだろう。36年夏のフラン危機とそれに伴う為替切下げ競争の再燃が懸念される情勢に直面して,同年9月25日に,イギリス・アメリカ・フランスの三カ国政府が同時に声明を発表したのである。その中心的内容は,フランの切下げを認めること,貿易数量割当ならびに為替管理の緩和・撤廃に努めること,外為相場安定を試みること,などであった。そして,この声明発表後にフラン切下げが実施された。また,10月にもう一つの声明が発表され,外為相場安定のための市場介入を行ない易くするため,三カ国政府はお互いに他の国が介入の結果保有することになった自国通貨を金と交換する,という取決めがなされたことも公表された。もっとも,ドル・ポンド・フラン三者間の相場を安定させようとしたこの「協定」は,目的を達成するための具体的方策が不十分であったし,また39年に第二次大戦が勃発したため短期間しか存続しえなかった。したがって,その実効性を高く評価することはできないだろう[12]。

さて，1930年代の世界においては外為相場の国際的調整が試みられていた。外為相場安定のための一国的な努力の限界を克服しようとする試みは，既に第二次大戦以前から生じていたのである。しかし，中央銀行間協力といっても，恒常的な協調介入体制が構築されたわけではなく，所詮散発的な協力が行なわれただけであった。三国通貨協定にしても同様である。結局，外為相場の国際的調整は第二次大戦後の課題となるのであり，その問題はIMF設立を巡る議論の中に送り込まれていくことになるのである。

なお，そのように言うとき，ここで次の点を指摘しておかねばならない。第二次大戦以前の試みは，外為相場の調整とはいっても，基本的には一時的な危機からの救済や相場の安定化（固定相場化）をめざしたものにすぎなかった，という点である。つまり，恒常的な不均衡が生じた場合にそれをどのように解決するのかという問題に関しては，いまだ十分には検討されていなかった。そして，不均衡是正のための為替相場の調整（変更）という問題が未解決であったからこそ，1930年代の国際的調整は成果をあげえないまま戦争を迎え，その課題が第二次大戦後の国際通貨体制再建に関する議論において中心的問題の一つになっていったのである。主要資本主義諸国が緊縮的政策を回避せねばならなくなり，デフレ的調整の回避どころかむしろ拡張的政策を展開せざるをえなくなるとすると，当然そのペースが一律に揃うことはありえず，外為相場の変動あるいは国際収支の不均衡を引き起こさざるをえない。したがって，それを調整するメカニズムが不可欠となる。これが，戦後の国際通貨体制再建を巡る議論において一つの焦点になるのである。この点に関しては，第IV節で検討することになるだろう。

III 「1939年カレンシー・ノートおよび銀行券法」と第二次大戦勃発による為替管理の導入

国際的調整に失敗した世界は結局第二次大戦に突入してゆくことになり，イギリスではついに為替管理の導入に至るのであるが，その点を検討する前に，

まず「1939年カレンシー・ノートおよび銀行券法」[13]（以下略記する場合は「1939年法」）に触れておかねばならない。実は，1931年に金本位制が停止された時，それによってイングランド銀行の金準備と発券との間にある法律上の関係まで廃止されたわけではなかった。さらに，金についても，旧法定売渡し価格（標準金1オンス=3ポンド17シリング10.5ペンス，純金1オンス=4ポンド4シリング11.454ペンス）[14]での評価が続いていた。したがって，この変則的な状態から諸々の問題が生じていたのである[15]。

当然ながら，イングランド銀行はこの状態を解消すべく以前から検討を行なっていたのであるが，ようやく1939年2月28日に上記の法律が成立し，いくつかの懸案が片付くことになった。まず，発券部の資産は金を含めて毎週時価で評価されることになった。その結果，純金1オンスの評価額は約4ポンド5シリングからさしあたり7ポンド8シリング5ペンスになったので，発券部の金準備は約9,500万ポンド増加した。また，この評価替えによって金準備額と保証準備発行額の合計と定められている発券額も大きく増加してしまうことになるので，それに対して保証準備発行額を4億ポンドから3億ポンドに減らす措置がとられた。そして，毎週の時価評価によって生じる利益あるいは損失は，為替平衡勘定（EEA）に支払われる，あるいはEEAから支払われる，ということになった。つまり，イングランド銀行発券部に生じる評価益あるいは評価損はEEAに吸収されてしまい，発券部保有金準備額の変動は発券額には反映されないことになった。こうして，従来しばしば，「銀行券発行高はもはや金準備の量によって自動的に決定されるのではなく」[16]なり，「銀行券の発行は事実上，限外発行の認められた最高発券額制限制度となった」[17]と指摘される事態が，出現したのである。

しかし，既に幾度も述べてきたように，金本位制下においても銀行券流通額は金準備額によって決定されてはいなかった。「ピール銀行法」下の仕組みに即して正確に言い直せば，金準備額に基づく銀行券発行額の規定は，銀行券流通額を決定できるものではなかったのである。それゆえ，第3章において「1928年法」に関して述べたのと同じことを，ここでも繰り返しておかねばならない。「1939年法」によって金本位制が変わるのではない。すなわち，金本

位制は,「1939年法」によって金準備が銀行券を統制するというものでなくなったのではない。金本位制はもともと金準備が銀行券を統制するものではなかったのであり,「1939年法」はそれをあらわにしただけなのである。

さて,第Ⅰ節で確認したように,イギリスは金本位放棄後も,基本的にはロンドンを自由な国際金融市場として維持し,ポンドの交換性に制限を設けていなかった。ポンドは国際通貨機能を一定程度果たし続けていたのである。しかし,1930年代末の国際情勢の緊迫とそれに続く第二次大戦の勃発が,事態を大きく変えていく。イングランド銀行は,戦争が避け難いとの雰囲気のなかで続けられるポンド売りに対抗して,1938年から翌年にかけて様々なポンド防衛策をとっていくが,39年8月に為替平衡勘定(EEA)が僅か1週間で6,500万ポンドの外貨を喪失するという事態を迎えて,ついに同月24日,ポンド支持操作を停止するに到る[18]。そして,翌25日に公布された「国防(金融)規則(Defense (Finance) Regulations)」,さらには9月の大戦開始とともに次々と施行されていく為替と貿易を統制する諸法令によって,ポンドは為替管理下におかれることになるのである。なお,イングランド銀行発券部の金は,ごく一部を除いてEEAに移管・集中された。約2億8,000万ポンドの金を移すこの措置は9月6日に発表されたが,これに伴って銀行券の保証準備発行額も同日の大蔵省覚書によって,3億から5億8,000万ポンドに増額された。

ここでまず注目すべきことは,イギリスの為替管理導入によって,帝国圏以外の諸国の大部分がスターリング・ブロックから離脱したということである。たとえ兌換が不可能になろうとも自由な外貨交換性があったうちはポンド圏に留まっていた諸国も,為替管理の開始とともに逃げ出したのである。つまり,ポンドの国際通貨としての地位を弱体化させたのは,兌換停止よりむしろ為替管理だったのである。国際通貨としての機能を維持してゆくには,金とのリンクよりも,為替管理のないことすなわち自由な外貨交換性の方が重要な要素であるということが,ここに示唆されている。深刻なポンド危機の渦中にあった1931年の夏においてさえ為替管理導入が躊躇され続けたのも,根拠のあることだったと言えよう。

ともあれ,厳重な為替管理のもとにおかれ,従来よりも強固に結び付けられ

表6-1 スターリング地域の範囲

イギリス本国
自治領[1]（オーストラリア，ニュージーランド，南アフリカ連邦，アイルランド）
イギリス領植民地[2]，委任統治領，保護領
エジプト，スーダン，イラク

出典）島崎久弥［1977］41頁より作成。
注1）自治領のうちカナダとニューファンドランドは含まれない。
　2）香港は1941年に編入される。

たポンド圏，つまりスターリング地域（Sterling Area）がこうして成立した。ポンドは苦闘の果てに，ついに為替管理によって守られる通貨になったのである。1940年7月の為替管理令の改正により，スターリング地域という概念は法制上も正式なものになるが，その時スターリング地域に指定されたのは，表6-1に示された諸国・諸地域である。

　1940年7月に確立されるに至ったイギリスの為替管理は，大略以下のようなものである。

　まずポンドを，スターリング地域が所有するポンド用の「スターリング地域勘定」，アメリカとスイスが所有するポンド用の「登録勘定（Registered Account）」，他の中立諸国が所有するポンド用の「特別勘定（Special Account）」に分ける。そして，「スターリング地域勘定」については，勘定内の振替は自由としたが，「登録勘定」・「特別勘定」への振替は許可を要するものとした。「登録勘定」については，アメリカ・ドルあるいはスイス・フランへの転換ならびに「スターリング地域勘定」への振替は自由としたが，「特別勘定」への振替は許可を要するものとした。「特別勘定」については，「スターリング地域勘定」への振替は自由としたが，「特別勘定」諸国間の振替ならびに「登録勘定」への振替は許可を要するものとした。要するに，スターリング地域内の取引は自由とするが，域内・域外間および域外相互間の取引を厳しく制限し，そのことによって，金・外貨のスターリング地域外への流出を極力回避しようとしたのである。当然ながら，ポンドは，域内では国際通貨として機能するが，その交換性については大きな制約を受けることになった。

　さらに，この時には，スターリング地域諸国が獲得した金・ドルをすべてロンドンにプールし，イギリス本国が一元的に管理する「ドル・プール制（Ster-

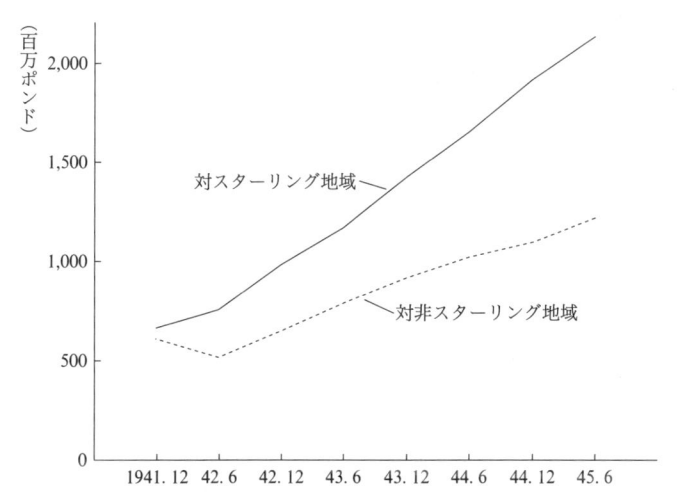

第6章　金本位放棄後の国際通貨ポンドと為替管理の導入　163

図6-2　イギリスのポンド債務：1941～1945（年央・年末）
出典）Cohen［1971］p. 90より作成。

ling Area Dollar Pool System）」が設けられた。もちろん金・ドルを提供した諸国は対価としてポンドを受け取るが，それは，さしあたり上述のような制約のあるポンド建て預金を形成するだけである。ちなみに，そのプール資金は実際には為替平衡勘定のなかに保有されたので，為替平衡勘定の機能もこの時期には若干変容することになった。いずれにしても，このプールされた金・ドルは域外からの物資購入に充てられるものであり，「ドル・プール制」もまた，金・外貨のスターリング地域外への流出を極力回避するためのものだったのは言うまでもない[19]。

　戦時中の為替管理の概要は以上のとおりであるが，これは，ポンド安定に貢献しただけでなく，イギリスにとっては，不足するドルの調達をいわばポンド債務の増加だけによって可能にしてくれるものであった。イギリスは，スターリング地域からの輸入に対しては，当該国のポンド建て預金へ記帳すれば済む。また，スターリング地域内で支出する現地通貨の調達についても，ポンド建て預金への記帳で済ませた。たとえば，インドは，イギリス軍がインド国内で支出するルピー払い戦費に対してポンドで支払いを受けはしたが，それはインド

がロンドンに保有するポンド建て預金を増加させるだけだった。繰り返すまでもなく，それらのポンドは交換性に制限があり，自由にドルへ転換できるものではなかったのである。

つまり，スターリング地域とは，イギリスがポンド売りの発生＝ポンド相場の下落に悩むことなく対外支払いを続けることを可能にしたものだったのである。しかし，当然ながら，このような決済方法はイギリスの対外債務となるポンド建て預金，いわゆるポンド残高の累積を招く。実際，第二次大戦中におけるポンド残高の増大は，図6-2に示したように著しい。とりわけスターリング地域保有のポンド残高は，大戦中に激増したのである。

図6-2は，イギリスの戦費調達がスターリング地域なしには不可能だったことを物語っているが，たとえ戦争遂行のために必要だったとはいえ，この膨大なポンド残高については，当然，戦後にその債務履行が問題になる。したがって，この事態は，戦後のイギリスの政策を規定してゆかざるをえないのである。ポンドの苦闘が続いていくことになる。

IV 国際通貨体制再建構想におけるケインズ案

1930年代のブロック経済化が辿り着いた極めて悲惨な結末は，当然にも，世界経済分裂の再現を回避しようとする各種の試みを生み出すことになる。周知のように，すでに第二次大戦中から，戦後の世界経済を再統合化するための枠組みが検討され始めていた。ただし，戦後にどのような経済秩序を形成すべきかを巡っては，アメリカ・イギリス間に深刻な対立が起こることになる。まずアメリカには，大戦中に増大した生産力を維持していけるような市場を確保する必要があった。それゆえ，「自由・多角・無差別」の原則を掲げて，為替管理と特恵関税で固められた対ドル圏差別体制とも言うべきスターリング地域の解体を要求せざるをえないのである。他方イギリスは，戦後における国際収支上の困難が予想されるなかで，厳重な為替管理の維持を志向せざるをえず，アメリカの要求を認めることはできなかった。つまり，戦後もスターリング地

表6-2 地域別ポンド残高保有状況：1945（年末）
(百万ポンド)

スターリング地域	オーストラリア，ニュージーランド，南アフリカ	294
	インド，パキスタン，セイロン	1,352
	東アフリカ，中央アフリカ，西アフリカ	204
	マレーシア，ブルネイ，香港，ビルマ	142
	その他のスターリング諸国	335
スターリング地域　計		2,327
非スターリング地域　計		1,240
合　計		3,567

出典) Anon. [1963] pp. 276-277 より作成。
注1)「その他のスターリング諸国」には，アイルランド，アイスランド，カリブ地域，キプロス等が含まれている。
　2) エジプト，イラクは，非スターリング地域に含められている。

域を維持しようとするのである。

　しかも，イギリスにとっては，前節で述べたように，累積したポンド残高の問題があった。やや先の時期を見ることになるが，1945年末に至るとポンド残高は表6-2のようになる。大雑把に言うと，1939年9月から45年12月までにおけるイギリスの経常赤字累積額約100億ポンドのうち，アメリカ・カナダからの援助54億ポンドおよび戦前から保有していた対外債権の売却11億ポンドなどによって，65億ポンドまでは穴埋めされたのだが，残りの約35億ポンドがポンド残高の増加となったのである[20]。ちなみに，最大のポンド残高保有国であるインドのそれは，11億ポンドを超えている。イギリスの45年12月末の金・ドル準備は約6億ポンド[21]であるから，ポンド残高がイギリスにとって容易に償却できるものではなくなってしまったことは明白であろう。

　もちろん，上に述べたような事態は大戦中にはまだ現実にはなっていなかったが，イギリスが戦後に迎えねばならなくなる状況はある程度予想されていた。それゆえ，戦後の国際通貨制度再建を巡る議論においても，イギリスはそのような事情を考慮せねばならなかったのである。アメリカは大戦中から戦後の国際通貨制度について検討を進め，財務省のホワイト（H. D. White）が中心になって作成した「連合国国際安定基金予備草案」，すなわちいわゆる「ホワイト案」を1943年に公表するが，これに対してイギリスが発表した「国際清算同

盟案」には，上述のようなイギリスの事情が濃厚に反映している。しばしば指摘されてきたように，この案すなわちいわゆる「ケインズ案」は，イギリスの利害を追求したものなのである。

しかし，ケインズ案には，単なるイギリスの国益主張として片付けてしまうことはできないような重要な意義が含まれている。つまり，そこには，国際収支が苦境に陥ってもかつてのように緊縮的政策を発動することがもはや難しくなった資本主義にとって必要となる，外為相場の弾力的な調整ルールが宿っていたのである。周知のように，連合国44ヵ国が集まり戦後の国際経済体制の枠組みを討議した1944年7月のブレトン・ウッズ (Bretton Woods) 会議においては，ホワイト案に基づいて国際通貨基金 (IMF) が設けられることになり，ケインズ案は実現しなかったのであるが，本書は，敢えてここでケインズ案を取り上げたいと考える。

ケインズ案においてまず第一に注目されるのは，加盟諸国の決済を清算同盟に設けられた各中央銀行の勘定に集中＝相殺し，受取り超過国は同盟に債権を，支払い超過国は同盟に債務を，それぞれもつようにする，という規定である[22]。これは，支払いの相殺と信用供与が一体化され，国際間で必要な信用は自動的に創造されるということを意味している。信用を受けうる額には一定の制限が設けられることになっており，また債務残高が多くなれば課金 (charge) を支払うことになってはいるものの，ケインズ案が基本的には拡張的な国内政策をとり易くする構想であることを示す規定である。

第二に注目されるのは，不均衡の責任が赤字国だけでなく黒字国にもあるという考え方が示されていることである。たとえば，平均バンコール残高が割当額（債務残高の限度額）の1/4あるいは1/2を超える額に対しては課金を払わねばならないという規定が設けられているが，それについては，「貸方残高たると借方残高たるとを問わず」[23]となっている。これは，不均衡の責任は債務国のみでなく債権国にもあるという考え方であり，言い換えれば，不均衡は必ずしもデフレ的に調整されるべきではないという考え方である。そして，実はこの黒字国責任論には，金本位制の一側面を照らし出し，金本位制の神話を打破する意義が含まれているのである。

赤字国にのみ責任があるとの考え方は，国際収支不均衡の調整を赤字国に対して一方的に強いるものであり，すなわち赤字国に緊縮的政策をとらせるものであり，失業増加や社会保障給付の切下げ等々，社会的問題の深刻化を招きがちである。しかし，金本位制を基盤とした固定相場制においては，赤字国責任論が貫徹していた。国際収支の赤字に陥った国は，金本位維持を至上命令とする観念に呪縛されている限り，現行固定相場の維持を最優先する政策をとらざるをえなかったからである。他方，黒字国にも責任があるとする考え方は，世界経済の縮小均衡を回避することの重要性を意識したものであるのは言うまでもないが，伝統的金本位制観から脱却することによって初めて生れうるものである。金本位制の神話に囚われていると，外為相場下落（通貨危機）や国際収支不均衡への対応にはデフレ的調整しかありえないことになるが，金本位制とは金兌換という形式をとった固定相場制なのであり，金本位制の制約とは固定相場制に伴う制約だった――つまり，通貨の信認を守るには兌換を絶対に維持せねばならないというのは幻想であった――ということが認識されれば，赤字国にのみ調整責任が押し付けられる必然性はないことが分かるのである。重ねて言えば，金本位制は何があっても維持せねばならないものという呪縛から解放されれば――つまり，金本位制を廃止してもそれ自体によって通貨の信認が失われるわけではなく，外為相場が安定していれば不換通貨でも信認は保たれ，逆に外為相場が不安定ならば兌換通貨でも信認は保たれないと認識できれば――問題は兌換の維持ではなく外為相場の調整であることになり，したがって，赤字国・黒字国双方による調整という構想が生まれうるのである。ケインズ本人がこの点をどのように理解していたかは別として，ケインズ案は，金本位制が調整責任を赤字国にのみ一方的に強いる固定相場制だったということを教えるとともに，金本位制の神話から解放されれば，世界経済の縮小均衡を回避する道があることを提示するものだったのである。

　議論をケインズ案に戻すと，第三に注目されるのは，不均衡が生じた場合の外為相場の調整すなわちバンコール価値（金平価）の変更については，後のIMF協定などよりも弾力的に考えられている，という点である。ケインズ案は現実に機能したわけではないので，実際の運用次第という要素が強い問題に

ついては断定的なことは言えないが，相対的には，不均衡の調整策として柔軟な平価変更を認めようとする構想だったように思われる[24]。

さしあたり以上の3点を考慮しただけでも，ケインズ案が，弾力的な国際間信用供与や柔軟な外為相場変更を通じて，緊縮的政策を回避し，むしろ拡張的政策を実施する場合に必要となる筈の外為相場＝国際収支の国際的なレベルにおける調整をめざすものだったことは明らかであろう。ケインズ案は実現しなかったとはいえ，世界大戦に行き着いてしまった1930年代の世界経済への反省にたって戦後の国際通貨体制を構築しようとした時にこのような案が提起されたということは，銘記されるべきである。この案が教えているのは，真の問題の所在は金本位制を維持するか否かにはないのであり，したがって金本位制を放棄すれば問題が解決するわけでもないのであり，各国にデフレ的調整を強いる必要がないような，外為相場の弾力的な調整システムこそが平和への道なのだ，ということだと思われる。

金本位制とは，緊縮的政策を行なってでも固定相場を守らねばならないというシステムだった。金本位制下での困難は，何があっても固定相場を維持せねばならないという対応が生み出したものだったのである。そして，金本位制を取り外してみたら，不換化した通貨は通用しなくなるというような心配が杞憂であったことが判明した。それゆえ，固定相場を無理やり維持する必要はないことが分かった。しかし，金本位制を棄てたら，剝がされたヴェールの中から国際均衡という真の制約が現われてきた。国際均衡をどのように達成するか，各国の均衡必要性をどのように調整するか，それこそが本当の問題だったのだ。以上が，国際通貨体制再建を巡る議論から浮かび上がってきたことである。

両大戦間期とりわけ1930年代の資本主義を，「矛盾を露呈して行き詰まった」という面においてのみ捉え，その通貨制度は「ついに不換制に追い込まれた」と理解してしまうと，第二次大戦後に資本主義が示した現実を捉えることは困難になるだろう。しかし，もし金本位制の神話に囚われず，金本位放棄とは何を意味するのかを，したがってまた30年代における外為相場の国際的調整の試みにはどのような意義があるのかを，正しく捉えることができていたら，少なくとも万年危機論に陥ることなく，資本主義の新たな展開を把握する視点

を確保できたと思われる。本章における考察から分かるように，両大戦間期の資本主義は，兌換停止に追い込まれたとはいえ，政治的・社会的情勢から困難になってきたデフレ的調整を回避しつつ国際均衡を達成する道を，模索していたのである。すなわち，内外均衡同時達成を可能にするため，為替平衡勘定のような機構を設けることで国内的に対応するだけでなく，国際的信用供与の仕組みをもつ国際通貨体制を構築しようとしたのである。

　もっとも，第二次大戦後に実現した IMF 体制は，国際間信用供与における弾力性や平価変更における柔軟性などの点で，ケインズ案から大きく後退したものだったかもしれない。しかし，他ならぬケインズ自身が IMF 案すなわち 1944 年 4 月の「国際通貨基金設置に関する専門家の共同声明（Joint Statement by Experts on the Establishment of an International Monetary Fund）」を一定程度評価していたことも想起すべきであろう[25]。つまり，IMF 協定が国際収支節度の強制や外為相場の固定性を重視する志向をもつことは確かであるが，そこにはケインズ案的な要素が全くないわけではないと考えられる。現に，第二次大戦後の資本主義は，少なくとも 1960 年代まで，国内的には厳しい緊縮政策を回避しつつ国際均衡をある程度維持して，成長を続けたのである。

　現実には，いわゆるストップ・ゴー政策が必要だったことは当然である。日本においても，好況の進行が「国際収支の天井」に頭をぶつけるたびに引締め政策がとられたのは，よく知られている。そのことは，国内政策に対する国際収支の制約を十分に除去しえなかったという IMF 体制の限界性の現われとも言えるし，そもそも経済の拡大過程において国内的調整なしに国際均衡を維持し続けることの難しさを示すものとも言えよう。しかし，それはまた，金本位制を放棄しても金本位制に隠れていた本質的制約は消えるものではないという，本書が提起したことを確認させるものである。金本位制からの離脱は，金準備維持への顧慮を無用のことにはしてくれたが，外為相場安定＝国際収支均衡への顧慮を無用にはしなかったのである。ここからも，金本位制とは何だったのかが照らし出されてくる筈である。

小括——国際通貨ポンドの衰退

　ポンドは，第Ⅰ節で確認したように金本位放棄後も国際通貨機能をある程度保っていたのであるが，実は第二次大戦後においても，ただちにその機能を失うわけではない。イギリスは，戦後もスターリング地域を維持し，したがってポンドに一定の国際通貨機能を持たせる道を歩んでいくのである。本章の最後に，第二次大戦後に国際通貨ポンドが辿ってゆく道を簡単に展望し，そこからも金本位制の本質を炙り出すことにしたい。

　イギリスは，戦争が終結した時，為替管理を解除できるような状況にはなかった。しかし，国際決済上の苦境を乗り切るためにアメリカからの援助が是非とも必要だったため，援助を得るかわりにアメリカが要求するポンド交換性回復を約束するという妥協を行なった[26]。こうして，「英米金融協定」が1945年12月に締結され[27]，ポンドは47年7月15日までに交換性を回復せねばならなくなったのである。そこで，イギリスは，ポンドの振替性に課されていた制約を徐々に緩和するという方法によって交換性の回復を試みていった。そして，約束期限までにはスターリング地域以外の主な国について，ポンドは経常取引に関する交換性を回復することになったのである[28]。ところが，ポンドのこの交換性回復は，「振替可能勘定」ポンドの「アメリカ勘定」への大量振替を招き，したがって大量のドル流出を引き起こした。このためイギリスの金・ドル準備は急減し[29]，ポンドの交換性回復は挫折してしまったのである[30]。

　ポンド交換性回復が失敗に終わった事情は単純ではないが[31]，根本的理由はイギリスの国際収支にあった。図6-3が示しているように，1946〜47年のイギリス貿易収支・経常収支は大幅な赤字だったのである。また，ここで合せて留意すべきはスターリング地域の対ドル圏収支の状況であるが，図6-4が示すように，イギリス自身はもとより，イギリス以外のスターリング地域諸国も，46〜47年の対ドル圏経常収支は赤字だったのである。第Ⅰ節で述べたように，金本位放棄後においてイギリス自身の経常収支は赤字だったにも拘わらずポンド相場が安定したのは，スターリング・ブロック諸国の外貨獲得によってだっ

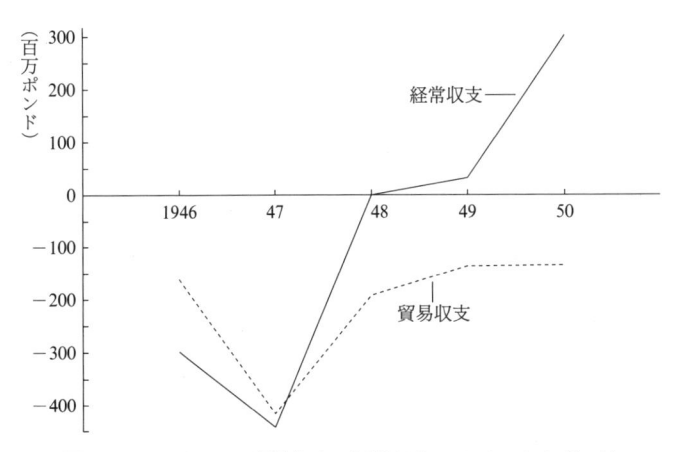

図6-3 イギリスの貿易収支と経常収支：1946〜1950（年次）
出典）*Annual Abstract of Statistics*, No. 92, p. 233 より作成。

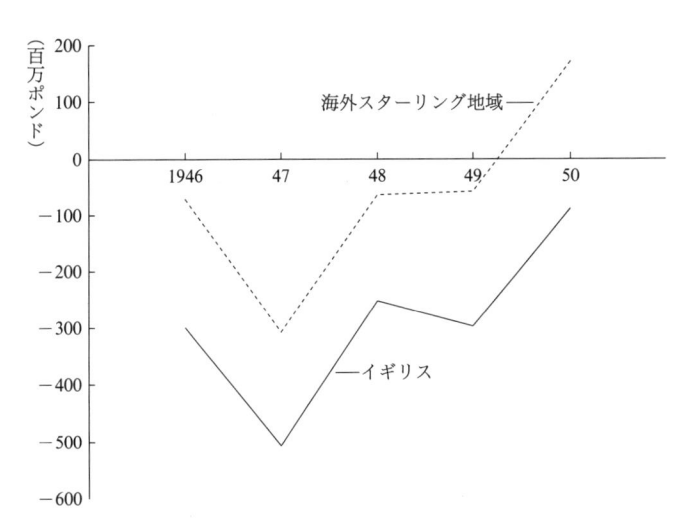

図6-4 イギリスおよび海外スターリング地域の対ドル圏経常収支：
1946〜1950（年次）
出典）Cairncross and Eichengreen [1983] p. 146 より作成。

た。しかしこの時には，その効果も期待できない状況だったのである。これでは，ドル流出に抵抗することは不可能だったと言うしかない。

こうして，イギリスは再び厳格な為替管理体制を敷くことになり，スターリング地域の維持によるポンド防衛が図られることになった。その結果――スターリング地域の維持とは域内諸国にポンドの使用を強いるものであるから――ポンドの国際通貨機能は戦後も意外に長く保たれることになったのである。金リンクを保つ唯一の通貨であるドルだけが国際通貨だったと単純に理解されがちであるIMF体制下においても，実はポンドが相当遅くまで国際通貨としての地位を維持していた。世界の公的準備に占める比率をみてみると，表6-3が示すように，1948年時点ではドルは6.2％であるのに対して，ポンドは23.1％である。そして58年時点でも，ドルの15.5％に対してポンドは12.4％を保っている。結局，ポンドは60年代末に至るまで10％以上を維持してゆくのである。また，ポンドは，準備通貨としてだけでなく，貿易媒介通貨としても重要な地位を占め続ける。表6-4から分かるように，1966年時点においてさえ，ポンドは，スターリング地域内の貿易およびスターリング地域・非スターリング地域間の貿易において他を圧倒していたのである。さらに，表6-5からその一端が窺えるように，ポンドは為替媒介通貨としても60年代までそれなりの役割を果たしていた。

ただし，言うまでもなく，以上の事態はポンド自身の強さに依るものではなく，ポンドの交換性に制限があったためである。為替管理によるスターリング地域の維持あるいはポンド残高の封鎖が，上述の事態をもたらしたのである。したがって，戦後におけるポンドの国際通貨性は，逆説的ではあるが，その交換性回復とともに衰退せざるをえないことになる。

ポンド残高の解消とポンドの交換性回復を実現する必要があったイギリスは，まず封鎖ポンドの解除を進めた。また，交換性回復についても，49年9月に約30％のポンド切下げを行なった後に，徐々に進めていった。為替管理の緩和という手続きは実際には極めて複雑な過程を辿るのであるが[32]，こうしてポンドは西欧諸国通貨と同様，58年12月に非居住者の経常勘定に関する制限を撤廃し，交換性を回復する。また，61年には制限撤廃は居住者勘定にも拡大

表6-3 世界の公的準備に占めるドルとポンドの比率：1938〜1978

西 暦	金		外 国 為 替			
			ド ル		ポ ン ド	
	10億ドル (%)	10億ドル	10億ドル	(%)	10億ドル	(%)
1938	25.95 (93.5)	1.80	0.50	(1.8)	1.30	(4.1)
1948	32.75 (70.2)	13.90	2.90	(6.2)	10.77	(23.1)
1958	38.07 (69.7)	16.55	8.48	(15.5)	6.77	(12.4)
1968	38.94 (50.3)	32.00	17.34	(22.4)	9.68	(12.5)
1973	43.13 (23.5)	122.65	66.81	(36.3)	7.83	(4.3)
1978	45.31 (12.9)	278.46	156.84	(44.5)	3.53	(1.0)

出典) Triffin [1960] pp. 72-73, Table 14；石見徹 [1995] 4頁，表1・1より作成。

表6-4 1966年における貿易決済に占めるポンドの比率

貿 易 パ タ ー ン	貿易総額	内 ポンドで決済される額	
	100万ポンド	100万ポンド	(%)
スターリング地域　内	3,940	3,550	(90.1)
スターリング地域と非スターリング地域	15,400	9,240	(60.0)
非スターリング地域　内	48,350	2,420	(5.0)
合　　　計	67,690	15,210	(22.5)

出典) Cohen [1971] p. 73 より作成。

表6-5 日本の外国為替市場における銀行間取引出来高：1962〜1973 (年次)

(百万ドル)

西 暦	ド ル		ポ ン ド	
	先 物	直 物	先 物	直 物
1962	913	783	179	20
1963	1,310	1,082	210	25
1964	1,937	1,522	260	59
1965	2,163	1,844	247	39
1966	1,962	1,885	282	36
1967	2,149	1,806	229	34
1968	3,109	2,636	162	12
1969	4,258	2,926	120	2
1970	4,850	4,245	77	4
1971	19,488	5,365	41	4
1972	13,179	11,418	2	0
1973	20,375	18,371	2	0

出典) 外国為替貿易研究会『国際金融』各号，より作成。

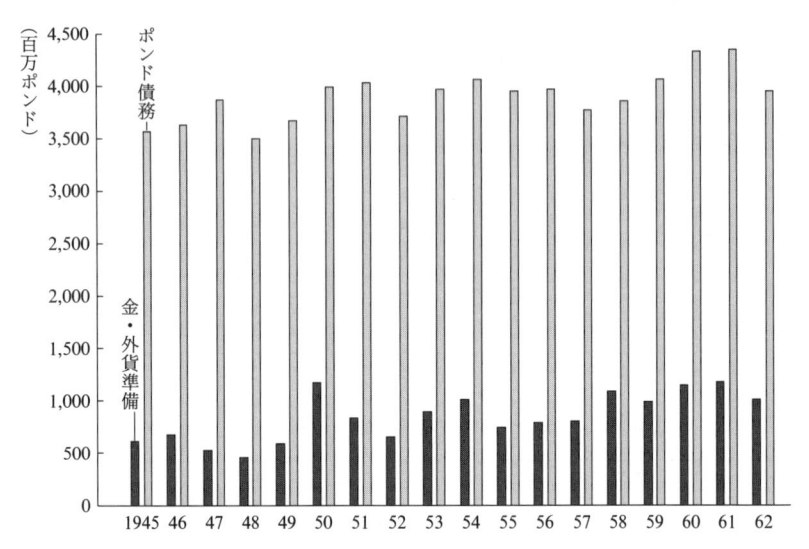

図6-5 イギリスの公的金・外貨準備とポンド債務：1945〜1962（年次）
出典）*Bank of England Quarterly Bulletin*, Vol. 8, No. 4, 1968, Table B より作成。

され，イギリスはIMF8条国に移行する。

しかし，これはポンドが為替管理による保護を失ったということである。しかも，図6-5から分かるように，この時にポンドはいまだ巨額の債務を抱えたままだった。もっとも，たとえ保護を失ったとしても，もしイギリス産業の国際競争力が十分であり，イギリスの貿易収支が堅調であるならば，ポンドを安定させることは可能であっただろう。しかし，1950年代〜60年代におけるイギリス産業にはそのような力はなかった。図6-6に示されているように，イギリスの貿易収支は基本的に赤字基調であり，貿易収支赤字を補って余りあるほどの貿易外収支・移転収支の黒字があるわけでもなかった。そして，イギリス自身の経常収支赤字を補うような資本収支黒字をもたらす国際的な金融連関も，もはやなかったのである。ポンド交換性回復以降，海外スターリング諸国は，外貨準備として保有するポンドを減らす，あるいはドルの増加ほどには増やさない，という傾向を示したし（図6-7参照），域外に対しては基本的に経常赤字であった（図6-8参照）。つまり，スターリング地域は，ポンド安定に必ずしも

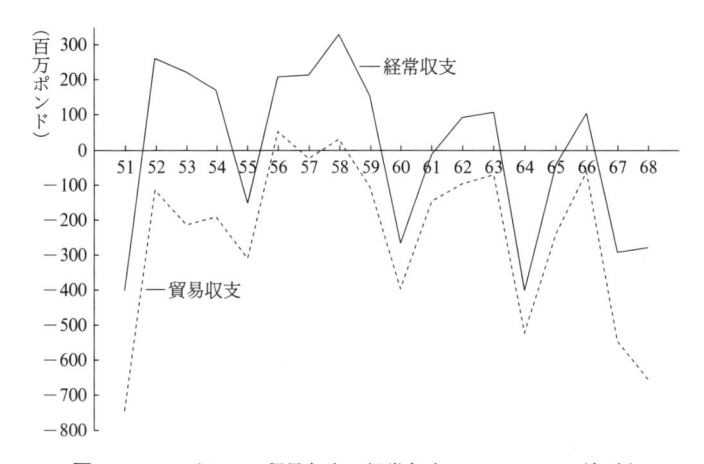

図6-6　イギリスの貿易収支と経常収支：1951〜1968（年次）
出典）*Annual Abstract of Statistics*, No. 92, p. 233 ; No. 102, p. 263 ; No. 110, p. 277 より作成。

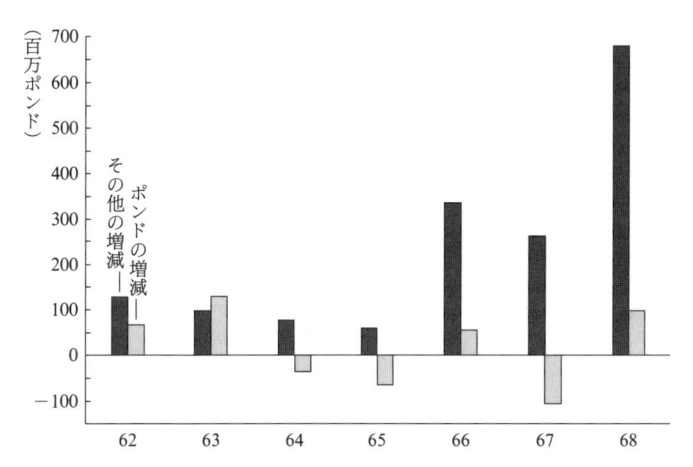

図6-7　海外スターリング諸国の外貨準備におけるポンドの増減：1962〜1968（年次）
出典）内田勝敏［1976］8頁，第1-1表より作成。

貢献しなくなっていたのである。

したがって，交換性回復以降，ポンドは再三通貨危機に見舞われることになる。1961年3月，64年10月，66年5月と相次いでポンド危機が発生した。

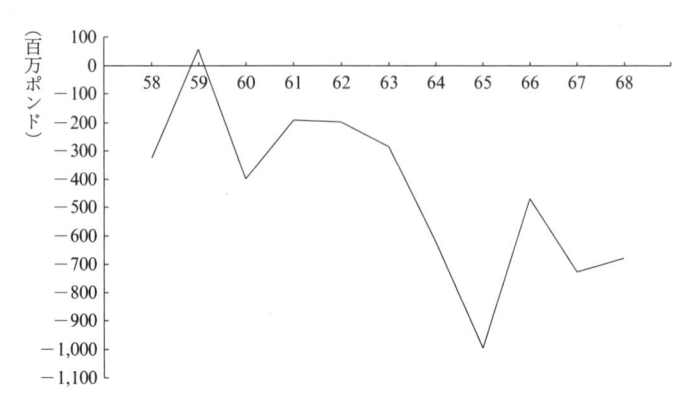

図 6-8 海外スターリング諸国の対非スターリング地域経常収支：1958〜1968（年次）
出典）Cohen［1971］p. 149 より作成。

　そして，67年のポンド危機が，ついにイギリスを戦後2回目の切下げに追い込んだのである[33]。度重なるポンド危機に際して，イギリスはいわゆる国際通貨協力によって支援され，61年以来，主要国の中央銀行や国際決済銀行（BIS）から対英緊急融資が繰り返された[34]のであるが，ポンド衰退は止められなかった。

　イギリスは，68年9月の第二次バーゼル協定によって，スターリング地域に対して最低ポンド比率の維持を要求するのと引換えに，公的ポンド準備の一定部分に対してドル価値保証を与えた。しかし——各国中央銀行やBISの支援を得てポンド残高の引出しを阻止するための措置だったとはいえ——，僅かながらも果たそうとしていたポンド残高に対するこの責任さえ，72年6月の変動相場制への移行によって結局放棄されてしまうのである。そして，ポンド残高に対する責任放棄は，続く74年12月末の第二次バーゼル協定廃止によって完成されることになる。こうして，ポンドは国際通貨から完全に撤退するわけである。

　さて，本章の考察を踏まえたうえで，ここで指摘したいのは次の一点である。以上のようにポンドが国際通貨機能を維持し続け，あるいは喪失していった過程の一体どこに，金リンクの有無が関わっていたと言えるのだろうか。国際通

貨ポンドの存続や消滅は，その兌換性とは全く関係なかった筈である。金本位放棄後のこの事態もまた，金本位制の神話を否定していると言うしかないだろう。

注
1) これはポンドについてだけでなく，第二次大戦後のドルに関しても同様であった。ドルが国際通貨機能を果たしうる根拠は兌換性にあるという見解が示された例を若干挙げておく。「公的機関の保有ドルには公定価格金1グラム〔1オンスの誤りと思われる──引用者〕35ドルでの交換性がアメリカ財務省により約束されている。そのためにドルは国際通貨としての流通力をもつ」(松永嘉夫 [1969] 207頁)。「国際通貨としてのドルに対する信認を支えているのは，窮極的にはアメリカが保有する金準備である」(渡辺太郎 [1974] 235頁)。「ドルが金に代わって国際通貨として機能するのは，ドルが金為替であるからである。ドルが対内的には金との兌換を停止していても，対外的には金兌換を許しているからである」(小野朝男 [1978] 92頁)。

また，ドルの信認に関して，アメリカの金保有額そのもの，あるいは金保有額と対外債務を比較する議論があったことも，周知のことであろう。「……資本流出が増加して，米国の国際収支は赤字に転じ，米国の金準備高は減少した。こうして，ドルへの信認は失われた」(小泉明 [1974] 22頁)。「……米国の自由金準備額が，在外ドル残高を下回るに至った。それも，1959年には16億ドル程度であったが，1963年には，ついに98億ドルの不足を示すようになった。ドルが金に兌換できなくなるかもしれないという不安は，かえって金への選好を強め，米国の金流出が激しくなったのである」(波多野真 [1978] 193頁)。なお，滝沢健三が，「ドルの健全性を測るのにドル残高とアメリカの金保有高だけを比較する」「風潮を作り出した責任」(滝沢健三 [1980] 176頁) がどこにあったのかを論じている。
2) とりあえず，以下を挙げておく。Lindert [1969]；Cohen [1971]；Grassman [1973]；McKinnon [1979]；木下悦二 [1979]；深町郁彌 [1981]；徳永正二郎 [1982]；片岡尹 [1986]；井上伊知郎 [1994] 山本栄治 [1994]。また，国際通貨論研究の展開を整理したものとしては，以下が参考になる。藤田誠一 [1992]；藤田 [1995]；川本明人 [1995a] 135-139頁；川本 [1995b]；海保幸世 [1996]。なお，金井雄一 [1996] も参照。
3)「スターリング・ブロック」という用語は，「スターリング地域 (Sterling Area)」とともに，実際には様々な意味で用いられている。本書では，1931年のイギリスの金本位停止＝放棄以降に出現したスターリング準備地域 (Sterling Reserve Area) を「スターリング・ブロック」，1932年のオタワ協定に基づく帝国特恵体制を構成した諸国すなわちスターリング貿易地域 (Sterling Trade Area) を「帝国圏」，後に触れる，第二次大

戦勃発に伴う為替管理の導入によってスターリング準備地域からイギリス連邦以外の諸国の多くが脱落した後にも残った，厳格な為替管理下におかれた国々を「スターリング地域」，とそれぞれ呼び分ける。「スターリング地域」は，為替管理の始まりに伴って法令上，正式に使われるようになった言葉でもある。Cf. Anon. [1967] p. 246 n. 2.

なお，「スターリング・ブロック」と「帝国圏」は必ずしも一致しない。たとえばノルウェー，スウェーデン，フィンランド，デンマークは，「スターリング・ブロック」には含まれるが，言うまでもなく「帝国圏」には含まれない。また，「スターリング・ブロック」と総称される諸国も，ブロックに加わる時期やポンドとのリンクの程度については一様ではない。Cf. Brown [1940] pp. 1076-1081.

4) 帝国特恵体制については本書では立ち入らない。さしあたり以下を参照。内田勝敏編 [1985] 第3章；原田聖二 [1995] 第Ⅳ部；山本和人 [1999] 第Ⅰ部；服部正治・西沢保編著 [1999] 第7章。
5) この点については，米倉茂 [1985]；米倉 [2000] 第1編，参照。
6) 前田直哉 [2002] 59頁。なお，スターリング・ブロックは決して閉鎖的な通貨ブロックなどではなく，ポンドが1930年代においてドルとともに基軸通貨の機能を維持していたということは，米倉茂 [2000] も強調している。それについては，金井雄一 [2002] も参照。
7) Cf. PRO: T 172/1740, Bank of England Monetary Procedure.
8) Cf. PRO: T 172/1775, Sterling Stabilisation.
9) Brown [1940] Vol. Ⅱ, p. 801.
10) Cf. Sayers [1976] Vol. 2, p. 458 and 482（西川監訳，下，633頁および664頁）．
11) Cf. BoE Archive: C 43/99, Foreign Exchange Committee—Note of a Meeting held on 11th February 1932 between the Bank of England and Representatives of the Manchester Chamber of Commerce.
12)「三国通貨協定」に関しては，Drummond [1981] chap. 9；山本栄治 [1988] 第4章；石見徹 [1995] 80-82頁；米倉茂 [2000] 第10章−Ⅴ，参照。
13) この法律は，Sayers [1976] Appendixes, pp. 282-283 に収録されている。
14) これは売渡し＝兌換価格であり，イングランド銀行の金購入価格は3ポンド17シリング9ペンスであった。金井雄一 [1989] 71頁，参照。
15) 以下を参照。Feavearyear [1931] pp. 372-373（一ノ瀬・川合・中島訳，389-390頁）；Artis [1965] pp. 7-8（今田・岡本訳，12-13頁）；Sayers [1976] Vol. 2, pp. 487-491, pp. 497-498 and p. 566（西川監訳，下，670-675頁，683-685頁，776頁）；高橋泰蔵 [1957] 20-21頁。

なお，議会においても金の価格をめぐって議論がなされている。たとえば，1937年7月に，市場における現在の金価格とイングランド銀行保有の金の評価に関して，ある議員が質問を提出している。そして，それに対する回答を巡って，大蔵省フレイザー

(W. R. Fraser) からイングランド銀行カターンズに助言が求められている。Cf. BoE Archive: C 45/16, Bank's Reserve and Gold Reserve from 1858 to 4. 15. 1970, 26-29.
16) 田中金司・内橋吉朗・山崎誉雄 [1981] 271頁。
17) 町田義一郎 [1957] 38頁。
18) Cf. Sayers [1976] Vol. 2, p. 567 (西川監訳, 下, 777頁);Drummond [1981] p. 247.
19) 戦時中の為替管理については, Cohen [1971] pp. 81-82;小野朝男 [1963] 215-217頁, 参照。
20) Cf. Moggridge [1972] p. 1032.
21) Cf. *Annual Abstract of Statistics*, No. 92, 1955, p. 237.
22) 堀江薫雄 [1962] 323-324頁, 参照。
23) 同上, 325頁。
24) 同上, 325-326頁, 参照。
25) ケインズは, 1944年5月23日に貴族院において, IMF案がイギリスにとって必ずしも不利ではないことを説明している。さしあたり, 小野朝男 [1963] 196-197頁, 参照。
26) 大戦終了後のアメリカにとっては輸出市場の確保が大きな課題であったが, アメリカの目的が単に輸出市場確保だけであるならば, ポンド残高の封鎖解除を主張すればよく, ポンドの対ドル交換性回復は必ずしも必要ないと思われる。しかし, ポンド建て取引ではアメリカの輸出業者は為替リスクを負うことになるし, また, ポンドを国際通貨として使うことは, ドルの国際通貨化を実現し, 国際金融上の覇権を狙うアメリカにとっては好ましくないのである。アメリカは, ポンドがアメリカに支払われればよいのでなく, ポンド残高がドルに転換されてアメリカの輸出に支払われる, という事態を拡げようとしたのである。「37億5,000万ドルの借款は, ……その意味でポンドの国際通貨性の買収資金にほかならなかった」(西倉高明 [1998] 36頁)。
27)「英米金融協定 (Financial Agreement Between the Governments of the United States and the United Kingdom)」は, 次に収録されている。Gardner [1969] pp. 387-392. 協定締結に至る交渉経過については, Moggridge [1992] chap. 30;岩本武和 [1999] 300-309頁, 参照。
28) これは交換性回復とは言っても, いまだ完全な回復ではない。念のため, その点について整理しておくと, まず,「振替可能勘定」の設置は経常勘定に関してだけである。また,「振替可能勘定」が設けられた諸国についても, 以前からのポンド残高は封鎖されている。さらに,「振替可能勘定」の設置は支払協定締結国だけが可能なことであり, それ以外の国が保有するポンド残高の交換性には制約がある。したがって当然ながら,「スターリング地域勘定」のポンド残高も事実上封鎖されている。
29) Cf. Cairncross and Eichengreen [1983] p. 147.
30) Cf. Gardner [1969] pp. 312-313;Cottrell [1995] pp. 115-119.
31) 交換性回復が失敗に至る具体的経緯については, Cottrell [1995] pp. 115-119, 参照。

32) 為替管理が緩和されてゆく詳しい経緯については，金井雄一「ポンドの衰退とイギリス国民経済の選択」秋元英一編『グローバリゼーションと国民経済の選択』東京大学出版会，2001年，所収，87-90頁を参照されたい。この論文は，本書に部分的に利用されているものであるため，本書末尾の「文献」欄には掲げられていない。
33) この時期にはマルクが台頭してきており，ポンド危機においてはポンド売り—マルク買いも行なわれるのであるが，にもかかわらずロンドンからマルク流出でなくドル流出が起こるメカニズムについては，西倉高明[1998] 184-188頁，参照。
34) Cf. Cairncross and Eichengreen [1983] p. 158, Table 5.1.

終　章

　金本位制は今日においても依然として正確に認識されていない。実態からかけ離れた金本位制像が横行している。そして，それは，単に過去の制度が正しく理解されていないというだけの問題ではなく，金本位制廃止以降の事態を誤って把握させる原因にもなっている。そこで本書は，誤った金本位制理解を解体すべく，実態に即して金本位制を再把握しようとしたのである。本書において行なってきたことは，ありのままの具体的事実に基づいて金本位制を理解しようという，単純素朴でささやかな試みに過ぎないが，経済学の現状を思えば多少の意味はあると自負しても許されよう。

　教科書で描かれている金本位制の機能が神話でしかないということは，第一次大戦以前の金本位制に関しても依然として強調せねばならないのが実情であるが[1]，本書では，第一次大戦勃発以降を対象とした。そして，その時代に「ポンドの苦闘」がさらけ出した事態に注目し，以下の諸点を提起したのである。
　第一は，金本位制下における金貨流通には，本位貨幣としての金が鋳貨形態で流通していたというような意義はなく，金貨は小額通貨としての機能を果たしていた，という点である。1914年恐慌の際に発行されたカレンシー・ノートは，金貨に取って代わることができた。つまり，金貨本位制下においてさえ，金貨流通は姿を消すことができた。そして，それだけなら戦時の例外的事態と見なせたかもしれないが，金貨に代替したカレンシー・ノートはイングランド銀行券によって簡単に取って代わられ，金貨流通の廃止が完成した。要するに，低額面イングランド銀行券が金貨に取って代わることができたのである。言うまでもなく，これらの事態は，金本位制下における金貨流通が教科書にあるよ

うな本位貨幣としての諸機能を本当に担っていたとしたら，決して生じえない筈である。第一次大戦を90年近く遡る1825年においてすでに，1ポンド銀行券が金貨への需要を満たしえたという事態からも分かるように，金貨は実際には小額通貨だったのである。

　誤解のないように若干の補足をしておくと，本書は，カレンシー・ノートあるいは低額面イングランド銀行券のような紙券が金に代替できたと主張しているのではない。金が有する機能を紙券が代わって持つことはできない。金貨が――机上で構成されたものではない現実の金本位制においては――小額通貨としての機能を果たすものだったので，紙券がそれに取って代わることができた，と言っているのである。流通していた金貨の側が，そもそも紙券によって取って代わられうる性格のものだった，ということである。もしそうではなかったとするならば，兌換が認められていたカレンシー・ノートが流通に定着し，それとともに金貨が流通から消えていくことなど，起こりえない。同様に，もしそうではなかったとするならば，低額面イングランド銀行券が簡単にカレンシー・ノートに代替してゆき，それが定着して金本位制下で金貨流通の廃止が完成することなど，起こりえない筈である。金貨は，小額通貨としての役割を果たしていたが，――金貨が「金」として持っていた意味を別とすれば――通貨流通としてはそれ以上の意味をもっていたわけではない。そう考えれば，1825年恐慌の際に見られた1ポンド券の受容も，1914年以降のカレンシー・ノート増大も，「1928年法」によって実現した金貨流通廃止の完成も，何ら不思議に思う必要はないだろう。これでもなお，金本位制下の金貨流通に対して，金本位制が完全にその機能を果たすためには不可欠の存在であるという（机上で創られた）意義を，付与し続けねばならないのだろうか。

　第二に提起したことは，金本位制下で流通していた銀行券の流通根拠は兌換保証にあったわけではないし，また通貨の対外的信認も兌換保証によって確保されていたわけではない，という点である。すなわち，金本位制は兌換が維持されていることによって機能しえていたわけではない，ということである。兌換には，信頼性を補強する意義は認められるとしても，銀行券が受け取られることあるいは一国の通貨が国際通貨として機能することにとって本質的な意味

終　章　183

はなかったのである。これは既に述べた第一の点にも関連し，そこで挙げた事態からもある程度導き出しえたことであるが，本書ではさらに以下の事態も確認した。まず，1925年の金本位復帰以降には一般庶民は事実上兌換ができなくなったが，それによってイングランド銀行券への信頼が揺らぐことなど全くなかった。さらに，1931年以降には兌換は完全に不可能となったが，以後今日に至るまでイングランド銀行券は流通している。また，ポンドの対外的信認について言えば，イギリスは金本位復帰とともに為替操作を始めた。つまり，金本位復帰以前には為替市場介入で相場を維持せねばならなかったが復帰したのでその必要がなくなった，というのとは全く逆に，復帰後に為替操作が必要になったのである。そして，再建金本位制期中の1931年には激しいポンド危機が起こった。兌換通貨が信認を失ったのである。兌換を維持していても信認は確保できなかったのである。もちろんその時，金準備が不足していたわけではなかった。金準備を増強する対策など話題にもならなかった。議論されたのは，貿易収支を中心とする国際収支の改善や財政赤字の削減だったのである。実際，ポンド危機の過程で金準備はほとんど減っておらず，それゆえ金本位停止を発表する前に敢えて減らした程だったのである。

　第二の点については，金本位停止後の事態もそのことを明らかにしていた。まず，停止後に大量に生じたのは，兌換ができなくなったことへの不満ではなく，ポンド相場低下による為替差損への苦情や，停止に伴って実施された為替管理に関する問合せだった。そして，不換になったポンドは，依然として国際決済に使用され続けた。しかも，ポンドは，兌換通貨であった再建金本位制期においてよりも，むしろ不換通貨になった金本位停止後においての方が，安定的に国際通貨を供給できたほどだった。したがって，イギリス帝国圏諸国の場合は当然としても，非帝国圏スターリング諸国も，金本位制が停止されてもポンド建てロンドン・バランスを引上げなかった。ところが，不換化してもポンドを保有し続けたそれらの諸国が，1939年の為替管理導入の際にはスターリング・ブロックを離脱した。通貨の信認にとっては，兌換保証よりも安定した相場での外貨交換性の方が重要だったのである。また，第二次大戦後においてもポンドは国際通貨として機能し，最終的にはその役割を終えたのであるが，

その期間中ポンドは一貫して不換であった。つまり，兌換・不換にかかわりなく，ポンドは国際通貨機能を果たし，そして果たさなくなったのである。以上を踏まえれば，イングランド銀行券は兌換保証があったので流通できたとか，ポンドは金とリンクしていたので国際通貨になれたというような話が神話にすぎないということは，もはや説明を要しないだろう。

　第三に提起したことは，金本位制下においては，銀行券の価値は――過剰発券によって減価すれば兌換が請求されるという――金本位制のメカニズムによって自動的に安定する，また外為相場も――兌換があることによって金現送点を超える相場は立たないという――金本位制のメカニズムを通じて自動的に安定する，という説明は成り立たないという点である。この点については，第一および第二の点において既に述べた事態から明らかなのであるが，改めて簡単に確認しておく。低額面銀行券が発行されていない場合に，小額通貨を求めて兌換が請求されることはあった。しかし，銀行券が減価したという理由で兌換が請求されることは，金本位制下においては原則的にありえなかった。銀行券で購買しようと金貨で購買しようと価格に差がない限り，銀行券の「減価」は感知しようがないのである[2]。同様に，カレンシー・ノートも兌換可能であったけれども，物価が上昇しても兌換はほとんど請求されなかった。少なくとも，カレンシー・ノートの購買力が兌換請求によるその発行収縮を通じて回復される，というような事態は起きなかった。また，金本位制による外為相場の自動的安定も期待できることでなかったのは，再建金本位制下で為替操作が必要になったことが明確に示した。あるいは，金本位制を敷いていてもポンド危機が生じたということが明確に示した。再建金本位制は，金本位制とは外為相場安定のために人為的調整を必要とするものであった，ということをさらけ出したのである。金本位制下では金準備増減が対応的通貨流通額増減をもたらさなかったのであるから，それによる物価水準騰落を通じて外為相場が調整されるというような機構は，初めからなかったのである。

　本書が提起した第四は――第三の点と重なる部分もあるが――，金本位制下においても銀行券の量が金準備によって調整あるいは制限されるということはない，という点である。1925年の金本位復帰は銀行券流通額に影響を与え

なかった。復帰したら銀行券流通額が金準備増減に従って変動し始める，ということなどなかったのである。31 年の金本位停止も銀行券流通額に変化を起こさなかった。停止前も停止後も，銀行券流通額の変動は金準備額の変動とは関係なかったのである。また，28 年には，金本位制のなかに金流出入を無効にしうるような規定が組み込まれた。これは，金本位制が変わったということではない。金本位制とは金流出入の影響を排除する仕組みを持ちうるものだったということが，露呈したのである。そして，金本位停止後には，銀行券の発行増加など起こらなかっただけでなく，財政均衡が図られていた。つまり，金本位制下では金準備による制限があったため発券が窮屈であったが，金本位停止によりその制限が取り除かれたという話は，現実から全くかけ離れているのである。

　なお，この第四の点については，ここで特に次のことも述べておきたい。「1939 年法」を検討したとき確認したように，金本位停止後においても金準備と発券との間には法律上の関係が残っていた。つまり，金本位制下だと金準備と発券が関連し，金本位廃止下だと両者は無関係になる，ということは言えなかったのである。金準備と銀行券の関係，すなわち旧来の理解に立った言い方をすれば銀行券の量を金準備で制限するということが，金本位放棄後にも残っていたということなのである。金本位放棄後には発券は金準備に制約されなくなる，あるいはそもそも制約を除去するために金本位を放棄したというような話が完全な錯誤であることは，明白であろう。ただし，これはもちろん，金本位放棄後にも金準備によって銀行券量が調整されていたと理解されるべきことではない。各時期について何度も指摘したように，金本位制下でも金準備は銀行券量を統制していなかった。そもそも統制しうる事柄ではなかった。19 世紀に「ピール銀行法」によって実証されてしまったように，金準備と銀行券量を結び付けようとしてどのような法律・制度を設けたとしても，それは実現することではない。それゆえ，旧い規定が金本位放棄後に残っていても何の問題もなかったのである。要するに，金本位放棄後にも金準備と発券の法律的関係が残存しえたということは，放棄後にも銀行券量が金準備によって統制されていたことを意味するのでなく，本来，金本位制は金準備によって銀行券量を統

制しうるものではなかったということを教えているのである。銀行券流通額は，いつの時代にも内生的に決まってきたのだと言えよう。

　本書が提起したことの第五は，金本位制が国内経済に課していた制約とは，金本位制に由来するものではなく実は国際収支均衡の必要性だった，という点である。すなわち，兌換を維持しうるか否かは本質的問題ではなく，本質的問題である国際均衡達成の必要が金本位制下においては金本位制的に表現されていただけであり，その意味で金本位制はヴェールだった，ということである。たとえば，再建金本位制下では，金本位制によって為替相場を安定させるのではなく，為替操作によって金本位制が擁護されていた。このような転倒した事態が発生したことにより，金本位制の維持にいったい何の意味があるのかという問題があらわになり，本質的な問題は外為相場安定の方にあるのではないかということが示されたのである。また，1931年のポンド危機においては，金準備増加ではなく国際収支改善が問われていた。さらに，金本位制は，金準備が枯渇したからではなく，外為相場回復＝国際収支改善を緊縮的政策によって達成することが困難になったために，維持できなくなったのだった。外為相場安定＝国際収支均衡がなければ，金本位制は結局存続しえなくなるのである。そして，固定相場の維持が困難になり，しかもそういう場合に従来行なわれていた緊縮的政策の実行も困難になった時に，金本位制は放棄された。問題は国際均衡だったのである。

　第五の点についても，金本位停止後の事態がいっそう明確に物語ってくれていた。1932年に為替平衡勘定（EEA）が創設され，しかもそれは恒久化した。金本位停止だけでは問題は解決されず，デフレ的調整を避け，かつ国際均衡を維持するためには，内外均衡の遮断が必要だったからである。そして，ほとんど実を結びはしなかったが，外為相場を国際的に調整しようとする様々な努力も現われた。既に第二次大戦中から国際通貨体制再建が検討され，戦後における各国の国際収支を調整する方法も構想された。第二次大戦後における管理通貨制下での政策はストップ・ゴー政策にならざるをえなかった。これら全てが，金本位制を維持するか否かは本質的問題ではなく，金本位制を放棄しても国際収支制約があったことを示しているのである。要するに，金本位制がもたらし

ていると思われた制約は国際収支（を均衡させねばならないということ）が課す制約だったのであり，兌換維持に固執することは現行固定相場の維持に固執しているということだったのであり，金本位制を維持できなかったということは国際均衡を達成できなかったということに他ならなかったのである。逆に言えば，現行固定相場の維持が困難になったことが金本位制においては兌換維持の困難として現われ，固定相場の放棄が金本位制の停止として金本位制的に表現されたのである。金本位制はヴェールだったと言うしかない。

　序章において金本位制の神話をいくつか提示したが，本書は，それらが文字通り神話に過ぎず，教科書的な金本位制像が実際の金本位制からいかにかけ離れたものであるかを明らかにしたつもりである。そこで，改めて問いたい。本書が確認したことを踏まえてもなお，「金本位制は外為相場を金現送点の範囲内に安定させる」という話を教えねばならないのだろうか。「金本位制において紙券が流通しえたのは兌換が約束されていたからである」という話を信じ続けねばならないのだろうか。「金本位制は，金準備が流出して兌換を維持しえなくなり，ついに停止に追い込まれた」という話は疑われないままなのであろうか。「金本位制下では中央銀行券の発行は金準備によって制限されていたが，管理通貨制への移行により中央銀行は発券を自由に拡大しうるようになった」という話が繰り返されていくのであろうか。

　さて，当然ながら，金本位制を捉え直せば金本位制廃止以降の事態も捉え直す必要が出てくる。というよりも，むしろ我々は，金本位制廃止以降の事態に関する認識に疑問を感じたがゆえに，金本位制の再検討に向かったのであった。そこで，最後に，極めて簡略にではあるが，序章において言及しておいた第二次大戦後の諸問題に対して，金本位制を再把握した立場から指摘しうることを述べておきたい。
　まず，「不換銀行券論争」[3]をとりあげる。周知のとおり，この論争では，管理通貨制下の中央銀行券を不換国家紙幣とみるか信用貨幣とみるかが争われたのであるが，論争時に多数の支持を得た国家紙幣説とは，誤った金本位制理解

に基づくものだったのである。つまり,その見解は,金本位制下における銀行券の流通根拠を兌換に求める発想を前提にしていたのである。それゆえ,不換化した中央銀行券をもはや銀行券ではないものと捉えざるをえなくなった。換言すれば,中央銀行券を信用貨幣として認識できなくなってしまった。そして,金債務ではない銀行券については,強制通用力によって流通させられていると言うしかないことになっていったのである。

しかしながら,本書が述べてきたように,中央銀行券は兌換銀行券であった時点においてさえ必ずしも兌換によって信認されていたわけではないとなれば,事態は異なって見えてこよう。兌換中央銀行券は,兌換券であるからではなく,銀行券であるから流通していたのだとすれば,中央銀行券を,それが不換化した瞬間に国家紙幣にしてしまう必要は全くない。不換中央銀行券もまた銀行券であり,すなわち,発行者の自己宛一覧払い債務であることに変わりはない。

このような主張に対しては,兌換券は価値が安定しており(保証されており)不換券とは異なるという反論が予想されるが,すでに本書で確認してきたように,兌換ポンドの価値は常に安定していたわけではなく,外為市場介入がなければ相場を保てないことがあった。また,兌換ポンドが相場維持に苦しむ局面があったのに対し,不換ポンドが高騰する局面もあった。問題は,外為相場であり,国際収支なのである。不換銀行券が金債務ではないという点のみを重視するのは貨幣論次元の発想であり,銀行券の把握において信用論次元に立っていないことの現われであろう。銀行券は,貨幣とは出自を全く異にするものであり,債権債務関係の生成によって創出される債務証書なのである。すなわち,一言で言えば信用貨幣なのであり,信用貨幣として流通しうるものなのである[4]。金本位制が正しく把握されていたならば,不換国家紙幣説は現われず,兌換券も不換券もともに発券銀行の一覧払い債務証書として認識され,管理通貨制下の中央銀行券の性格を捉え損ねるということは起こらなかったのではないだろうか[5]。

次に,1971年の金ドル交換停止(ニクソン・ショック)をとりあげよう。ドルの兌換停止が発表された時,多くの論者がドル支配の崩壊を展望したのは周知のことであるが,その見解もまた,旧来の金本位制理解から生まれたもので

あると言わねばならない。国際通貨ドルの流通根拠を金兌換に求める発想に由来するものだからである。つまり，金本位制の神話に囚われていたために，兌換停止を，ドルの信認喪失を招き，ドルを衰退させるものとして理解してしまった。言い換えれば，兌換を停止するということ自体がドルにとっての本質的危機であると捉えることになったのである。

もちろん，ドル危機があったのは確かである。アメリカの金保有額が同国の対外債務を下回ったのも確かである。しかし，国際通貨の信認は大量の金準備保有によって得られるわけでもないし，兌換を維持してさえいれば得られるというわけではない。1931年には，イギリスは第一次大戦前に比べれば遥かに大きな金準備を保有していたし，ポンドは兌換を保証されていた。にもかかわらず，激しく売り浴びせられたのである。問題は，現行の固定外為相場（平価）を維持しうるか否か，国際収支を改善しうるか否か，財政赤字による通貨減価の恐れがあるか否か，だったのである。1931年の事態に関して少なくともこの点だけでも銘記されていたら，ドルが兌換停止それ自体によって衰退してゆくという把握には陥らなかったであろう。仮にドルは衰退してゆくと展望するとしても，それを兌換停止自体から導き出すということは避けられたと思われる。

本書が明らかにしたように，国際通貨の信認根拠は兌換ではないとなれば，兌換停止によってドルが信認を失うとみる必要はない。兌換停止は本質的問題ではなく，現行固定相場維持を困難にした事情の方にこそ眼を向けるべきである，ということになる。金本位制を正しく捉えていたら，ドル危機を，アメリカの対外債務と同国金保有量の比率の問題としてではなく，アメリカの国際収支（端的に言えばアメリカ経済）が従来からのドル固定相場を維持し続けるのが困難になったという問題として見る視点が，開けた筈なのである。アメリカは国内的要請と国際収支均衡をどのように調整しようとするのか，ドルは国際流動性をどのように供給するのか，という面に問題を見出すことができた筈なのである。そして何よりも，金兌換が廃止され流通根拠を失った筈のドルがその後かえって為替媒介通貨機能の独占度を高めて基軸通貨性を強めていくという事態に，困惑しなくても済んだであろう。

国際通貨とは，信用を授受し易く，かつ持高調整や資金調整等々の外為取引に便利な国際金融センターに置かれた，センター国通貨建て預金である。その預金勘定の決済機能にとって，兌換通貨建てであるか否かは本質的問題ではない。したがって，兌換停止それ自体から直ちにその通貨が国際通貨足りえなくなるということはないのである。兌換停止を決定的に重視する発想は，国際通貨を金の代理物と考える，貨幣論次元に立つものである。国際通貨を信用論次元において把握すれば，金ドル交換停止はドルが紙切れになることではなくなる。また，不換化したドルが基軸通貨であり続けることを，「慣性」とか，世界最大の軍事力を背景とする「強制」などによって説明する必要は，なくなるのである。

　次いで，資本主義の停滞・成長を巡る問題に進もう。両大戦間期の混迷を眼前にした時，第二次大戦後における資本主義の「高度成長」を思い描くことは誰にとっても困難であっただろう。しかし，戦後に至っても資本主義の矛盾激化と体制的危機が論じ続けられたことは周知のとおりである。もちろん，そのような認識が生まれた理由は単純ではないが，理由の一つに金本位制の神話があったと思われる。

　旧来からの金本位制把握に囚われていれば，金本位停止とは，金流出が続き兌換を維持できなくなったために，そこへ追い込まれたという意味合いでのみ理解されるものになる。しかも，停止された兌換には，価格の度量標準を確定し，銀行券に流通根拠を与え，通貨の国際的信認を確保する等々の，決定的に重要な意義があったと理解されているのであるから，不換制の資本主義が確固とした基盤を失った崩壊寸前のシステムに見えてしまうのも不思議ではない。そのような理解からは，不換制のなかに資本主義の新たな展開契機を見出す視点が開けてこなかったのも当然である。

　しかし，本書が検討してきたように，金本位停止を，国際収支改善のための緊縮的政策が従来のように発動できなくなったことによると理解すれば，兌換停止とはそれまでの固定相場を維持しえなくなったということに過ぎず，とりあえず変動相場になったということとして捉えうる。また，金本位制を放棄してもそれのみでは問題は解決せず，内外均衡遮断が必要であるということに着

目できるようになるので，為替平衡勘定のような機構の設置や外為相場の国際的調整努力が有した意義を視野に収めることができるのである。要するに，兌換停止自体が危機なのではなく，危機は内外均衡調整が困難になったことの方にあったことが分かるようになる。金本位制のヴェールが危機を金本位制的に表現させていたけれども，兌換停止は資本主義の危機そのものではなく資本主義が内外均衡達成を困難にし始めたことの表われだったのであり，本質的問題は国内では緊縮的政策を回避せねばならず他方では対外均衡を達成せねばならないという次元にあった，ということに気がつけた筈なのである。

このように考えてくれば分かるように，金本位制理解の不正確さは，資本主義の歴史における両大戦間期の意義を偏って把握させてきた。つまり，通貨量が金準備に制限されるという神話を信じ，金本位制下で国内経済政策に制約を課していたのは金準備であると認識してしまったことが，真の制約要因を見失わせ，金本位放棄後における国際収支・外為相場調整の意義を軽視させたのである。その結果，資本主義が孕みつつあった可能性——戦後における成長政策を可能にするような枠組みの準備——を捉え損ねることになった。そして，両大戦間期を危機という側面のみにおいて偏って意義付けてしまい，第二次大戦後の資本主義を見る眼が狭められたのである。実を結ばなかったとはいえ，第二次大戦前の世界においては緊縮的政策を回避しつつ国際収支の均衡を図る枠組みが模索されており，その延長上に戦後の国際通貨体制再建構想があった。そのことを正当に評価しうる視点があれば，両大戦間期を，体制的危機の時代であると同時に新たな枠組みが用意されつつあった時代として，資本主義史に正当に位置付けたであろう。少なくとも万年恐慌論に陥ることは避けえたであろう。金本位制把握の歪みによって，第二次大戦後の資本主義を分析する眼が曇らされていたように思われる。

序章で触れておいた問題の最後は，近年の金融政策を巡る論争である。周知のように，現代は金融政策を巡る根深い対立を抱えている。中央銀行に対してマネー・サプライのコントロールを求める立場と，それは不可能であるとする立場の対立である[6]。言うまでもなく，中央銀行はハイパワード・マネー操作を通じてマネー・サプライを統制できるとする見解と，中央銀行にはそれはで

きないとする見解は、それぞれ貨幣供給に関する外生説と内生説に立脚している。その意味では、この論争は少なくとも19世紀初頭の地金論争以来のものと言えるのである。今日のマネタリズムと「日銀理論」の論争は、基本的には、地金主義と反地金主義の論争、通貨学派と銀行学派の論争の再現と言ってよい。

争われていることは、端的に言えば、「貨幣はどこで創られるのか」である。貨幣は中央銀行が創ると考えれば外生説になり、中央銀行はハイパワード・マネーを操作しうるとの立場になる。他方、貨幣は市中銀行の信用創造によって創られると考えれば内生説になり、ハイパワード・マネーは原因ではなく結果であって中央銀行には操作しえないとの見解になる[7]。この対立について本書が提起したのは、200年にもわたって外生説的理解が繰り返し生じる基礎に金本位制の神話がある、という点であった。金本位制下では銀行券は金準備額に統制されているという理解は、銀行券流通額が、経済活動の必要に応じて出て行くものではなく、発券銀行によって管理されうるものであるという把握を、容易に生む。つまり、金本位制下では金準備が増加すれば銀行券も増加し、金準備が減少すると銀行券も減少すると信じ込んでいると、金本位制を廃止すれば、すなわち管理通貨制下では、貨幣供給量は発行主体が統制しうるものになると理解してしまうのである。

しかし、本書でしばしば強調したように、金本位制下においても流通通貨量は経済活動のあり様に規定されていたのであって、中央銀行はそれを直接に統制することなどできなかった。金準備額の増減に従って銀行券流通額を変動させることなど不可能だったのである。したがって、中央銀行が通貨量を統制できないのは、兌換を停止してみても同じことである。なぜなら、信用制度を備えた資本主義経済においては、先に貨幣なるもの（たとえば金貨あるいは金準備）が存在していて、それ自身またはその代理物（たとえば補助鋳貨あるいは銀行券）が流通に投入されていく、ということはないからである。貨幣が――金準備であれ、人為的に定めた額であれ――既存物としてあり、それが流通に入るという捉え方は、貨幣論的発想である。あるいは貨幣数量説であり、マネタリズムである。信用制度の下では、貨幣が先に存在しているということはありえない。まず信用供与があって、それに基づいて貨幣が生まれるのである。

兌換制であろうと不換制であろうと,「貨幣がまずあって,それが貸借されるのではなく,逆に貸借関係から貨幣が生まれてくる」[8]。手形交換制度と中央銀行預金口座を通じた決済ネットワークが整っているならば,市中銀行は信用創造によって貨幣(預金通貨)を創出できるのであり,またそれこそが銀行の本質であり,したがって市中銀行は,新たに得る貸出債権と同額の自己宛債務(預金)を創出して信用を供与する。それゆえ,貸借関係から預金通貨が生まれてくることになるのである。もちろん,市中銀行は中央銀行に対して,信用創造を行なった結果として必要になる額の信用供与を求めることになるが,中央銀行からの与信も中央銀行の自己宛債務によってなされる以上,不要な貨幣が創出されることは基本的にはありえない。無理に創出したとしても,無用であれば,銀行券は還流し,預金通貨は動かないであろう。それゆえ,ハイパワード・マネーの増減はマネー・サプライ増減の結果なのである。逆の主張は,貨幣が債務であることを忘れた議論であると言うしかない。

　この問題に関しても,誤った金本位制理解が正しい認識を妨げてきたように思われる。中央銀行がマネー・サプライを直接統制しうるというような幻想を一掃するためにも,教科書的金本位制像は一掃されねばならない。

　最後に,我々が辿ってきた「ポンドの苦闘」に否応なくオーバーラップしてくる現代の問題に一言のみ触れて,本書を終わることにしたい。
　金本位制の行き詰りは緊縮的政策への抵抗が強まったことにより顕在化した。失業増加や貨幣所得低下を招くような調整が困難になったとき,金本位制は放棄されねばならなかった。この事態は内外均衡両立の必要という問題を表面化させたが,それは第二次大戦後においては,国内経済の拡大を国際収支の制約といかに調和させるかという形をとることになった。すなわち,戦後に追求されたのは完全雇用と成長を確保しつつ国際収支の均衡を図る政策だった。そして,そのいわゆるケインズ政策も行き詰りが指摘され始めて久しい。
　以上のように振り返ってみると,主要資本主義諸国が今日,多かれ少なかれ規制緩和路線を進めることの一つの意味が見えてくる。第二次大戦後の経済成長の枠組みが従来のように機能しなくなったとき,かつて金本位制の維持を困

難にし，新たな枠組みの創出を不可避にした要因の方を取り除こうとする志向が登場するのは，ある意味で自然だということである。市場万能主義とは，デフレ的調整に抵抗してポンドを切下げに追い込んだ力を切り崩し，「自由」に多様な対処策が実施されうる世界を再び作ろうとするものではないだろうか。

　そして，自由化の進行は，すでに巨額の「激しく動き回る」資金を生み出している。1932年にチェンバレン蔵相が為替平衡勘定の創設を提案するなかで懸念を示したホット・マネーの活動は，今日までに文字通り桁違いの規模に膨張したのである。その結果，たとえば国際収支における資本取引は，経常収支の赤字・黒字を調整するという，今から思えばもはや牧歌的とも言えるような役割から遥かに離れて——大量の外資流出入によって国内経済が影響を受けるという媒介的ルートを通じて——，逆に経常収支を規定しているのではないかとさえ思われる。また，公的外貨準備も，「国際収支赤字をファイナンスする手段というよりも，自国通貨の対外為替相場を維持する政策の結果として存在するだけ」[9]になってきているようである。いずれにしても，自由化は金融取引を肥大化させてしまった。

　金融取引は，それ自身としては新たな富を生むものではない。それゆえ，そこから得られる収益は基本的には既存所得の分割・移転である。ただし金融取引にも，各当事者に個別的損得をもたらすだけのものではない社会的意義がある。創造あるいは仲介された資金が現実の生産に投入されれば，モノやサービスが生み出され，そこから生まれる所得から利子や配当が賄われる。実体的経済活動に結びついた金融取引は，ゼロサム・ゲームではない。ところが，どこまで辿っても実体的活動とのつながりが出てこない，金融の世界の中で完結してしまうような取引は，その収益の裏側に損失があるだけである。そしてそのような，いわば金融取引のための金融取引が，今日の肥大化の中身なのである。ヘッジ・裁定・投機などのための取引全てをゼロサム・ゲームと見なすことはできないだろうが，しかし，貿易に伴う外為取引だけなら1年間に行なわれる外為取引総額の僅か4日分で済み，直接投資のために必要になる外為取引なら1～2時間分で済む[10]というような状態は，決して正常ではないだろう。実需とは無関係の外為取引を実需の何十倍も行なうために，多量の資材と多数の人

材が投入されているのである。これは社会的無駄ではないだろうか。また，短期的・流動的に国境を越えて動く資金の規模が小国の金融市場規模を凌駕するに至り，投機資金が一国の経済を動揺させうるというような状態も，やはり望ましくはないだろう。外為相場が実体経済と無関係に暴落する危険が常に存在するのである。これは堅実な経済建設への障害ではないだろうか[11]。

注
1) 第一次大戦以前のイギリス金本位制の実態については，金井雄一 [1989] 参照。
2)「不換銀行券は制限なく発行できるが兌換銀行券の場合には制限がある」という説明はしばしば行なわれてきたが，その見解が根拠とするのは兌換銀行券（金本位制）の場合には兌換請求が起こるから，というものである。「……兌換銀行券のさいまたは金が現実に流通しているさいには，インフレーションはひき起こそうとしても生じえない。というのは，兌換銀行券はつねに金と兌換しうるものであり，金はそれ自身価値物であるからそれの現実の価値の変動……以外にはその価値が変動することはないからである」（三宅義夫 [1966] 181頁）。「……その現金が流通に不要となったときには，それをもっているひとは中央銀行にいって金貨に兌換する。兌換が行なわれるのに何の制限もなければ，現金たる銀行券は流通の必要量をこえることはなく，インフレーションはおこらない」（川合一郎 [1968] 37頁）。

　なお，銀行学派の J. ウィルソン（James Wilson）が，兌換銀行券の量が制限されるのは減価した時に兌換が請求されるからであるという R. トレンズ（Robert Torrens）の主張に対して，銀行券形態が不便な人はそれを金貨に換え，金貨が送金に不便な人はそれを銀行券に換えたとき，どちらが減価したというのか，と問うている。金井雄一 [1989] 60-61頁，参照。
3)「不換銀行券論争」については，西村閑也 [1962]；浜野俊一郎 [1964] 参照。
4) 次の意見は傾聴に値すると思われる。「……兌換銀行券の流通根拠は兌換にあったのであろうか。……兌換は銀行券の信認を高めるために必要だったことは確かだが，真の流通根拠は銀行券の発行の態様にあったのではないだろうか。つまり，経済取引のなかの信用関係がまずあって，銀行券にしろ預金通貨にしろ，その信用関係を代位するという形で信用貨幣が発行（創出）される。いい方を変えれば再生産過程に根ざした貨幣の発行還流こそが，真の流通根拠であるとすべきではないだろうか」（吉田暁 [2002] 78頁）。
5) 不換国家紙幣説の問題点については，楊枝嗣朗 [1988] 第1章，参照。
6) 最近の例としては，岩田規久男と翁邦雄の論争がある。岩田規久男 [1992]；岩田 [1993]；翁邦雄 [1992]；翁 [1993] 参照。また，この論争について，建部正義 [1994]；古川顕 [1994]；山田喜志夫 [1995] 参照。

なお，かつて同様の議論が，小宮隆太郎に対する外山茂の批判において行なわれた。小宮隆太郎［1976］；外山茂［1980c］第1章，参照。
7）内生的貨幣供給論を説得的に展開した最近のものとして，吉田暁［2002］がある。また，建部正義［1999］；建部［2001］が信用創造を出発点において金融現象を把握しようとする主張を展開している。山田喜志夫［1999］；向壽一［1991］も参照。
8）西川元彦［1984］94頁。若干補足しておけば，信用制度下での貨幣貸付とは，既存の貨幣を貸すことではなく，債権債務関係を結ぶことなのである。言い換えれば，債権債務関係の生成によって貨幣が新たに生れるのである。銀行が貨幣を貸すという場合，その多くは，その銀行が保有している貨幣を渡すのではなく，借り手名義の預金を設定するという形式をとる。つまり，銀行は自己宛債務（預金）を創り出してそれを貸すのであるが，その帳簿上の数字は現実に通貨機能を果たすものであり，そこに新たな貨幣が創造されたということになるである。
9）本山美彦［1992］305頁。
10）小西一雄［1998］参照。
11）Cf. Strange［1986］；Strange［1998］.

あとがき

　本書は，単著としては私にとって 2 冊目の書物であるが，1 作目『イングランド銀行金融政策の形成』を刊行してから既に 14 年以上も経ってしまった。今は，何とかここまで辿り着いたという安堵感よりも，どんなに遅れたとしても 5～6 年前には公刊できた筈だという悔恨の念の方が強い。この間，勤務先の内でも外でも，自分が責任を果たすしかない多くの仕事を抱え込んでしまい，研究時間に恵まれなかったのは確かである。しかし，私がすべきは，自らの怠慢を責めることであろう。

　著しく遅れたとはいえ，ともかくも本書を世に問うことができるようになったのは，多くの方々が御指導・御援助を与えてくださったおかげである。こうしているうちにも，感謝の言葉を捧げたいと思うお顔が次々と浮かんでくる。しかし，際限なくお名前を列挙することは控えて，この場では，本書の完成に文字通り直接的な形でお世話になった方々にお礼を申し上げるだけにしておきたい。

　まずもって感謝の意を表したいのは，イギリス公文書館（Public Record Office）ならびにイングランド銀行文書室（Bank of England Archive）である。本書ではイギリス大蔵省やイングランド銀行などの「内部文書」が数多く利用されているが，それらの資料の閲覧に際しては，どちらにおいても本当に親切にしていただいた。キュー・ガーデンのイギリス公文書館では，多数のスタッフが初歩的な質問にも丁寧に答えてくださった。イングランド銀行文書室では，ヘンリー・ジレット（Henry Gillett）氏とサラ・ミラード（Sarah Millard）女史が，本来の行内業務だけでも十分に多忙であるにもかかわらず，しばしば終日居座り続ける私への協力を惜しまれなかった。

また，ロンドンでの資料調査については，数度の短期訪問も当然有益であったが，最もじっくりと取り組めたのは何と言ってもシティ大学（City University）に客員研究員として滞在していた時である。シティ大学ビジネス・スクールは金融街シティに隣接するバービカン・センター（Barbican Centre）のフロビッシャー・クレセント（Frobisher Crescent）にあり（現在はすぐ近くではあるが新しい建物に移っている），そこからはイングランド銀行まで歩いて行くことができた。私にとってこの上ない所に滞在の機会を与え，いろいろな便宜を図ってくださったフォレスト・カピー（Forrest Capie）先生と，カピー先生への御手配の労を惜しまれなかった西村閑也先生に，心からのお礼を申し上げる次第である。合わせて，何くれとなくお世話してくださったシティ大学の職員の方々に対する感謝の気持ちも，ここに記しておきたい。

　さらに，本書が成るにあたっては，本書の基になった諸論文に対して各種の研究会・学会等々において頂いた御批判・御教示が不可欠であった。藤瀬浩司先生および秋元英一先生には，1990年代にそれぞれが主宰されていた共同研究会に加えていただき，幅広い知見に基づく御指導を賜った。両先生ならびに両研究会のメンバー諸氏には深く感謝せねばならない。同じく，私に報告の機会を与えられた，金融学会歴史部会［1989年］・成城大学経済研究所［90年］・名古屋経済史研究会（COEHN）［90年］・日本銀行金融研究所［91年］・信用理論研究学会［93年］・金融学会中部部会［95年］・土地制度史学会（現 政治経済学・経済史学会）［97年］・キタン学術シンポジウム［98年］・社会経済史学会［99年］・日本金融学会［00年］・土地制度史学会東海部会（経済理論学会東海部会と合同）［02年］にも，厚くお礼申し上げたい。多くの方々から貴重な御意見をお寄せいただくことができたのは，本当に有り難いことであった。

　なお，本書にまとめられた研究を遂行する過程で，諸々の研究助成を得ることができた。（財）日東学術振興財団［1989年度］・（財）石田財団［1991年度］・（社）キタン会［1995年度］から，各々の研究助成金を交付していただいた。文部省（当時）からは，科学研究費（1989～91年度）・特定研究経費［1994～95年度］・科学研究費［1996～98年度］の交付を受けた。この機会に改めて謝意を表しておきたい。

あとがき　199

　本書は，前著刊行以降に発表してきた下記の拙稿を基に書かれたものであるが，各論稿はいずれも全体的に加筆されており，また分解されて各章に使われているものや部分的にのみ利用されているものもある。もちろん，本書には新たに書き下ろされた部分もかなりある。したがって，あえて本書各章との対応を記さないことにしたが，その点，各論文所収誌の関係各位には御理解を願いたい。

- 「バンク・レート政策の行詰りと為替操作の登場」『土地制度史学』145, 1994 年。
- 「『1928 年カレンシー・ノートおよび銀行券法』と再建金本位制」『土地制度史学』149, 1995 年。
- 「1930 年代のイギリス経済と『もう一つのケインズ革命』への道──金融政策を中心に」『土地制度史学』159, 1998 年。
- 「為替平衡勘定の歴史的意義──金本位放棄後のイギリスにおける内外均衡遮断の試み」『佐賀大学経済論集』31-3・4, 1998 年。
- 「ポンドの衰退とイギリス国民経済の選択」秋元英一編『グローバリゼーションと国民経済の選択』東京大学出版会, 2001 年。
- 「1914 年恐慌と金本位制下の金貨流通」『経済科学』50-2, 2002 年。
- 「1931 年金本位放棄と金本位制の本質」『経済科学』50-4, 2003 年。

　末尾になったが，本書刊行に際して大変なお世話をおかけしてしまった(財)名古屋大学出版会に厚くお礼申し上げたい。橘宗吾・三木信吾の両氏には，企画段階から多大な御協力を得た。また，三木氏には，出版に際して必要となる各種の面倒な書類を全て作成していただいたばかりでなく，原稿を見事なまでに綿密に点検していただいた。そして，貴重な御助言と折にふれての暖かい励ましを幾度となく頂戴した。氏をはじめとする出版会の皆様の御支援がなかったら，本書の公刊は更に延々と遅れていったに違いない。
　イギリスでの研究に際しては，家族にも何かと迷惑をかけた。今回の書物では私事に触れるのは控えようと考えていたのであるが，よく協力してくれた妻と二人の息子達に対して，一緒にセント・ポールやグリニッジへ行った日々を

思い出しながら，一言「ありがとう」と述べることをお許し願いたい。

「あとがき」を閉じるにあたり，本書の出版には日本学術振興会より2003年度科学研究費補助金（研究成果公開促進費）が交付されていることを，謝意を込めて記しておく。

2004年1月

金 井 雄 一

参考文献

資　料

イギリス公文書館（Public Record Office）所蔵資料
CAB（Cabinet Office）
CAB 27　War Cabinet and Cabinet : Miscellaneous Committees : Records (General Series) 1915-1939
　CAB 27/462, Committee on the Financial Situation, 1931.
CAB 58　Cabinet : Committee of Civil Research, later Economic Advisory Council and Sub-committees : Minutes and Memoranda (CR, EAC and other series) 1925-1939
　CAB 58/2, Economic Advisory Council, Minutes, 17 February 1930-15 January 1932.
　CAB 58/18, Economic Advisory Council, Committee on Economic Information.
　CAB 58/19, Economic Advisory Council, Committee on Economic Information, Memoranda, E. A. C. (E. I.) 46-90, 16th May 1933〜7th Sep. 1934.
T（HM Treasury）
T 160　Treasury : Finance Department : Registered Files (F Series) 1887-1948
　T 160/2/F64, Currency notes, first and second issues ; demonetization.
　T 160/10/F301, Currency Notes Redemption A/C.
　T 160/197/F7528, Committee on Currency and Bank of England Note Issues.
　T 160/197/F7528/01/1-3, Chamberlain-Bradbury Committee on Gold Standard and Amalgamation of Treasury Note Issues with Bank of England Note Issue : Proceedings.
　T 160/197/F7528/02, Proceedings of Chamberlain-Bradbury Committee on Gold Standard and Amalgamation of Treasury Note Issue with Bank of England Issue ; Evidence.
　T 160/281/F11789, Sovereigns Held by Issue Department of Bank of England, Melting of.
　T 160/372/F2655/02, Sale of Dollar Securities to the Bank of England.
　T 160/402/F12600/01, Control of Exchange Operations ; Communications with Colonies.
　T 160/403/F12600/012, Advisory Committee on Questions of Technique Regarding the Exchanges and their Management.
　T 160/403/F12600/08, Control of Exchange Operations ; Orders under Section 1 (3) of Gold Standard (Amendment) Act, 1931.
　T 160/409/F1454, Exchange Account. Sterling Balance.
　T 160/409/F1622/1, Collection of Banker's Gold Coin from all Banks throughout the U. K. Expenses incurred by Bank of England.

T 160/409/F1622/2, Collection of Banker's Gold Coin from all banks throughout the U. K. Expenses incurred.
T 160/418/F6779/1-2, Treasury Exchange Transactions in U. S. A. General Memoranda.
T 160/444/F12899, Currency Crisis 1931, Repayment of Foreign Credits (America and France).
T 160/444/F12901, Currency Crisis 1931, Bank of England Foreign Credits.
T 160/463/F8362/1, Return to the Gold Standard.
T 160/481/F12820, British High Commissioner in South Africa. Method of Financing.
T 160/565/F13039/1, Exchange Equalisation Account.
T 160/631/F14575, Treasury. (1) Submission of Important Matters dealt with by Finance Branch to Chancellor of Exchequer. (2) Summary of Work done by 1D and 2D.
T 160/730/F13000, Exchange Equalisation Fund, Enquiries Suggestion and Comments.
T 160/1007/F12600/1, Control of Exchange Operations.
T 160/1007/F12600/2, Control of Exchange Operations.
T 163 Treasury: General Registered Files (G Series) 1888-1948
T 163/68/18(G3788), Gold Standard (Amendment) Bill, 1931.
T 163/69/6/G2844, Currency and Bank Notes Bill, 1928.
T 163/130/G1942, Gold Standard Bill, 1925.
T 170 Treasury: Papers of Sir John Bradbury
T 170/14, Correspondence etc., The Government and the Bank August-September 1914.
T 170/19, Miscellaneous memoranda, Part 2, 1914.
T 171 Chancellor of the Exchequer's Office: Budget and Finance Bill Papers 1859-1979
T 171/53, Gold Reserves. 1914.
T 171/288, Budget, September 1931.
T 171/289, Finance Bill 1931 Vol. I ; Resolutions, Notes on Clauses & Guillotine.
T 171/294, Finance (No. 2) Act 1931 ; House of Commons Debates.
T 171/297, Finance Bill 1932 Vol. I ; Resolutions & Notes on Clauses.
T 171/298, Finance Bill ; Committee, Vol. II.
T 171/299, Finance Bill ; Report and Third Reading, Vol. III.
T 171/300, Finance Act ; House of Commons Debates.
T 172 Chancellor of the Exchequer's Office: Miscellaneous Papers 1792-1962
T 172/1466, The Gold Standard (J. M. Keynes) 1925.
T 172/1499B, Gold Standard 1925 : Treasury Memoranda.
T 172/1740, Bank of England Monetary Procedure.
T 172/1756, Record of Conversation with Members of the Cabinet and the Governor of the Bank of England on the Financial Situation. (1931)
T 172/1775, Sterling Stabilisation. (1931/35)
T 172/1821, Future Management of the Gold Standard 1933/34.
T 172/1858, Gold : Discussions with the Governor of the Bank of England. 1937.
T 175 Treasury: Papers of Sir Richard Hopkins 1914-1942
T 175/9, Proposed Return to the Gold Standard, 1925.
T 175/46, B. I. S. Gold Guarantee.
T 175/51, Crisis 1931, Drafts, Copies, etc.
T 175/56, General Financial Policy, 1931-1932.

T 176　Treasury: Papers of Sir Otto Niemeyer 1906-1930
　T 176/5, Monetary Policy 1920-9.
　T 176/13, Bank Rate, 1923-30.
　T 176/16, Gold Standard, 1925.
　T 176/22（ファイル自体にはタイトルは記されていない。PROの「Class List」では Internal Gold Circulation, 1925-7 とされている）.
T 177　Treasury: Papers of Sir Frederick Phillips 1922-1945
　T 177/4（ファイル自体にはタイトルは記されていない。PROの「Class List」では Miscellaneous papers 1925-1939 とされている）.
　T 177/7（同上。Gold Problem）.

イングランド銀行文書室（The Bank of England Archive）所蔵資料
AC（Accountants Department）
AC 1　Administration of Work: 1876-1975
AC 4　Histories: 1880-1955
ADM（Administration Department）
ADM 1　Commonwealth Central Bank Letters: 1928-1974
ADM 4　Statutes, Chapters and By-Laws: 1758-1960
　ADM 4/1, Bank of England Acts.
　ADM 4/7, Rules, Orders and By-laws for the Good Government of the Corporation of the Governor and Company of the Bank of England.
ADM 16　Sir Charles Addis' Papers: 1915-1961
　ADM 16/4, Sir Charles Addis' Papers—Misc 1926-1927.
　ADM 16/5, Sir Charles Addis' Papers—Misc 1928-1930.
ADM 25　H. A. Siepmann's Papers: 1923-1939
　ADM 25/6, Mr. Siepman's &c. Corres. July to Dec. 1931.
ADM 27　Archive: 1694-1982
ADM 33　Sayers' History; Papers: 1968-1976
　ADM 33/4, The Bank of England 1891-1944 By R. S. Sayers.
C（Cashiers/Banking Department）
C 1　Daily Accounts for "Books": 1851-1986
　C 1/62, 1914 Account Book.
　C 1/79, Daily Accounts 1931.
C 2　The Bank Return: 1844-1992
C 3　Bank Return Summaries: 1844-1955
C 12　Note Issue Files: 1826-1978
C 43　Gold and Foreign Exchange Files: 1810-1980
　C 43/22, Exchange Equalisation Account From 18. 3. 32 To 31. 12. 32（ファイル自体の背表紙には上記のように書いてあるが，1933年1月の文書も入っており，文書室に備えられている「Bound List」では To 7. 1. 33 とされている）.
　C 43/23, Exchange Equalisation Account From: 1. 1. 33 To: 31. 12. 34.
　C 43/75, Foreign Exchange～General From 7. 8. 1928 To 16. 12. 1932.
　C 43/76, Foreign Exchange Control (General) 1933 Jan-1934 Dec.
　C 43/96, Banker's Exchange Committee From January 1932 To October 1932.

C 43/97, Banker's Exchange Committee, From November 1932 To November 1933.
C 43/98, Foreign Exchange Committee, Sept. to Dec. 1931.
C 43/99, Foreign Exchange Committee, From JAN. 1932 To NOV. 1932.
C 43/101, Exchange Dealings & Forward Exchange from 10-8-31 to 30-10-39.
C 43/138, Gold ; General From 1. 1. 31 To 31. 12. 31.
C 43/157, Gold Imports and Exports 1914-1919.
C 43/683, Turnover and Profit 16. 9. 1936〜14. 8. 1939.
C 45　Chief Cashier's Office ; Room I : 1850-1973
C 45/16, 1858-1970 Bank's Reserve and Gold Reserve.
C 45/21, Weekly Account and Miscellaneous Statements concerned with Bank of England Figures From−1840 To−1946.
EID (Economic Intelligence Department)
EID 3　Balance of Payments Estimate : 1904-1976
EID 3/196, Gold Exchange Standard 1927-1932.
EID 3/202 (このファイルにはタイトルが記されていない。「Bound List」ではEEA : General とされている).
EID 4　Home Finance : 1845-1978
EID 4/102, Monetary Policy, Theory, General.
G (Governors' and Secretarys')
G 1　Governor's Files : 1913-1981
G 1/457, Financial Crisis 1931 and French and American Credits to British Government from 1931. 8/8 to 1932. 2/4.
G 1/459 (このファイルにはタイトルが記されていない。「Bound List」ではGold, Gold Standard とされている).
G 14　Committee of Treasury Files : 1909-1983
G 14/307, Exchange Committee and Exchange Account.
G 14/312, Gold−Return to Gold Standard 1925 /Suspension of Gold Standard 1931.
G 14/316, Financial Policy ; Crisis of 1931, Including Suspension of the Gold Standard.
G 15　Secretary's Files : 1768-1986
G 15/29, History of 1931 Crisis.
G 15/30, Currency C'EE 1931.

その他
Annual Abstract of Statistics.
Bank of England Quarterly Bulletin.
British Parliamentary Papers.
The Economist.
Midland Bank Review.
The Parliamentary Debates.
Statistical Abstract for the United Kingdom.
Times.

文 献

Ackrill, Margaret and Leslie Hannah [2001] *Barclays : the business of banking, 1690-1996*, Cambridge.
Ally, Russell [1994] *Gold and Empire : the Bank of England and South Africa's Gold Producers, 1886-1926*, Johannesburg.
Andreades, A. [1909] translated by Meredith, C., *History of the Bank of England*, London (町田義一郎・吉田啓一訳『イングランド銀行史』日本評論社, 1971 年).
Arndt, H. W. [1944] *The Economic Lessons of the Nineteen-Thirties*, London (小沢健二他訳『世界大不況の教訓』東洋経済新報社, 1978 年).
Artis, Michael J. [1965] *Foundations of British Monetary Policy*, Oxford (今田治彌・岡本磐男訳『イギリス金融政策の基礎』東洋経済新報社, 1967 年).
Bank for International Settlements [1963] *Eight European Central Banks*, London.
Bank of England, the Court of Directors [1951] *Bank of England*, London.
Bell, Colin (ed.) [1975] *National Government, 1931*, London.
Bell, Philip W. [1956] *The Sterling Area in the Postwar World : Internal Mechanism and Cohesion* 1946-52, Oxford.
Bloomfield, Arthur I. [1950] *Capital Imports and the American Balance of Payments, 1934-39*, Chicago (中西市郎・岩野茂道監訳『国際短期資本移動論』新評論, 1974 年).
――[1959] *Monetary Policy Under the International Gold Standard, 1880-1914*, New York (小野一一郎・小林龍馬訳『金本位制と国際金融』日本評論社, 1975 年, 第 1 部).
Booth, Alan [1983] "The 'Keynesian Revolution' in Economic Policy-Making", *The Economic History Review*, 2nd ser., Vol. 36, No. 1.
――[1984] "Defining a 'Keynesian Revolution'", *The Economic History Review*, 2nd ser., Vol. 37, No. 2.
――[1989] *British Economic Policy, 1931-49*, London.
Bordo, Michael D. [1986a] "Financial Crises, Banking Crises, Stock Market Crashes and the Money Supply : Some International Evidence, 1870-1933", in Capie Forrest and Geoffrey E. Wood (eds.) [1986].
――[1986b] "Explorations in Monetary History : A Survey of the Literature", *Explorations in Economic History*, Vol. 23, No. 4.
Born, Karl Erich [1977] *Geld und Banken im 19. und 20. Jahrhundert*, Stuttgart (Translated by Volker R. Berghahn, *International Banking in the 19th and 20th Centuries*, New York, 1983).
Boyce, R. [1988] "Creating the Myth of Consensus : Public Opinion and Britain's Return to the Gold Standard in 1925", in P. L. Cottrell and D. E. Moggridge (eds.) [1988].
Brown, William Adams, Jr. [1940] *The International Gold Standard Reinterpreted 1914-1934*, 2vols., New York.
Burk, Kathleen [1988] "A Merchant Bank at War : the House of Morgan, 1914-18", in Cottrell, P. L. and D. E. Moggridge (eds.) [1988].
Cain, P. J. and A. G. Hopkins [1993] *British Imperialism : Crisis and Deconstruction 1914-1990*, London (木畑洋一・旦祐介訳『ジェントルマン資本主義の帝国 II ――危機と解

体 1914-1990』名古屋大学出版会,1997 年).
Cairncross, Alec and Barry Eichengreen [1983] *Sterling in Decline : The Devaluations of 1931, 1949 and 1967*, Oxford.
Cairncross, Alec [1990] "The United Kingdom", in Andrew Graham and Anthony Seldon (eds.), *Government and Economies in the Postwar World : Economic Policies and Comparative Performance, 1945-85*, London.
Capie, Forrest and M. Collins [1983] *The Inter-War British Economy : A Statistical Abstract*, Manchester.
Capie, Forrest and Alan Webber [1985] *A Monetary History of the United Kingdom, 1870-1982*, Vol. 1, London.
Capie, Forrest and Geoffrey E. Wood [1986] "Introduction", in Capie and Wood (eds.) [1986].
Capie, Forrest and Geoffrey E. Wood (eds.) [1986] *Financial Crises and the World Banking System*, London.
Capie, Forrest, Terence C. Mills and Geoffrey E. Wood [1986] "What Happened in 1931?", in Capie and Wood (eds.) [1986].
Capie, Forrest, Charles Goodhart, Stanley Fischer and Norbert Schnadt [1994] *The Future of Central Banking*, Cambridge.
Capie, Forrest [2003] *Depression and Protectionism : Britain between the Wars*, London.
Cassel, Gustav [1922] *Money and Foreign Exchange after 1914*, London.
Clapham, John [1946] "The Transition from Peace to War", in Sayers [1976] Appendixes, appendix 3 : Sir John Clapham's Account of the Financial Crisis in August 1914.
Clarke, S. V. O. [1977] *Exchange-Rate Stabilization in the Mid-1930s : Negotiating the Tripartite Agreement*, Princeton.
Clay, H. [1957] *Lord Norman*, London.
Cohen, Benjamin J. [1971] *The Future of Sterling as an International Currency*, London.
Collins, Michael [1988] *Money and Banking in the UK : A History*, London.
―――[1991] *Banks and Industrial Finance in Britain 1800-1939*, London.
Collins, Michael (ed.) [1993] *Central Banking in History*, 3 vols., Cambridge.
Committee of Secrecy on the Bank of England Charter [1832] *Report from the Committee of Secrecy on the Bank of England Charter* (British Parliamentary Papers, 1831-32 Vol. VI).
Committee on the Currency and Bank of England Note Issues [1925] *The Report of the Committee on the Currency and Bank of England Note Issues*, in Gregory (ed.) [1929] Vol. 2.
Committee on Currency and Foreign Exchange After the War [1918] *First Interim Report*, in Gregory (ed.) [1929] Vol. 2.
Committee on Finance and Industry [1931] *The Report of the Committee on Finance and Industry* (Cmd. 3897), London.
Committee on National Expenditure [1931] *The Report of the Committee on National Expenditure* (Cmd. 3920), London.
Conan, A. R. [1952] *The Sterling Area*, London.
Coppieters, Emmanuel [1955] *English Bank Note Circulation 1694-1954*, The Hague.
Cottrell, P. L. and D. E. Moggridge (eds.) [1988] *Money and Power : Essays in Honour of*

L. S. Pressnell, London.
Cottrell, P. L. [1995] "The Bank of England in its International Setting, 1918-1972", in Roberts, Richard and David Kynaston (eds.) [1995].
Dacey, W. Manning [1951] *The British Banking Mechanism*, London.
Dam, Kenneth W. [1982] *The Rules of the Game*, Chicago.
Davies, Brinley [1975] *The United Kingdom and the World Monetary System*, London.
De Cecco, M. [1974] *Money and Empire*, Oxford.
De Fraine, Herbert George [1931] *The St. Luke's Printing Works of the Bank of England*, London.
――[1960] *Servant of This House : Life in the old Bank of England*, London.
De Kock, M. H. [1939] *Central Banking*, London (3rd ed., 1954) (吉野俊彦訳『中央銀行金融政策論』至誠堂, 1957年).
Dow, Christopher [2000] *Major Recessions : Britain and the World, 1920-1995*, Oxford.
Drummond, Ian, M. [1981] *The Floating Pound and the Sterling Area 1931-1939*, Cambridge.
――[1987] *The Gold Standard and the International Monetary System 1900-1939*, London (田中生夫・山本栄治訳『金本位制と国際通貨システム 1900-1939』日本経済評論社, 1989年).
Einzig, Paul [1932] *Montagu Norman*, London.
――[1938] *Foreign Balances*, London.
――[1972] *The Destiny of Gold*, London (加瀬正一・幸田精蔵訳『金の運命』日本経済新聞社, 1974年).
Evitt, H. E. [1955] *A Manual of Foreign Exchange*, London (東京銀行調査部訳『外国為替入門』東洋経済新報社, 1960年).
Feavearyear, Albert [1931] *The Pound Sterling : A History of English Money*, revised by E. Victor Morgan, 2nd ed., Oxford, 1963 (一ノ瀬篤・川合研・中島将隆訳『ポンド・スターリング――イギリス貨幣史』新評論, 1984年).
Fforde, John [1992] *The Bank of England and Public Policy, 1941-1958*, Cambridge.
Ford, A. G. [1962] *The Gold Standard 1880-1914, Britain and Argentina*, Oxford.
Forsyth, Douglas J. and Ton Notermans (eds.) [1997] *Regime Changes : Macroeconomic Policy and Financial Regulation in Europe from the 1930s to the 1990s*, Oxford.
Friedman, Milton and Anna J. Schwartz [1982] *Monetary Trends in the United States and the United Kingdom*, Chicago.
Fry, Geoffrey K. [2001] *The Politics of Crisis : An Interpretation of British Politics, 1931-1945*, New York.
Gardner, Richard N. [1969] *Sterling-Dollar Diplomacy : The Origins and the Prospects of Our International Economic Order*, new, expanded edition, New York (村野孝・加瀬正一訳『国際通貨体制成立史――英米の抗争と協力 上・下』東洋経済新報社, 1973年).
Geddes, Philip [1987] *Inside the Bank of England*, London.
Giuseppi, John [1966] *The Bank of England : A History from its Foundation in 1694*, London.
Glyn, Hughes, Lipietz, and Singh [1990] "The Rise and Fall of the Golden Age", in Marglin, Stephen and Juliet Schor (eds.), *The Golden Age of Capitalism : Reinterpreting the Postwar Experience*, Oxford (磯谷・植村・海老塚監訳『資本主義の黄金時代』東洋経

済新報社，1993 年).
Goodhart, Charles [1986] "Comments on 'The Summer of 1914'", in Capie Forrest and Geoffrey E. Wood (eds.) [1986].
Grassman S. [1973] "A Fundamental Symmetry in International Payment Patterns", *Journal of International Economics*, No. 3.
Gregory, T. E. [1921] *Foreign Exchange : Before, During, and After the War*, London.
Gregory, T. E. (ed.) [1929] *Select Statutes Documents and Reports Relating to British Banking 1832-1928*, 2vols., Oxford (new impression, London, 1964).
Hall, N. F. [1935] *The Exchange Equalisation Account*, London.
Hargreaves, E. L. [1930] *The National Debt*, London (一ノ瀬篤・斎藤忠雄・西野宗雄訳『イギリス国債史』新評論，1987 年).
Hawtrey, R. G. [1923] *Monetary Reconstruction*, London.
――[1932] *The Art of Central Banking*, London.
――[1938] *A Century of Bank Rate*, London (英国金融史研究会訳『金利政策の百年』東洋経済新報社，1977 年).
Hennessy, Elizabeth [1992] *A Domestic History of the Bank of England, 1930-1960*, Cambridge.
Hill, Martin [1946] *The Economic and Financial Organization of the League of Nations*, Washington, D. C.
Howson, Susan [1980] "The Management of Sterling, 1932-1939", *The Journal of Economic History*, Vol. XL, No. 1.
Josset, C. R. [1962] *Money in Britain*, London.
Keynes, J. M. [1914] "War and the Financial System, August, 1914", *The Economic Journal*, Vol. 24, Sept.
――[1923] *A Tract on Monetary Reform*, London.
――[1924] "Discussion on Monetary Reform", *The Economic Journal*, Vol. 34, June.
――[1925] "Notes and Memoranda. The Committee on the Currency", *The Economic Journal*, Vol. 35, June.
――〔Johnson, Elizabeth (ed.)〕[1971] *The Collected Writings of John Maynard Keynes*, Vol. XVI, London.
――〔Moggridge, Donald (ed.)〕[1981] *The Collected Writings of John Maynard Keynes*, Vol. XIX, Part I-II, London (西村閑也訳『ケインズ全集・第 19 巻　金本位復帰と産業政策――1922〜29 年の諸活動』東洋経済新報社，1998 年).
Kindleberger, Charles P. [1973] *The World in Depression, 1929-1939*, Berkeley, Calif. (石崎昭彦・木村一朗訳『大不況下の世界 1929-1939』東京大学出版会，1982 年).
――[1974] *The Formation of Financial Centers : A Study in Comparative Economic History*, Princeton (飛田紀男訳『金融センターの形成――比較経済史研究』巌松堂出版，1995 年).
――[1984] *A Financial History of Western Europe*, London.
Kirkaldy, A. [1921] *British Finance during and after the War*, London.
Kisch, C. H. and W. A. Elkin [1928] *Central Banks*, London.
Langley Paul [2002] *World Financial Orders : An Historical International Political Economy*, London.
Lewis, W. A. [1949] *Economic Survey 1919-1939*, London (石崎昭彦他訳『世界経済論』

新評論, 1969 年).
Lindert, Peter H. [1969] *Key Currencies and Gold 1900-1913*, Princeton.
Mackenzie, A. D. [1953] *The Bank of England Note : A History of Its Printing*, Cambridge.
Macrae, Norman [1955] *The London Capital Market*, London (太田剛訳『ロンドン金融市場』至誠堂, 1958 年).
Mathias, Peter and Sidney Pollard (ed.) [1989] *The Cambridge Economic History of Europe*, Vol. VIII, Cambridge.
Mayhew, Nicholas [1999] *Sterling : The History of a Currency*, New York.
Mckinnon, R. I. [1979] *Money in International Exchange : The Convertible Currency System*, Oxford (鬼塚雄丞他訳『国際通貨・金融論』日本経済新聞社, 1985 年).
Michie, Ranald C. [1992] *The City of London : Continuity and Change, 1850-1990*, London.
Michie, Ranald C. (ed.) [1999] *The Development of London as a Financial Centre*, 4vols., London.
Middleton, Roger [1985] *Towards the Managed Economy : Keynes, the Treasury and the Fiscal Policy Debate of the 1930s*, London.
——[2000] *The British Economy since 1945*, London.
Mitchell, B. R. [1962] *Abstract of British Historical Statistics*, Cambridge.
——[1988] *British Historical Statistics*, Cambridge.
Moggridge, D. E. [1972a] "From War to Peace——The Sterling Balances", *The Banker*, Vol. 122, No. 558.
——[1972b] *British Monetary Policy 1924-1931 : The Norman Conquest of $4.86*, Cambridge.
——[1982] "Policy in the Crises of 1920 and 1929", in Kindleberger, Charles P. and Jean-Pierre Laffargue (eds.), *Financial Crises : Theory, History, and Policy*, Cambridge.
——[1986] "Comment on Anna Schwartz's Chapter", in Capie Forrest and Geoffrey E. Wood (eds.) [1986].
——[1988] "Keynes as a Monetary Historain", in Cottrell, P. L. and D. E. Moggridge (eds.) [1988].
——[1992] *Maynard Keynes*, London.
Morgan, E. Victor. [1952] *Studies in British Financial Policy 1914-1925*, London.
——[1969] *A History of Money*, London (小竹豊治監訳『改訂増補 貨幣金融史』慶應通信, 1992 年).
Morgenstern, Oskar [1959] *International Financial Transactions and Business Cycle*, Princeton.
Nevin, E. [1955] *The Mechanism of Cheap Money : A Study of British Monetary Policy, 1931-39*, Cardiff.
Nurkse, Ragnar [1944] *International Currency Experience : Lessons of Inter-War Period*, Princeton (小島清・村野孝訳『国際通貨』東洋経済新報社, 1953 年).
Orbell, John and Alison Turton [2001] *British Banking : A Guide to the Historical Records*, Aldershot.
Packer, Ian [1998] *Lloyd George*, London.
Peden, G. C. [1984] "The 'Treasury View' on Public Works and Employment in the Interwar

Period", *The Economic History Review*, 2nd Ser., Vol. 37, No. 2.
――[1988] *Keynes, the Treasury and British Ecconomic Policy*, London (西沢保訳『ケインズとイギリスの経済政策』早稲田大学出版部, 1996年).
Pigou, A. C. [1947] *Aspects of British Economic History 1918-1925*, London.
Pollard, Sidney [1983] *The Development of the British Economy*, 3rd ed., London.
Redmond, John [1984] "The Sterling Overvaluation in 1925 : A Multilateral Approach", *The Economic History Review*, 2nd ser., Vol. 37, No. 4.
Royal Institute of International Affairs [1931] *The International Gold Problem*, Oxford.
Roberts, Richard and David Kynaston (eds.) [1995] *The Bank of England : Money, Power and Influence 1694-1994*, Oxford (浜田康行・宮島茂紀・小平良一訳『イングランド銀行の300年』東洋経済新報社, 1996年).
Sayers, R. S. [1960] "The Return to Gold 1925", in Pressnell, L. S. (ed.) [1960] *Studies in Industrial Revolution, Presented to Ashton*, London.
――[1976] *The Bank of England 1891-1944*, 3 vols., Cambridge (西川元彦監訳『イングランド銀行――1891-1944年』上・下, 東洋経済新報社, 1979年).
Scammell, W. M. [1968] *The London Discount Market*, London.
Schwartz, A. J. [1987] *Money in Historical Perspective*, Chicago.
Seabourne, Teresa [1986] "The Summer of 1914", in Capie, Forrest and Geoffrey E. Wood (eds.) [1986].
Sheppard, D. K. [1971] *The Growth and Role of UK Financial Institutions 1880-1962*, London.
Snowden, Philip [1929] *The Bank of England and Industry : based on a Speech delivered to the Labour Party Conference 1929*, London.
Strange, Susan [1971] *Sterling and British Policy――A Political Study of an International Currency in Decline*, Oxford (本山美彦他訳『国際通貨没落過程の政治学』三嶺書房, 1989年).
――[1986] *Casino Capitalism*, Oxford (小林襄治訳『カジノ資本主義』岩波書店, 1988年).
――[1998] *Mad Money*, Manchester (櫻井公人・櫻井純理・高嶋正晴訳『マッド・マネー』岩波書店, 1999年).
Thorpe, Andrew [1991] *The British General Election of 1931*, Oxford.
Tomlinson, Jim [1981] *Problems of British Economic Policy 1870-1945*, London.
――[1984] "A 'Keynesian Revolution' in Economic Policy-Making?", *The Economic History Review*, 2nd ser., Vol. 37, No. 2.
Tooke, T. [1848] *A History of Prices*, Vol. 4, London (藤塚知義訳『物価史・第四巻』東洋経済新報社, 1981年).
Triffin, Robert [1960] *Gold and The Dollar Crisis*, New Haven.
Wagner, A. [1890] "Der Kredit und das Bankwesen", in : Schönberg (hrsg.), *Handbuch der politischen Ökonomie*, Bd. I, 3 Aufl., Tübingen.
Waight, L. [1939] *The History and the Mechanism of the Exchange Equalisation Account*, Cambridge.
Williams, D. [1963] "London and the 1931 Financial Crisis", *The Economic History Review*, 2nd ser., Vol. XV, No. 3.
Wormell, Jeremy [2000] *The Management of the National Debt of the United Kingdom,*

1900-1932, London.

Ziebura, Gilbert [1984] *Weltwirtschaft und Weltpolitik 1922/24-1931 : Zwischen Rekonstruktion und Zusammenbruch*, Frankfurt am Main(三宅正樹訳『世界経済と世界政治——再建と崩壊 1922-1931』みすず書房, 1989 年).

Anon. [1928] "The Currency", *The Economist*, Banking Supplement, May 12.

——[1935] "Internal Credit and the Exchange Equalisation Account", *The Economist*, Banking Supplement, May 18.

——[1939] "Monetary Policy, 1844-1939", *The Economist*, Banking Supplement, May 20.

——[1950] "The Sterling Balance", *The Economist*, May 13.

——[1963] "Overseas Sterling Holdings", *Bank of England Quarterly Bulletin*, Vol. 3, No. 4.

——[1967] "The U.K. Exchange-Control ; A Short History", *Bank of England Quarterly Bulletin*, Vol. 7, No. 3.

——[1968] "The Exchange Equalisation Account : its origins and development", *Bank of England Quarterly Bulletin*, Vol. 8, No. 1.

秋元英一 [1997]「ハリー・デクスター・ホワイトと戦後国際通貨体制の構想」『千葉大学経済研究』第 12 巻第 2 号。
有馬敏則 [1984]『国際通貨発行特権の史的研究』日本学術振興会。
一ノ瀬篤 [1995]『固定相場制期の日本銀行金融政策——金融引締めと為替政策』御茶の水書房。
糸井重夫 [1998]『貨幣数量説の研究——イギリスにおける貨幣数量説の伝統』松商学園短期大学。
伊藤武・森啓子 [1978]『貨幣・信用の基礎理論』日本評論社。
井上伊知郎 [1994]『欧州の国際通貨とアジアの国際通貨』日本経済評論社。
今宮謙二 [1976]『現代国際金融の構造』実教出版株式会社。
入江節次郎・高橋哲雄編 [1980]『講座西洋経済史 IV 大恐慌前後』同文舘。
岩田規久男 [1992]「日銀理論を放棄せよ」『週刊東洋経済』1992 年 9 月 12 日号。
——[1993]『金融政策の経済学』日本経済新聞社。
岩野茂道 [1977]『ドル本位制』熊本商科大学海外事情研究所。
——[1984]『金・ドル・ユーロダラー』文眞堂。
石見徹 [1991]「ブレトンウッズ体制の歴史的特質——流動性問題を中心にして」『経済学論集』第 57 巻第 3 号。
——[1992]「ブレトンウッズ体制下の日本——資本移動規制と固定相場制」『経済学論集』第 58 巻第 2 号。
——[1995]『国際通貨・金融システムの歴史 1870-1990』有斐閣。
岩本武和 [1994]「金本位制の神話と現実」本山美彦編著『貨幣論の再発見』三嶺書房, 所収。
——[1999]『ケインズと世界経済』岩波書店。
内田勝敏 [1976]『国際通貨ポンドの研究』東洋経済新報社。
内田勝敏編 [1985]『貿易政策論——イギリス貿易政策研究』晃洋書房。
大内力 [1970]『国家独占資本主義』東京大学出版会。
——[1991]『世界経済論』東京大学出版会。
大黒弘慈 [2000]『貨幣と信用』東京大学出版会。

岡橋保［1987］『新版 現代信用理論批判』九州大学出版会。
岡本磐男［1983］『管理通貨制とインフレ機構』有斐閣。
翁邦雄［1992］「日銀理論は間違っていない」『週刊東洋経済』1992 年 10 月 10 日号。
——［1993］『金融政策』東洋経済新報社。
小野朝男［1963］『国際通貨制度』ダイヤモンド社。
——［1978］「世界市場と金為替」松井安信・三木毅編著『信用と外国為替』ミネルヴァ書房，所収。
海保幸世［1993］『世界市場と国際収支』ミネルヴァ書房。
——［1996］「『国際通貨』をめぐる理論動向」『金融経済研究』第 10 号。
片岡尹［1986］『国際通貨と国際収支』勁草書房。
——［2001］『ドル本位制の通貨危機』勁草書房。
金井雄一［1989］『イングランド銀行金融政策の形成』名古屋大学出版会。
——［1991］「イギリスにおける金融政策の形成と展開」成城大学『経済研究所年報』第 4 号。
——［1992］「『通貨論争』後における貨幣・信用論の展開」経済学史学会編『経済学史——課題と展望』九州大学出版会，所収。
——［1994］「信用恐慌と金融政策——イギリスにおける歴史的事例を中心に」『信用理論研究』第 11 号。
——［1996］「書評：山本栄治著『「ドル本位制」下のマルクと円』」『土地制度史学』第 153 号。
——［1997］「書評：川波洋一著『貨幣資本と現実資本』」『金融経済研究』第 13・14 号。
——［1998］「労働党政権下の BOE の金融政策——中央銀行「独立性」の現代的意義とは」『金融財政』第 9091 号。
——［2001］「書評：吉岡昭彦著『帝国主義と国際通貨体制』」『歴史学研究』747 号。
——［2002］「書評：米倉茂著『英国為替政策——1930 年代の基軸通貨の試練』」『土地制度史学』第 176 号。
川合一郎［1968］『インフレーションとは何か』岩波書店。
——［1974］『管理通貨と金融資本』有斐閣。
河合正修［2001］「第一次大戦勃発後のイギリスの公信用政策——1914 年戦争恐慌と関連して」『長野大学紀要』第 23 巻第 1 号。
——［2002］「第一次大戦初期のイギリスの公債政策」『長野大学紀要』第 24 巻第 1 号。
川本明人［1995a］『多国籍銀行論』ミネルヴァ書房。
——［1995b］「為替媒介通貨をめぐる論点」『修道商学』第 36 巻第 1 号。
木下悦二［1979］『国際経済の理論』有斐閣。
——［1991］『外国為替論』有斐閣。
金原賢之助［1957］「イギリスの為替政策とポンド」高垣寅次郎監修・大蔵省銀行局金融制度調査室編『欧米諸国の金融制度（下）』大蔵財務協会，所収。
小泉明［1974］「国際通貨の本質と機能」館・建元・渡辺・渡部編『国際金融講座 I 国際金融』東洋経済新報社，1974 年，所収。
小西一雄［1998］「カジノ化進む国際経済」朝日新聞（名古屋本社版），1998 年 8 月 22 日，夕刊。
小宮隆太郎［1976］「昭和四十八，九年インフレーションの原因」『経済学論集』第 42 巻第 1 号。
塩野谷九十九［1975］『イギリスの金本位復帰とケインズ』清明会出版部。

島恭彦他編［1972］『新マルクス経済学講座3』有斐閣。
島崎久弥［1977］「ポンド残高の史的変遷——スターリング為替本位制度の崩壊過程」『東京銀行月報』第29巻第11号。
下平尾勲［1999］『信用制度の経済学』新評論。
代田純［1999］『現代イギリス財政論』勁草書房。
真藤素一［1967］『管理通貨制度の理論』有斐閣。
——［1976］「国際通貨ポンドの崩壊（下）」『金融経済』159号。
——［1977］『国際通貨と金』日本評論社。
菅原歩［2001］「イギリス対外投資におけるカナダの位置」『社会経済史学』第66巻第5号。
菅原陽心［1982］「イギリス為替平衡勘定と景気政策」侘美光彦・杉浦克己編『世界恐慌と国際金融』有斐閣，所収。
杉沢一美［1993］「グスタフ・カッセルと再建金本位制」『経済科学』第40巻第4号。
——［1996］「ホートレイの金為替本位制論——再建金本位制期における模索」『経済科学』第44巻第1号。
杉本俊朗編［1965］『マルクス経済学研究入門』有斐閣。
鈴木恒一［1988］「深井英五の貨幣制度論」信州大学経済学部, Staff Paper Series' 88-12。
高橋泰蔵［1957］「英国通貨発行制度の変遷」高垣寅次郎監修・大蔵省銀行局金融制度調査室編『欧米諸国の金融制度（下）』大蔵財務協会，所収。
高橋哲雄［1980］「1920年代の世界経済」入江節次郎・高橋哲雄編『講座西洋経済史Ⅳ　大恐慌前後』同文舘，所収。
滝沢健三［1980］『国際通貨』新評論。
——［1981］『国際通貨の話』東洋経済新報社。
——［1984］『国際金融　通説への批判』東洋経済新報社。
侘美光彦［1976］『国際通貨体制』東京大学出版会。
建部正義［1994］「マネーサプライ・コントロールをめぐる岩田・翁論争について」『商学論纂』第36巻第2号。
——［1999］『はじめて学ぶ金融論』大月書店。
——［2001］「銀行の本質と管理通貨制度下の貨幣供給の基本的メカニズム」『信用理論研究』第19号。
田中生夫［1976］「公定歩合政策に関するノーマン総裁の証言」『金融経済』第158号。
——［1985］「R.S.セイヤーズ『1925年の金本位制復帰』——翻訳草稿ならびに訳者解題」『経済学論集（福山大学）』第10巻第1・2号。
田中金司［1957］「イングランド銀行の金融政策」高垣寅次郎監修・大蔵省銀行局金融制度調査室編『欧米諸国の金融制度（下）』大蔵財務協会，所収。
田中金司・内橋吉朗・山崎誉雄［1981］『公定歩合政策の生成と発展』清明会出版部。
田中素香［2003］「世界およびユーロ中央銀行制度の金外貨準備の動向とユーロの最新局面」田中素香・藤田誠一編著『ユーロと国際通貨システム』蒼天社出版，所収。
玉野井昌夫・長幸男・西村閑也編［1982］『戦間期の通貨と金融』有斐閣。
長幸男［1969］『現代金融論』時潮社。
鶴田広巳［1974］「財政・通貨危機と公債政策——第一次大戦期のイギリス財政(1)」『経済論叢』第115巻第4・5号。
——［1975］「特別預金制度と財政・通貨危機——第一次大戦期のイギリス財政(2)」『経済論叢』第116巻第5・6号。
徳永正二郎［1982］『現代外国為替論』有斐閣。

外山茂［1980a］「信用創造と『ないものねだり』」『評論』No. 34。
——［1980b］「金融に関する錯誤（その一）」『評論』No. 36。
——［1980c］『金融問題21の誤解』東洋経済新報社。
内藤純一［2003］「金融の1930年代モデルの終焉と21世紀型システムへの展望」財務省財務総合政策研究所，Discussion Paper Series 03A-120.
長岡新吉他編［1992］『世界経済史入門』ミネルヴァ書房。
中尾茂夫［1988］『世界マネーフロー』同文舘。
中村英勝［1959］『イギリス議会史』有斐閣。
西川元彦［1984］『中央銀行――セントラル・バンキングの歴史と理論』東洋経済新報社。
西倉高明［1998］『基軸通貨ドルの形成』勁草書房。
西村閑也［1962］「不換銀行券・信用貨幣の研究＝論争」渡辺佐平編『論争・現代の経済理論』日本評論社，所収。
——［1982］「イギリスの金本位制復帰と短資移動」玉野井昌夫・長幸男・西村閑也編『戦間期の通貨と金融』有斐閣，所収。
——［1989］「金本位制」小野朝男・西村閑也編『国際金融論入門（第3版）』有斐閣，所収。
波多野真［1978］「国際金融」竹村脩一・玉野井昌夫編『金融経済論（新版）』有斐閣，所収。
服部正治・西沢保編［1999］『イギリス100年の政治経済学』ミネルヴァ書房。
浜田康行［1976］「イギリス再建金本位制の歴史的意義」『経済学（東北大学）』第37巻第4号。
浜野俊一郎［1964］「不換銀行券の本質と運動――不換銀行券論争小史」遊部久蔵他編『資本論講座5』青木書店，所収。
林直道［1972］『国際通貨危機と世界恐慌』大月書店。
原薫［1990］『現代の通貨』法政大学出版局。
原田聖二［1995］『両大戦間イギリス経済史の研究』関西大学出版部。
春井久志［1992］『金本位制度の経済学』ミネルヴァ書房。
平勝廣［2001］『最終決済なき国債通貨制度』日本経済評論社。
平岡賢司［1976］「国際金融市場の分裂とドル・バランスの形成」『経済論究（九州大学大学院）』第38号。
——［1987］「再建金本位制の展開とポンドの脆弱化」『金融学会報告』第63号。
——［1993］「金本位制度と基軸通貨ポンド」深町郁彌編［1993］所収。
——［1995］「アメリカの短期資本収支と金移動，1919-1933年」『熊本学園大学経済論集』第1巻第3・4合併号。
平田喜彦［1988］「再建国際金本位制崩壊のメカニズム」平田喜彦・侘美光彦編『世界大恐慌の分析』有斐閣，所収。
深町郁彌［1981］『現代資本主義と国際通貨』岩波書店。
——［1999］『国際金融の現代』有斐閣。
深町郁彌編［1993］『ドル本位制の研究』日本経済評論社。
藤瀬浩司［1987］「国際金本位制と世界市場」藤瀬浩司・吉岡昭彦編『国際金本位制と中央銀行政策』名古屋大学出版会，所収。
藤田誠一［1990］「基軸通貨国の内外均衡政策――ケインズの見解を中心に」『国民経済雑誌』第161巻第5号。
——［1992］「基軸通貨制度と非対称性」『国民経済雑誌』第165巻第1号。
——［1995］「国際資金循環と基軸通貨制度――基軸通貨論試論」『神戸大学経済学研究』年

報第 42 号。
——［2001］「国債通貨論の課題」『甲南経済学論集』第 42 巻第 1 号。
古川顕［1994］「書評：岩田規久男『金融政策の経済学——日銀理論の検証』・翁邦雄『金融政策——中央銀行の視点と選択』」『金融経済研究』第 7 号。
堀江薫雄［1962］『国際通貨基金の研究』岩波書店。
前田淳［1993］「国際的資金フローと基軸通貨論」深町郁彌編［1993］所収。
前田直哉［2001］「1920 年代における基軸通貨ポンドの経済的基盤の脆弱化」『龍谷大学経済学論集』第 40 巻第 3・4 号。
——［2002］「1931 年金本位制停止と 1930 年代前半管理フロート制下の基軸通貨ポンドの経済的基盤」『龍谷大学経済学論集』第 42 巻第 1 号。
町田義一郎［1957］「イングランド銀行」高垣寅次郎監修・大蔵省銀行局金融制度調査室編『欧米諸国の金融制度（下）』大蔵財務協会，所収。
松永友有［2000］「イギリス自由党の経済政策再評価」『社会経済史学』第 65 巻第 5 号。
松永嘉夫［1969］「国際収支と国民所得」塩野谷九十九・水野正一編『マクロ経済学』第三出版，所収。
松村文武［1993］『体制支持金融の世界』青木書店。
松本久雄［2003］『マルクス信用論の解明と展開』日本図書センター。
三宅義夫［1966］『金融論』有斐閣。
——［1968］『金』岩波書店。
向壽一［1991］『信用創造・マネー循環・景気波動』同文舘。
本山美彦［1992］「国際通貨制度史」社会経済史学会編『社会経済史学の課題と展望』有斐閣，所収。
森恒夫［1988］「大恐慌前後のイギリス資本主義」平田喜彦・侘美光彦編『世界大恐慌の分析』有斐閣，所収。
森七郎［1964］『改訂通貨制度論』文人書房。
楊井克巳編［1961］『世界経済論』東京大学出版会。
矢野修一［1994］「貨幣における中心と周辺の交錯——ポンド没落過程への視座」本山美彦編著『貨幣論の再発見』三嶺書房，所収。
山田喜志夫［1995］「信用創造とマネーサプライ——現代通貨論争」『信用理論研究』第 13 号。
——［1999］『現代貨幣論——信用創造・ドル体制・為替相場』青木書店。
山本栄治［1988］『基軸通貨の交替とドル』有斐閣。
——［1994］『「ドル本位制」下のマルクと円』日本経済評論社。
山本和人［1999］『戦後世界貿易秩序の形成』ミネルヴァ書房。
楊枝嗣朗［1988］『貨幣・信用・中央銀行——支払決済システムの成立』同文舘。
——［2003］「現代貨幣と貨幣の起源」『佐賀大学経済論集』第 35 巻第 5・6 合併号。
吉岡昭彦［1987］「近代イギリス予算制度の特質」『西洋史研究』新輯第 16 号。
吉沢法生［1986］『イギリス再建金本位制の研究』新評論。
——［1990］「金本位制から管理通貨制へ」鈴木芳徳編著『現代金融論』文眞堂，所収。
吉田啓一［1969］『外国為替と国際金融』泉文堂。
吉田賢一［1998］「貨幣供給の内生性とインフレーション」『商学論纂』第 39 巻第 5・6 号。
吉田暁［2001］「中谷氏の日銀論は非現実的だ」『日経ビジネス』3 月 26 日号。
——［2002］『決済システムと銀行・中央銀行』日本経済評論社。
吉田正広［1985］「マクミラン委員会における産業利害関係者の金融政策批判」『土地制度

史学』第108号．
——［1990］「再建金本位制下のイギリスにおけるシティと産業問題」『土地制度史学』第128号．
——［1999］「1930年代イギリスの低金利政策とロンドン金融市場」『愛媛大学法文学部論集人文学科編』第7号．
吉田真広［2000］「再建金本位制の崩壊と対外ポジション」『福井県立大学経済経営研究』第7号．
米倉茂［1981］「1931年のポンド信認恐慌」『経済学研究（東京大学）』第24号．
——［1982］「イングランド銀行の為替政策」侘美光彦・杉浦克己編『世界恐慌と国際金融』有斐閣，所収．
——［1985］「1930年代のスターリング地域とポンド管理（上）・（下）」『金融経済』第214・215号．
——［1991］「英国為替政策——1931年9月下旬～32年末（上）・（下）」『証券経済』第176・177号．
——［1993］「イギリス——『ポンドの崩壊』（？）」『信用理論研究』第10号．
——［2000］『英国為替政策——1930年代の基軸通貨の試練』御茶の水書房．
力久昌幸［1996］『イギリスの選択』木鐸社．
渡辺佐平［1954］『金融論』岩波書店．
渡辺太郎［1974］「結び」館龍一郎・建元正弘・渡辺太郎・渡部福太郎編『国際金融講座Ⅰ・国際金融』東洋経済新報社，所収．

図表一覧

図1-1	1914年恐慌時におけるイングランド銀行の勘定：1914.6.3～9.30（週次）……	12
図1-2	カレンシー・ノート，1ポンド（上）・10シリング（下）…………………	15
図1-3	イギリスの金輸出入：1914.1～12（月次）………………………………	17
図1-4	イギリスの歳入・歳出：1913/14～1918/19 ………………………………	20
図1-5	イギリスの国債発行状況：1914/15～1918/19 ……………………………	21
図1-6	イギリスの物価：1910～1919（年次）……………………………………	21
図1-7	1914年恐慌における金貨・地金別のイングランド銀行金準備増減：1914.7.20～8.22（日次）………………………………………………	29
図1-8	イギリスの金輸出入：1914～1918（年次）………………………………	32
図2-1	カンリフ委員会の金本位制認識 ……………………………………………	46
図2-2	金本位復帰以前におけるイングランド銀行金準備・銀行部準備・銀行券流通額の変動：1924.1～6（週次）………………………………	53
図2-3	金本位復帰以後におけるイングランド銀行金準備・銀行部準備・銀行券流通額の変動：1926.7～12（週次）……………………………	53
図2-4	金本位復帰以前におけるイングランド銀行金準備・「銀行券流通額＋カレンシー・ノート」の変動：1924.1～6（週次）………………………	55
図2-5	金本位復帰以後におけるイングランド銀行金準備・「銀行券流通額＋カレンシー・ノート」の変動：1926.7～12（週次）………………………	56
図2-6	金本位復帰前後におけるポンド相場：1923.1～1927.12（月次）………	58
図2-7	金本位復帰前後におけるイングランド銀行金準備とバンク・レート：1923.1～1927.12（月末）………………………………………………	59
図2-8(1)	イングランド銀行の外為保有額：1925.6.3～1926.12.29（週次）………	60
図2-8(2)	イングランド銀行の外為保有額：1927.1.5～1928.12.24（週次）………	61
図3-1	「1928年法」によって発行された1ポンドイングランド銀行券 …………	72
図3-2	カレンシー・ノート勘定の主要項目：1914～1928（年末）……………	75
図3-3	カレンシー・ノートおよびイングランド銀行券の流通額：1910～1930（年平均）………………………………………………………………	76
図3-4	低額面通貨の発行状況：1793～1928 ………………………………………	82
図3-5	イングランド銀行券の額面別流通額：1825.9.3～1826.7.29（週次）……	87

図3-6	再建金本位制下のイングランド銀行金準備および銀行券（ならびにカレンシー・ノート）流通額：1925.5～1931.9（月次）	90
図4-1	金本位停止前後におけるイングランド銀行金準備とバンク・レートおよびポンド相場：1931.7.1～10.28（週次）	106
図4-2	金本位停止直前期における外国為替喪失額：1931.8.1～9.19（日次）	106
図4-3	イングランド銀行から首相官邸へ金・外為の喪失額を報告する書簡	112
図4-4	イギリスの財政収支：1921～1938（財政年度）	117
図4-5	イングランド銀行の金準備額と銀行券流通額：1929.1～1938.12（月次）	117
図5-1	金本位停止後のポンド相場とバンク・レート：1931.9.2～1932.6.29（週次）	134
図5-2	イングランド銀行の帳簿（Daily Account）	135
図5-3	為替平衡勘定の操作方法	140
図5-4	為替平衡勘定の「外国為替および金」保有額の増減：1932.10.28～11.10（日次）	143
図5-5	イギリスの国際収支：1930～1938（年次）	144
図5-6	利子率とポンド相場：1932.7～1935.3（月次）	144
図5-7	イギリスの工業生産指数・総合物価指数・失業率：1930～1938（年次）	145
図5-8	対外資金流出入と為替平衡勘定の「外国為替および金」保有額の増減：1932.8～1933.6（月次）	146
図6-1	イギリスの国際収支：1928～1938（年次）	155
図6-2	イギリスのポンド債務：1941～1945（年央・年末）	163
図6-3	イギリスの貿易収支と経常収支：1946～1950（年次）	171
図6-4	イギリスおよび海外スターリング地域の対ドル圏経常収支：1946～1950（年次）	171
図6-5	イギリスの公的金・外貨準備とポンド債務：1945～1962（年次）	174
図6-6	イギリスの貿易収支と経常収支：1951～1968（年次）	175
図6-7	海外スターリング諸国の外貨準備におけるポンドの増減：1962～1968（年次）	175
図6-8	海外スターリング諸国の対非スターリング地域経常収支：1958～1968（年次）	176

表1-1	カレンシー・ノート勘定：1914～1918（年末）	18
表1-2	イギリスの金貨流通額：1905～1914（年末）	23
表1-3	イギリスにおける金保有額：1914～1920（月末）	24
表2-1	金本位復帰前後における兌換・金輸出に関する法令上の規定	51
表2-2	カレンシー・ノート勘定：1924	54

表 3 - 1　　カレンシー・ノート勘定：1914～1928 ……………………………………… 74
表 3 - 2 (1)　「1928 年法」以前のイングランド銀行週報 ………………………………… 79
表 3 - 2 (2)　「1928 年法」以後のイングランド銀行週報 ………………………………… 80
表 3 - 3　　イングランド銀行が各銀行から受領した金貨：1925. 4. 28～1928. 2. 29 ………… 86
表 4 - 1　　ポンド危機時におけるイングランド銀行の金・外為保有額増減および借
　　　　　　款使用額：1931. 7. 13～8. 25 ……………………………………………… 104
表 4 - 2　　金本位停止直前期の金流出入：1931. 8. 31～9. 19（日次）………………… 113
表 5 - 1　　為替平衡勘定の開設時における資金規模 …………………………………… 138
表 5 - 2　　為替平衡勘定の資産構成：1932. 9. 6 ………………………………………… 141
表 6 - 1　　スターリング地域の範囲 ……………………………………………………… 162
表 6 - 2　　地域別ポンド残高保有状況：1945（年末）………………………………… 165
表 6 - 3　　世界の公的準備に占めるドルとポンドの比率：1938～1978 ……………… 173
表 6 - 4　　1966 年における貿易決済に占めるポンドの比率 ………………………… 173
表 6 - 5　　日本の外国為替市場における銀行間取引出来高：1962～1973（年次）…… 173

事項索引

ア 行

IMF 体制　40, 169, 172
アメリカ・フランスからの借款　103-105, 111, 133, 138, 149-150
イギリス海軍の反乱　110
イングランド銀行常務理事会　70, 99, 113, 127
イングランド銀行兌換再開法（1819年のピール法）　50
英米金融協定　170
大蔵省書簡　12, 14
大蔵省の為替勘定　136-137, 149
大蔵省令（1931.9）　105, 114, 156

カ 行

外生的貨幣供給論　2, 5, 192
カレンシー・ノート　14-22, 54, 71-76, 81-84
カレンシー・ノート償却勘定　19-20, 54, 59, 73-74
為替管理　107, 111-112, 114-115, 154-155, 161-164, 170, 172
為替差損　114-115
為替操作　41-42, 59-65
為替平衡勘定（EEA）　42, 132-142, 160-161, 163
為替平衡勘定（EEA）の恒久化　148
為替平衡勘定（EEA）の操作方法　139-140
為替平衡勘定（EEA）の歴史的意義　148
完全な金本位制の条件　16, 86
カンリフ委員会　35, 44-46, 68, 71, 99
『カンリフ・レポート』　45-46, 84
挙国政府　104
金貨兌換の停止（廃止）　49-51
金貨の退蔵　24, 29-30
金貨流通額　22-25
金貨流通の消滅（金貨の回収）　22-26, 79, 81, 83-89, 96
金貨流通廃止　84
金地金本位制への移行　51, 89, 100
金ドル交換停止（ニクソン・ショック）　4, 40, 67, 188
金の意義・金の機能　30, 122-123
金の時価評価　154, 160
金本位（修正）法（1931年）　105, 112-114
金本位制の神話　2-3, 30, 124, 157, 187
金本位停止　102-105, 111-113
金本位停止声明　105
金本位復帰　43-51
金本位法（1816年）　9
金融情勢委員会　107, 112-113
金融取引の肥大化　194
経済学者委員会　126
経済諮問会議　108
経済情報委員会　108
ケインズ案（国際清算同盟案）　154, 166-169
ケインズ政策　193
限外発行　14, 72, 78
国債借換（戦時公債の低利借換）　141
国際通貨ポンド　154, 156, 170, 172, 174, 176-177
国債発行（第一次大戦中）　20

サ 行

再建金本位制　40-42, 56-57, 60-62, 90, 93, 129
財源委員会　48, 69, 134
三国通貨協定　158
市場万能主義　194
支払延期法（1914年）　34
資本主義の停滞・成長　4-5, 190-191
信用貨幣　30, 187-188
信用創造　1, 193, 196
スターリング地域　162, 164, 170, 172, 174,

176-177
スターリング・ブロック　145, 154-156, 178
ストップ・ゴー政策　169
1825年恐慌　87-88
1826年銀行券法　83
1833年イングランド銀行法　76
1914年カレンシー・ノートおよび銀行券法
　　14-15, 18, 44, 98
1914年カレンシー・ノートおよび銀行券（修正）法　18
1914年恐慌　10-16
1920年金銀（輸出統制）法　44, 48-49
1925年金本位法　49-51, 85
1928年カレンシー・ノートおよび銀行券法
　　71-81, 85, 89, 91-92, 94-95, 98, 100
1931年歳入（第2号）法　110
1932年歳入法　136, 138-139
1939年カレンシー・ノートおよび銀行券法
　　154, 160-161

タ・ナ行

第二次バーゼル協定　176
第二次マクドナルド内閣　104, 111, 124-125
チェンバレン－ブラドベリー委員会　35, 46-48, 68, 71
チェンバレン－ブラドベリー委員会の『報告書』　47-48, 68-69, 84-85
帝国圏　177-178
帝国特恵体制　154-155, 177-178
ドル・プール制　162-163
内生的貨幣供給論　5, 192
日銀理論　5, 192

ハ行

ハイパワード・マネー　1, 193

バンク・レート操作　56-59, 62-63
ピール銀行法（1844年イングランド銀行法）
　　2, 12, 77, 89, 91-92, 160
ピール銀行法の停止　3, 10, 12, 16, 35, 78, 89
引受商会　11, 115
不換銀行券論争　4, 187
不換国家紙幣　34, 187
ブレトン・ウッズ会議　166
保証準備発行額の増減規定　91-95
ホワイト案（連合国国際安定基金予備草案）
　　165-166
ポンド切下げ（1949年）　172
ポンド切下げ（1967年）　176
ポンド交換性回復　170, 172, 179
ポンド交換性回復の挫折　170
ポンド残高　154, 164-165, 172, 176

マ・ヤ行

マーチャント・バンカー（→引受商会）
マクミラン委員会　35, 124
『マクミラン委員会報告書』　102-103
マネー・サプライ　1, 5, 193
マネタリズム　2, 5, 192
メイ委員会　103, 109-110
預金通貨　193
予算演説　47-49, 69, 110, 134

ラ・ワ行

ロンドン手形交換所加盟銀行委員会　25, 35, 114-115
ロンドン割引市場　11
割引商会　11

人名索引

ア 行

アーティス　Michael J. Artis　178
アーント　H. W. Arndt　67, 124
アイケングリーン　Barry Eichengreen　171, 180
秋元英一　180
アスキス　H. H. Asquith　12, 35
アディス　Charles Stewart Addis　45, 92, 99
アンドレアデス　A. Andreades　98
伊藤武　128
井上伊知郎　177
今宮謙二　67
入江節次郎　67
岩田規久男　195
石見徹　173, 178
岩本武和　34-35, 68, 99, 126, 179
ウィリアムズ　D. Williams　124
ウィルソン　James Wilson　195
ウェイト　L. Waight　149
ウェッバー　Alan Webber　23
ウォーターフィールド　A. P. Waterfield　150
内田勝敏　175, 178
内橋吉朗　46, 68, 179
ウッド　Geoffrey E. Wood　124
大内力　67, 128
岡本磐男　36, 99
翁邦雄　195
小野朝男　177, 179

カ 行

ガードナー　Richard N. Gardner　179
ガーニー　A. W. Gurney　115
カイナストン　David Kynaston　125, 127-128
海保幸世　177
カターンズ　Basil Gage Catterns　111, 127, 134, 137, 149, 179
片岡尹　177
カッセル　Gustav Cassel　99
金井雄一　33, 67, 69-70, 98-99, 127, 177-178, 180, 195
カピー　Forrest Capie　23, 124, 144
川合一郎　36, 67, 99-100, 195
川本明人　177
カンリフ　Walter Cunliffe　45
木下悦二　177
キャナン　Edwin Cannan　47
クラーク　S. V. O. Clarke　67
グラスマン　S. Grassman　177
グラッドストーン　W. E. Gladstone　48
クラッパム　John Clapham　34, 36-37
クレイ　Henry Clay　67, 125
グレゴリー　T. E. Gregory　34, 36, 67-70, 98-99, 124
ケアンクロス　Alec Cairncross　171, 180
ケイ　Robert Kay　70
ケインズ　J. M. Keynes　33-36, 46-47, 68, 124, 126, 169, 179
小泉明　177
コーヘン　Benjamin J. Cohen　163, 173, 176-177, 179
コール　G. D. H. Cole　126
コットレル　P. L. Cottrell　179
小西一雄　196
小宮隆太郎　196
コリンズ　M. Collins　144

サ 行

シープマン　Henry Arthur Siepmann　111, 127
シーボーン　Teresa Seabourne　34-35

シェパード　D. K. Sheppard　36
島恭彦　67
島崎久弥　162
シャスター　Felix Schuster　25
シュワルツ　A. J. Schwartz　100
ジョージ5世　George V　104
ジョセット　C. R. Josset　15, 36-37, 82, 99
代田純　21
真藤素一　67, 148
菅原陽心　149-151
杉沢一美　99
杉本俊朗　67
スタンプ　Josiah Stamp　126
ストレンジ　Susan Strange　196
スノードン　Philip Snowden　103-104, 110-111
セイヤーズ　R. S. Sayers　34-36, 60-61, 68-70, 97-99, 106, 125-128, 134, 144, 149-150, 155, 178-179

タ 行

高橋泰蔵　98, 178
高橋哲雄　67, 99-100
滝沢健三　177
建部正義　196
田中生夫　67
田中金司　46, 68, 98, 179
ダフ　Patrick Duff　111
ダム　Kenneth W. Dam　33
チェンバレン，A.　Austen Chamberlain　46-47, 68
チェンバレン，N.　Neville Chamberlain　134, 194
チャーチル　Winston Churchill　25, 47-49, 85
長幸男　98-99
デ・コック　M. H. de Kock　98
トゥック　T. Tooke　98
徳永正二郎　177
外山茂　196
ドラモント　Ian M. Drummond　178-179
トリフィン　Robert Triffin　173
トレンズ　Robert Torrens　195

ナ 行

長岡新吉　67
中村英勝　69

ニーメイヤー　Otto Niemeyer　47, 68-69, 121, 128
西川元彦　196
西倉高明　179-180
西沢保　178
西村閑也　70, 99, 195
ネビン　E. Nevin　149
ノーマン　Montague Norman　47, 68, 127

ハ 行

ハーヴェイ　Ernest Musgrave Harvey　111-112, 127
波多野真　177
服部正治　178
浜田康行　98
浜野俊一郎　195
林直道　67
原田聖二　178
原薫　100
ピーコック　E. R. Peacock　112
ピーデン　G. C. Peden　35, 126, 128, 150
ピグー　A. C. Pigou　45, 47, 68-69, 126
ヒューム　D. Hume　68
平岡賢司　70, 124
ファーラー　Gaspard Farrer　47
フィッシャー　Warren Fisher　35, 112
フェヴァー　Albert Feavearyear　33, 36, 70, 98-99, 178
フォード　A. G. Ford　68
深町郁彌　177
藤瀬浩司　68
藤田誠一　177
ブラウン　William Adams Brown, Jr.　33, 129, 178
ブラドベリー　John Bradbury　15, 23, 25, 35, 47, 68, 124
ブルームフィールド　Arthur I. Bloomfield　33
古川顕　195
フレイザー　W. R. Fraser　178
ペイシュ　George Paish　47
ヘネシー　Elizabeth Hennessy　35, 149
ベル　Henry Bell　68
ホーソン　Susan Howson　149
ホートレー　R. G. Hawtrey　33, 98
ホール　N. F. Hall　149
ボールドウィン　Stanley Baldwin　47

ホーン　Robert Horne　47
ホプキンス　Richard Hopkins　108-109, 126
堀江薫夫　179
ホワイト　H. D. White　165

マ行

前田淳　124
前田直哉　127, 129, 178
マクドナルド　J. R. MacDonald　103-104, 107, 112, 126
マクミラン　H. P. Macmillan　124
町田義一郎　179
マッキノン　R. I. Mckinnon　177
マッケンジー　A. D. Mackenzie　35
マッケンナ　Reginald McKenna　22, 36, 47, 124
松永嘉夫　177
マホン　C. P. Mahon　111
ミッチェル　B. R. Mitchell　21, 76
三宅義夫　36, 99, 128, 148, 195
ミルズ　Terence C. Mills　124
向壽一　196
メイヒュー　Nicholas Mayhew　15, 72
モグリッジ　D. E. Moggridge　67, 69-70, 128, 179
本山美彦　196
森啓子　128

森七郎　98-99
森恒夫　148

ヤ行

楊井克巳　67
山崎誉雄　46, 68, 179
山田喜志夫　196
山本栄治　70, 177-178
山本和人　178
楊枝嗣朗　195
吉岡昭彦　69
吉沢法生　36, 67, 70, 99-100, 148
吉田暁　195
米倉茂　67, 126, 149-150, 178

ラ・ワ行

リース=ロス　Frederick Leith-Ross　112
リンダート　Peter H. Lindert　177
ルフォー　Leslie Lefeaux　150
ロイド・ジョージ　D. Lloyd George　12, 14-15, 32, 35-36
ロウ　Bonar Law　25
ロバーツ　Richard Roberts　125, 127-128
ロビンズ　L. Robbins　126
ワグナー　A. Wagner　98
渡辺佐平　98
渡辺太郎　177

《著者紹介》

金井　雄一
かな　い　ゆう　いち

　　1949年　岐阜県に生まれる
　　1981年　名古屋大学大学院経済学研究科博士課程単位取得退学
　　　　　　その後，名古屋大学経済学部助手，佐賀大学教育学部
　　　　　　助教授，名古屋大学経済学部教授などを経て，
　　現　在　名古屋大学大学院経済学研究科教授（経済学博士）
　　主　著　『イングランド銀行金融政策の形成』（名古屋大学出版
　　　　　　会，1989年）

ポンドの苦闘

2004年2月25日　初版第1刷発行

定価はカバーに
表示しています

著　者　　金井　雄一
発行者　　岩坂　泰信

発行所　財団法人　名古屋大学出版会
〒464-0814　名古屋市千種区不老町1 名古屋大学構内
電話(052)781-5027／FAX(052)781-0697

© KANAI Yuichi, 2004　　　　　　　　　Printed in Japan
印刷／製本 ㈱太洋社　　　　　　　　ISBN4-8158-0479-6
乱丁・落丁はお取替えいたします。

R〈日本複写権センター委託出版物〉
本書の全部または一部を無断で複写複製（コピー）することは，著作権法
上での例外を除き，禁じられています。本書からの複写を希望される場合
は，日本複写権センター（03-3401-2382）にご連絡ください。

P･J･ケイン/A･G･ホプキンズ著　竹内幸雄他訳
ジェントルマン資本主義の帝国 I
―創生と膨張 1688～1914―
A5・494頁
本体5,500円

P･J･ケイン/A･G･ホプキンズ著　木畑洋一他訳
ジェントルマン資本主義の帝国 II
―危機と解体 1914～1990―
A5・338頁
本体4,500円

井上巽著
金融と帝国
―イギリス帝国経済史―
A5・192頁
本体3,200円

吉岡昭彦著
帝国主義と国際通貨体制
A5・280頁
本体4,800円

I･ウォーラーステイン著　藤瀬浩司他訳
資本主義世界経済 I
―中核と周辺の不平等―
A5・250頁
本体2,800円

I･ウォーラーステイン著　日南田靜眞監訳
資本主義世界経済 II
―階級・エスニシティの不平等，国際政治―
A5・220頁
本体2,800円

藤瀬浩司編
世界大不況と国際連盟
A5・430頁
本体8,000円

須藤功著
アメリカ巨大企業体制の成立と銀行
―連邦準備制度の成立と展開―
A5・360頁
本体6,000円